초등

온작품 읽기

발행일 2019년 4월 22일 초판 1쇄 발행
지은이 로고독서교육연구소
발행인 방득일
편 집 신윤철, 박현주, 문지영
디자인 강수경
마케팅 김지훈

발행처 맘에드림
주 소 서울시 도봉구 노해로 379 대성빌딩 902호
전 화 02-2269-0425
팩 스 02-2269-0426
e-mail momdreampub@naver.com

ISBN 979-11-89404-17-8 93370

한 학기 한 권 읽기로 성장하는 아이들

초등

온작품 읽기

로고독서교육연구소 지음

맘에드림

차례

광주도평초등학교의 일권오행 온작품 읽기

이재풍

1. 도평의 작은 날갯짓!

나비효과란 브라질에서 작은 나비가 날갯짓을 하면 미국 텍사스에서 토네이도가 일어날 수도 있다는 이야기이다. 미국의 기상학자 로렌츠는 1961년 컴퓨터 시뮬레이션을 통해 실제 나비효과가 일어날 수 있음을 발견했다. 그 후 나비효과는 초기의 작은 움직임이 결국에는 커다란 차이로 발전할 수 있음을 알리는 관용 표현으로 여러 정치, 경제, 사회, 문화 현상을 설명하는 데 사용되기 시작했다. 이것은 어떤 작은 변화가 때에 따라 긍정적인 영향이나 부정적인 영향이 될 수 있음을 알려준다.

광주도평초등학교에서는 2016년 정약용의 일권오행, 2017년 슬로리딩 수업, 2018년 전교생 한 학기 한 권 읽기를 실시했다. 이것은 작은 움직임에 불과할 수 있지만, 한 학교의 사례를 넘어 대한

민국 학교교육 전반에 나비효과를 일으킬 수 있다. 사실 도평초가 일으키는 나비효과는 2014년 내가 있던, 경기도 광주 도곡초등학교 전문학습공동체에서 시작되었다. 서울 사립 동산초등학교 초등 인문 고전 독서 사례를 듣고, 어떻게 이것을 공립학교에 적용할 수 있을까에 대한 고민에서 비롯되었다.

송재환의 《초등 고전읽기 혁명》, 이지성의 《리딩으로 리드하라》, 《생각하는 인문학》을 읽고 인문 고전 독서가 교육에 큰 영향이 될 수 있음을 깨닫게 되었다. 그런데 어떻게 적용하는지에 대한 안내가 부족함을 깨닫고, 필자는 인문 고전 독서 방법에 대해 연구하였다. 독서교육 방법을 연구하고 직접 인문 고전 독서를 집중적으로 하던 중에 정약용의 오학론에서 일권오행(박학, 심문, 신사, 명변, 독행)과 하시모토 다케시의 슬로리딩을 알게 되었다.

2. 정약용의 일권오행

정약용의 인문 고전 독서법은 그의 오학론(五學論)에 토대를 두고 있다. 그는 〈오학론〉이라는 글에서 5가지 당대 유행 학문에 대해서 비관하며 그 대안으로 5가지 공부법을 제창한다. 당시에 유행하던 학문은 성리학, 훈고학, 문장학, 과거학, 술수학으로 이런 학문에는 공통적으로 '현실'이 누락되어 있다.

현실은 버리고 쓸데없이 다투기만 하는 이론논쟁, 비판 없이 지식을 긁어모으는 잡학사전적 지식 확충, 내용보다는 표현에 치중하여 꾸미는 데 급급한 카피론자들, 시험만 잘 보면 공부는 끝이라는 출세주의자들, 과학적 검증 없이 미신을 추구하여 사람들을 호도하는 잘못까지 정약용은 알맹이 없이 겉모습만 취하는 당대 오학을 비판하며 이는 잘못된 공부법으로, 공부하는 자에게 아무런 유익이 없다고 지적한다. 대신 정약용은 진짜 책 읽기를 위해서는 5가지 공부법이 필요하다고 설명한다. 이 다섯 가지는 차곡차곡 쌓이는 것으로, 한 권의 책을 박학, 심문, 신사, 명변, 독행의 방법으로 읽는다.[1]

첫 번째 방법 박학(博學)은, 두루 혹은 널리 배운다는 것으로 책을 넓게 두루 읽는 것을 뜻한다.

두 번째 방법 심문(審問)은, 자세히 묻는다는 것으로 책에 관해 자세히 질문하며 읽는 것을 뜻한다.

세 번째 방법 신사(愼思)는, 신중하게 생각한다는 것으로 차분히 생각하면서 창의적으로 책을 읽는 것을 뜻한다.

네 번째 방법 명변(明辯)은, 명백하게 분별한다는 것으로 토의·토론을 하면서 책을 읽는 것을 뜻한다.

마지막 다섯 번째 방법 독행(篤行)은, 진실한 마음으로 성실하

---

1. 이재풍, 《한 권을 읽어도 정약용처럼》, 북포스, 2017, 11-12쪽.

게 실천한다는 것으로 책으로 읽은 것을 삶에 적용하는 것을 뜻한다.

3. 일권오행과 슬로리딩을 결합한, 초등 인문 고전 독서

2016년 내가 도평초등학교에 전근 왔을 때 당시 혁신부장이던 최은경 선생님께 인문 고전 독서 방법, 정약용의 일권오행이 있음을 알렸더니, 전근 온 교사인 나에게 학교 전체 전문학습공동체 방향과 내용을 계획하라는 엄청난 권한을 위임하였다. 어쩌면 정말 무모한 부탁일 수 있는데, 그것을 받아들인 필자의 선택 역시 놀라웠다.

2016년 3월 전체 교사를 대상으로 인문 고전 독서의 필요성과 방법에 대해 연수를 진행하였다. 교사 대상 연수를 본 당시 학부모 회장님께서 학부모 대상 연수도 부탁하셨다. 이제 막 전근 온 교사는 겁도 없이 전체 교사, 학부모를 대상으로 인문 고전 독서의 필요성과 방법을 알렸다. 더욱 놀라운 것은 서울 사립 동산초등학교 인문 고전 독서 목록 중 일부를 학급에 10권에서 20권을 사주고 우선 적용할 수 있도록 믿어준 관리자들이다. 우리는 무모했지만 열정적이었다.

2016년 1학년, 2학년에는 박학(두루 넓게 배우기), 이를 위해 책과 친해지는 여러 가지 활동을 전개하였다. 3학년에는 심문(자세히 질문하기), 이를 위해 유대인의 공부법 하브루타를 책 읽기 활동과 연계해서 진행하였다. 2017년, 2018년 수업을 참관한 교장 선생님께서는 아이들이 수업 시간에 논리적으로 질문하고 대답하는 것을 보면서 2016년부터 시작된 질문하기 방법이 정말 효과적이라고 말씀하신다. 4학년에는 신사(차분히 생각하기), 이를 위해 메타인지를 활용한 독서, 창의성을 높이는 독서 방법을 적용하였다. 여러 가지 창의적 사고 기법으로 마인드맵, 브레인스토밍, 브레인라이팅, 육색사고모, 스캠퍼 기법, 트리즈를 독서에 접목하였다. 5학년에는 명변(토의·토론하기), 이를 위해 책을 읽고 토의·토론을 진행하였다. 대립 토론, 신호등 토론, 피라미드 토론, 하크네스 토의 등 다양한 방법을 적용하였다. 6학년에는 독행(삶에 적용하기), 이를 위해 독서와 진로교육을 연계해서 프로젝트 학습, 거꾸로 수업, 디자인 씽킹 방법을 적용하였다.

2017년 학교 교육과정 계획을 세우면서 정약용의 일권오행 독서 방법과 인문 고전 독서에 대한 논의가 있었다. 우리 학교 아이들에게 사립 초등학교 인문 고전 독서를 그대로 적용하는 것에 문제는 없는가? 정약용의 일권오행 독서 방법은 초등학생들에게 검증된 독서 방법일까? 정말 논의가 뜨거웠다. 우리가 적용하는 독서 방법에 대한 철학과 이론이 필요하였다.

그래서 나온 것이 《한 권을 읽어도 정약용처럼》(이재풍, 북포스)과 교사 사이버 직무연수 〈천천히 읽고 생각이 깊어지는 슬로리딩 수업이야기〉(티처빌)이다. 여러 가지 책과 논문을 바탕으로 인문 고전 독서 방법을 알리는 책과 교사 사이버 직무 연수가 나오게 되었다. 현재 《한 권을 읽어도 정약용처럼》은 인문 고전 독서의 필요성은 인식했지만 어떻게 적용해야 할지 몰랐던 부모와 교사에게 단비와 같은 역할을 하고 있다. 그리고 〈천천히 읽고 생각이 깊어지는 슬로리딩 수업이야기〉는 수업 혁신을 이끌고 있다.

슬로리딩은 몇 년 전 일본에서 유행한 국어 수업 방식으로 EBS에서도 방영되었다. 이 독서법을 처음 도입한 하시모토 다케시 선생님은 다독보다는 정독, 시험을 위한 공부보다는 삶의 의미를 찾는 공부를 강조한다.[2]

오랜 논의를 통해 사립 초등학교 학생들에게 적용하는 인문 고전 독서를 공립학교에 그대로 적용하는 것은 많은 문제가 있다는 것에 공감대가 형성되었다. 그래서 우리는 아이들에게 맞는 책을 찾기로 하였고, 여러 학교에서 적용하는 온작품 읽기 도서를 참고하기로 했다. 그리고 정약용의 일권오행을 수업에 어떻게 녹여낼 수 있을까 고민하였다.

---

2. 이재풍, 앞의 책, 42쪽.

그 방법으로 우리는 하시모토 다케시의 슬로리딩을 택하기로 했다. 하시모토 다케시 선생님은 일본에서 유명한 국어 선생님이다. 그는 교과서를 과감하게 버리고 소설 〈은수저〉를 활용한 본인만의 수업을 설계하였다. 단어 하나하나의 의미를 깊게 공부하고, 삶과 연계되도록 학습내용을 조직하였다.

우리 수업에서도 한 학기 한 권의 책을 선정해서 교육과정을 재구성하였다. 삶과 연계된 교육이 되도록 여러 가지 놀이, 체험활동을 계획하였다. 우리 수업을 교사 사이버 직무 연수로 만들기로 하고, 13명의 선생님이 함께 참여해서 멋진 연수를 제작하였다. 현재 〈천천히 읽고 생각이 깊어지는 슬로리딩 수업이야기〉는 티처빌에서 인기 높은 연수 프로그램이다. 정약용의 일권오행과 슬로리딩은 정말 멋진 만남이었다.

4. 《죽음의 수용소에서》와 《의식혁명》

2018학년도 학교 교육과정을 계획하면서 정약용의 일권오행 독서 방법이 어떻게 삶에 큰 영향을 끼칠 수 있을까 고민하게 되었다. 정약용 선생님도 결국 독서는 삶으로 연결되어야 한다고 그랬는데, 아이들의 삶을 변화시킬 수 없다면 진정한 독서가 아니라 생각되었다. 다행히 그때 기적적으로 만난 책이 《죽음의 수용소에서》와 《의식혁명》이다.

《죽음의 수용소에서》를 쓴 빅터 프랭클린은 2차 세계대전 당시 아우슈비츠에서 비참하게 지냈다. 아내와 아들이 죽었으며, 몇 년 동안 연구한 자료를 모두 빼앗겼다. 최악의 상황에서도 살아야 했으며, 삶과 죽음을 가르는 것이 무엇인지 정신과 의사로서 자신의 삶을 바탕으로 바라보았다. 빅터 프랭클린은 아우슈비츠에서 그동안 책에서 배운 것을 버리고 삶으로 연구를 시작했다.

연구 결과는 우울증과 불면증으로 힘들어하던 사람이 인생 최악의 조건에서도 금방 치료가 될 수 있다는 것이다. 삶과 죽음의 기로에서 그래도 살아가는 사람들에게는 공통점이 있었는데 그것은 삶의 의미를 깨닫고 그것을 놓치지 않는 것이었다. 결국 그가 평생 연구한 심리학은 거짓이었고, 중요한 것은 인생의 의미를 깨닫는 '삶의 의미'라는 것을 알게 되었다. 그것을 바탕으로 '로고 테라피'를 세상에 알리게 된다. 여기서 '로고 에듀', '로고 독서' 개념을 가져왔다. 삶의 의미를 깨우치는 독서, 정말 멋진 일이다. 그동안 독서에서 '무엇'과 '어떻게'에 초점을 맞췄던 우리의 교육이 '누구'를 포함하게 되었다.

《의식혁명》에서 데이비드 호킨스는 인간에게는 의식이 중요하고 인간의 의식은 1~1000까지 측정될 수 있다고 말한다. 의식 수준이 200 이하 사람들은 부정적이고, 두려움과 걱정으로 삶을 산다고 한다. 200~500 의식으로 측정되는 사람은 인간의 이성을 발휘해서 긍정적이고 밝은 세상을 본다고 한다. 또한 500 이상 의식 수준 사람들은 영적이고 인류애를 담은 세상을 본다고 한다. 부정적인 에너지를 보이는 사람에게는 아무리 좋은 책도 부정적으로 다가올 수 있다. 변화의 에너지는 없다.

온작품 읽기를 적용할 때 아이들의 독서 수준을 보는 것은 물론이고 아이들의 의식(마음)을 볼 필요가 있다. 현재 광주도평초등학교는 학생들의 좋은 마음 밭을 위해 독서, 생활교육, 수업에 회복적 생활교육, 버츄프로젝트, 비폭력대화, 나 전달법(아이 메시지)을 적용하고 있다.

어떤 사람은 인간 의식은 태어나서 죽을 때까지 거의 변하지 않는다고 한다. 그런데 의식을 높일 수 있는 특별한 방법이 있다. 《의식혁명》에서 예수와 부처는 의식이 1000으로 측정되었다고 한다. 그러면 인간의 의식을 높일 수 있는 가장 좋은 방법은 예수나 부처가 되는 것이다. 불교는 원래 부처님을 믿는 것이 아니라 부처가 되는 것이라 한다. 자기 것을 버리고 부처의 깨달음이 본인에게 온전히 적용되면 부처가 된다고 한다. 또한 기독교에서 예수를 믿는다는 것은 온전히 그리스도 십자가의 은혜로 구원을 받는 것이며 그것을 선물이라고 한다. 선물에는 성령도 포함되어 있다고 한다. 성령이 곧 예수이기도 하다. 성령을 받은 사람은 예수이다. 그렇기 때문에 의식이 1000일 수 있다. 그리고 책을 읽는 사람의 의식이 얼마나 중요한지도 공감할 수 있을 것이다. '무엇',

'어떻게'보다 중요한 것은 '누구'이다. 누가 읽고 누가 가르치고 누가 배우는가가 중요하다.

2018학년도부터 '무엇', '어떻게', '누구'를 모두 고려한 온작품 읽기가 도평초등학교에서 시작되었다. 2018년 2월 한 달 동안 우리는 정말 치열하게 학년별 온작품 읽기 도서를 선정하고, 교육과정 재구성을 위해 힘을 쏟았다. 정약용의 일권오행과 슬로리딩에 대해서도 다시 공부했다. 그리고 무엇보다 중요한 가르치는 사람과 배우는 사람에 대해 생각했다. 배움의 공동체를 형성하기 위해 우리는 모였고, 나눴고 서로 배웠다.

이 책에는 그동안 우리의 수업 이야기가 담겨있다. 어떻게 온작품 읽기 책을 선정하였고, 왜 선정하였으며, 교육과정은 어떻게 재구성했는지 기록했다. 그리고 우리의 수업 이야기가 생생하게 녹아있다. 또한 학생들의 삶이 성장하기 위한 평가 방법과 내용이 담겨있다. 도평의 작은 나비 날갯짓에 많은 학부모와 교사가 동참하기를 바란다.

2018학년도에 선정된, 도평 온작품 읽기 도서와 학부모 성장을 위한 도서를 소개한다. 이 자료를 참고하면 큰 도움이 될 수 있을 것이다.

학년별 교육과정 재구성 도서

학년	도서명	출판사	지은이
1학년	달려라, 택배 트럭!	문학동네	임미성
	책 먹는 여우	주니어김영사	프란치스카 비어만
2학년	알사탕(그림책)	책 읽는 곰	백희나
	우동 한 그릇	청조사	구리 료헤이
3학년	화요일의 두꺼비	사계절	러셀 에릭슨
	랑랑별 때때롱	보리	권정생
4학년	아름다운 아이 줄리안 이야기	책과콩나무	R.J 팔라시오
	세계를 바꾸는 착한 마을 이야기	북멘토	박소명
5학	샬롯의 거미줄	시공주니어	엘윈브룩스화이트
	종이밥	낮은산	김중미
6학년	빨강 연필	비룡소	신수현
	곁에 두고 읽는 탈무드	홍익출판사	아시즈미 간지

학부모 참고용 도서 안내

목록	도서명	출판사	지은이
1	한 권을 읽어도 정약용처럼	북포스	이재풍
2	한 학기 한 권 깊이 읽기에 빠지다	북랩	박정순 외 2명
3	슬로리딩	조선북스	하시모토 다케시
4	EBS 다큐프라임 슬로리딩, 생각을 키우는 힘	경향미디어	정영미
5	이야기 넘치는 교실 온작품 읽기	북멘토	신숙경 외 3명

1부

저학년:
책과 친해지고
두루 읽기

1학년 박학(博學, 두루 배우기):

《달려라, 택배 트럭!》

류민혜

1

아이들의 맑은 동심과 함께하는, '달택이'[1]와의 만남

정약용의 오행론 중 박학은 '두루 넓게 공부하기'를 의미한다. 다양한 책을 많이 읽어 다양한 영역에 대해 풍부한 학식을 쌓을 수 있음을 염두에 두고 한 말이다.[2]

아이들이 책을 좋아하고, 어디서나 책을 찾고, 즐겨 읽는 모습을 늘 상상했다. 평생 함께해도 좋을 친구, 책을 좋아하고 옆에 끼고 있는 아이들의 모습을 기대했다. 또한 아이들의 관심을 끌 만큼 화려하고, 자극적인 놀잇감이 많은 상황에서 아이들에게 책을 읽으라고 무조건 이야기하는 것만큼 잔인한 것은 없다고 생각했다.

그래서 어떻게 하면 책을 좋아할지, 어떻게 하면 책과 친해져 평생을 함께할 친구로 삼게 할지가 초미의 관심이었다. 올해 1학

---

1. 《달려라, 택배 트럭!》(임미성 시, 윤지회 그림, 문학동네, 2018)을 우리 반 아이들이 부르는 말.
2. 이재풍, 앞의 책, 41쪽.

년을 맞으면서 이와 같은 생각은 생각을 넘어 간절함이 되었다. 새 학기가 시작되기 전, 많은 고민 끝에 평생을 가지고 갈 좋은 친구인 '책을 좋아하고 가까이하는 아이', '습관처럼 책을 읽는 아이'가 되도록 '돕자'를 목표로 독서교육을 계획했다.

그리고 우연한 기회에 《달려라, 택배 트럭!》을 쓴 임미성 작가와 만나게 되었다. 작가의 첫 동시집, 《달려라, 택배 트럭!》을 들고 모인 만남이었다. 서울 뒷골목 작은 책방에서 만나, 시를 쓰게 된 이야기, 시의 배경이 된 이야기를 들었다. 아이들을 예뻐하고 아이들의 맑은 동심을 사랑하는 작가의 마음이 고스란히 느껴졌다.

하루 10분씩 점심시간을 이용해 원하는 아이들을 모아 '시는 맛있다'는 모임을 만들고 운동장 느티나무 아래에서 아이들과 함께 시를 읽고, 낭송하는 등의 활동을 한다는 이야기는 참 따뜻했다. 작가의 이야기를 들으면서 작가의 예쁜 감성과 함께, 아이들을 향한 진심이 느껴졌으며, 무엇보다 사물과 사람을 따뜻이 보는 시인의 고운 마음과 그것을 예쁜 글로 풀어내는 것이 참 좋아 보였다.

그래서 학교생활을 처음 시작하는 나의 아이들이, 이제 글을 배우기 시작하는 나의 아이들이 글만이 아니라 시에 녹아있는 작가의 고운 심성과 예쁜 시어들을 배우면 좋겠다는 생각으로 이 책을 온작품 읽기 작품으로 선택하게 되었다.

4월 초 동시집이 아이들 손에 들려진 날, 아이들은 책이 이쁘다며 좋아했다. 그리고 시키지 않아도 책을 펴들고 읽기도 하고 제목과 그림을 보며 키득키득 웃기도 했다.

삽화들도 아이들이 좋아할 만큼 예쁘고, 사랑스러워 시집을 가슴에 품고 돌아다녔고, 틈만 나면 읽기도 했다.

"너는 뭐 읽었어?"

"너는 어떤 동시가 좋아?"

아이들은 책을 들고 다니면서 친구들과 이런 말을 주고받았다. 우정이는 책을 처음 받은 날 동시집이 너무 예뻐 받자마자 처음부터 끝까지 다 보고, 아는 글자가 있는 동시를 읽어봤다며 자랑스럽고 행복한 표정을 지어 보였다. 글을 읽을 줄 아는 아이들은 시를 읽으면서 "시들이 예뻐요.", "시가 귀여워요.", "시들이 재미있어요.", "선생님, 이 동시는 고양이가 죽은 것을 썼는데 요기가 아파요."라고 표현했다.

동물을 좋아하는 연성이는 〈고양이 가족〉과 〈금요일〉을 읽으면서 마음이 아팠다는 표현을 이렇게 하면서 자신의 가슴을 쓰다듬었다.

"선생님, 이 시를 읽는데 손끝이 간질거려요."

감성이 풍부한 영자는 《달려라, 택배 트럭!》을 읽은 자신의 느낌을 이렇게 표현하며 웃었다.

달택이의 동시를 매일 아침 두 편씩 읽어주었다. 아이들은 동시 읽기에 귀 기울였고, 재미있는 문장이 나오면 웃음으로 반응했다. 재밌는 말이 나오면 아이들은 그 문장을 노래하듯 계속 되풀이하며 말하고 다녔다. 시간이 흐르자 아이들은 동시를 읽어주는 것을 듣기만 하는 단계를 넘어, 직접 읽고 싶어 했다. 그래서 오전 시간에 하는 시 읽기를 내가 한 편, 아이들이 한 편 번갈아가며 읽기도 하였다. 이러는 동안 아이들은 달택이 속 동시들과 가까워졌고 많이 친해졌다.

책과 재미있게 지내는 활동들

아이들이 시와 친해지면서 시는 아이들 삶 속에 깊이 들어왔다. '시 속에 자신들의 삶을 녹여냈다.'는 표현이 더 맞을 것이다. 아이들은 마음에 드는 시를 외우기도 하고, 시 운율에 맞춰 춤을 추거나 몸동작도 하고, 또 〈위층 아줌마 6〉처럼 역할을 나눌 수 있는 동시로는 소꿉놀이하듯 역할극도 하면서 논다.

특히 〈5학년〉처럼 자신들의 삶과 관련된 동시가 나오면 보물을 찾은 듯 신기해하며 반가워했고 그것과 관련된 자신들의 삶을 이야기하며 논다. 〈5학년〉에 나오는 '나대지 마라' 부분이 나오기만 하면 아이들이 큰 소리로 읊는다. 고운 말, 예쁜 말을 써야 하는 학교에서, 게다가 선생님 앞에서 맘 놓고 할 수 있는 허락받은 거친 말이기 때문이다.

이렇듯 시와 친해져 가는 아이들을 위한 '제대로 된 시 놀이 자리'를 깔아주고 싶었다. 먼저 국어과 단원별 성취기준과 국어과 교과 역량을 살펴보았다.

국어과 단원별 성취기준과 교과 역량

단원명	교과 역량	영역	성취기준
바른 자세로 읽고 쓰기	공동체.대인관계 역량 (마음 나누기)	듣기.말하기	말하는 이와 말의 내용에 집중하며 듣는다.
		읽기	글자, 낱말, 문장을 소리 내어 읽는다.
		쓰기	글자를 바르게 쓴다.
2. 재미있게 ㄱㄴㄷ	공동체.대인관계 역량 (마음 나누기)	쓰기	글자를 바르게 쓴다.
		문법	한글 자모의 이름과 소릿값을 알고 정확하게 발음하고 쓴다.
		문학	여러 가지 말놀이를 통해 말의 재미를 느낀다.
3. 다 함께 아야어여	의사 소통역량 (함께 이야기하기)	읽기	읽기에 흥미를 가지고 즐겨 읽는 태도를 지닌다.
		쓰기	글자를 바르게 쓴다
		문법	한글 자모의 이름과 소릿값을 알고 정확하게 발음하고 쓴다.
4. 글자를 만들어요	의사 소통역량 (함께 이야기하기)	읽기	글자, 낱말, 문장을 소리 내어 읽는다.
		쓰기	글자를 바르게 쓴다
		문학	느낌과 분위기를 살려 그림책, 시나 노래, 짧은 이야기를 들려주거나 듣는다.
5. 다정하게 인사해요	공동체.대인관계 역량 (마음 나누기)	듣기.말하기	-상황에 어울리는 인사말을 주고받는다. -바르고 고운 말을 사용하여 말하는 태도를 지닌다.
		문학	-시나 노래, 이야기에 흥미를 가진다.
6. 받침이 있는 글자	문화 향유역량 (누리며 즐기기)	읽기	-글자, 낱말, 문장을 소리 내어 읽는다.
		문법	-글자, 낱말, 문장을 관심 있게 살펴보고 흥미를 가진다.

7. 생각을 나타내요	비판적. 창의적 사고 역량 (다르게 생각하기)	읽기	-글자, 낱말, 문장을 소리 내어 읽는다.
		쓰기	-자신의 생각을 문장으로 표현한다.
		쓰기	-쓰기에 흥미를 가지고 즐겨 쓰는 태도를 지닌다.
8. 소리 내어 또박또박 읽어요	자료.정보 활용 역 량(자료 찾아보기)	읽기	-문장과 글을 알맞게 띄어 읽는다.
		문법	-문장에 따라 알맞은 문장 부호를 사용한다.
9. 그림일기를 써요	자기 성찰.계발 역 량(자신 알아보기)	읽기	-말하는 이와 말의 내용에 집중하며 듣는다.
		문법	-인상 깊었떤 일이나 겪은 일에 대한 생각이나 느낌을 쓴다.

이렇게 살펴본 성취기준과 핵심 역량을 통해

　- 글을 읽고 자신의 마음을 나누고,

　- 친구들과 함께 이야기 나누며,

　- 다양한 문학작품을 읽고 그를 통해 문화 역량을 기르고,

　- 자신이 읽고 싶은 책을 골라서 읽는 힘을 기르고,

　- 성찰의 시간을 통해 아이들이 성장하기를 바라는

마음에 다음 4가지를 활동 목표로 세웠다.

1. 다양한 시를 많이 읽는 환경을 만들어 주자

2. 자신의 생각과 느낌을 다양한 방법으로 표현하게 하자

3. 자신의 삶의 이야기를 많이 쓰게 하자

4. 다양한 활동을 통해 문학적 감성을 기르게 하자

다음으로는 이러한 활동 목표를 국어과를 비롯한 다른 교과 수업에서 어떻게 적용할 것인지를 고민하였다. 재미있어야 하고, 강요나 반복적인 활동이 아닌, 그저 아이들의 일상인 놀이처럼 재미있는 활동을 찾는 데 집중하였다.

국어과 교과 역량을 통해 국어만이 아니라 다른 교과와 통합적으로 생각하는 역량 함양을 위해 통합교과에서도 관련 활동 영역을 정해 교육과정을 재구성하여 수업에 적용하였다.[3]

우리 반의 동시 BEST TOP 10을 뽑아라!(문학적 감각 기르기)

아이들은 달택이에 나오는 동시를 읽다가 자신이 좋아하거나 마음에 드는 동시가 나오면 포스트잇 플래그를 붙인다. 어떤 아이들은 시가 모두 좋다며 거의 모든 시에 포스트잇 플래그를 다 붙인 아이들도 있었다.

함께 모여 포스트잇 플래그를 붙인 동시 중에서 정말 마음에 드는 동시를 10편씩 뽑았다. 무엇을 뽑아야 할지 심각하게 고민에 또 고민하는 아이들도 있었다. 옆의 친구가 하는 것을 보며, 같은

---

3. 지금부터 소개하는 교육과정 재구성 활동 내용은 '달려라, 능력자 클럽' 회원들과 함께 고민하며 공유한 활동이다. 이 모임은 임미성 작가와의 만남을 함께했던 사람들이 만든 모임이다. 시 작품 읽기와 활동을 고민하고 연구하여 함께 나누는 모임이기도 하다.

동시를 뽑았을 경우엔 하이파이브를 하며 반갑게 웃음을 짓기도 했다.

이렇게 뽑은 동시 제목 10개를 문장 카드에 썼다. 그런 다음, 순서대로 아이들이 나와 문장 카드를 들고 칠판에 붙였다. 같은 제목이 있으면 같은 제목이 있는 곳에 붙이고, 없으면 그 옆 빈 곳에 붙여 나갔다.

이 활동을 하는 아이들의 모습은 매우 진지했다. 친구들이 동시 제목이 적힌 문장 카드를 붙이는 것을 지켜보며 탄성도 지르고, 아쉬움의 한숨을 쉬기도 했다.

이런 과정을 거쳐 우리 반의 동시 BEST TOP 10이 탄생했다. BEST TOP 10 중에서 〈깊은 밤 부엌에서 생긴 일〉, 〈위층 아줌마 6〉는 우리 반 26명 중에서 23명, 22명이 좋아하여 각각 1, 2위를 차지했다.

동시 낭독극하기(표현력 기르기)

아이들이 제일 좋아하는 동시 2편으로 뭔가 특별한 활동을 하고 싶어 아이들에게 물었다. 아이들은 연극을 하자고 했다. 그런데 연극을 하자면 대사를 외워야 하는 부담이 있고, 그러다 보면 활동에 대한 재미가 반감이 될까봐 '낭독극'을 하게 되었다. 때맞춰 달택이의 작가이신 임미성 작가님이 '달려라, 능력자 클럽' 밴드에 〈깊은 밤 부엌에서 생긴 일〉 낭독극 대본을 공유해주셔서 그것을 사용하였다.

　모둠을 나누고, 모둠끼리 역할을 정하여 같이 읽으면서 역할에 맞는 동작도 연습하였다. 아이들의 흥을 돋우기 위해, 〈깊은 밤 부엌에서 생긴 일〉에 등장하는 주방 도구들을 준비해 왔다. 아이들은 연습하는 내내 즐거워했고, 웃음이 끊이지 않았다. 다른 모둠 친구들이 낭독극을 발표할 때 집중해 들으면서 대사 부분은 함께 '떼창'을 하듯 낭송을 했다. 마지막, 음악에 맞춰 춤을 출 때는 모두 나와 함께 즐겼다.

[그림 1] 낭독극 장면

(모두 함께 큰 소리로 외치기) 깊은 밤 부엌에서 생긴 일 임 미 성

1. 시작 음악

2. 프라이팬 등장 음악

(헌수) 나보다 마음 넓은 애, 나와 봐라

(현정) 프라이팬이 잘난 척 했어

3. 냄비 등장 음악

(미경) 어허, 넓기만 하고 깊지 않으면 무슨 소용?

(현정) 냄비가 앞으로 나섰지

4. 뒤집개 등장 음악

(현도) 자, 자 가만히 있어 봐. 나야말로 세상을 뒤집을 자야

(현정) 뒤집개가 신나서 말했어

5. 밥주걱 등장 음악

(효진) 무슨 소리? 나처럼 밥맛 제대로 본 적 없지?

(현정) 밥주걱은 거들먹거렸어

6. 숟가락 등장 음악

(시후) 넌 내가 안 보이냐? 나도 있다구!

(현정) 숟가락이 얼굴 돌리며 뾰로통해질 때

7. 젓가락 등장 음악

(영주) 흥! 국수 먹을 땐 입 근처에도 못 가잖아?

　　　　나처럼 뾰족한 수도 없으면서!

(현정) 젓가락은 긴 다리를 요리조리 자랑했어

8. 딸각 음악

(현정) 딸깍! 부엌불이 켜졌어 (등장인물들 깜짝 놀라는 표정과 몸짓)

9. 정지 화면 음악

(현정) 다들 정지 화면처럼 그대로 멈췄지 (등장인물들 그대로 동작

　　　　멈추고 섬)

10. 발자국 음악

(현정) 누굴 제일 먼저 쓸까?

11. 사이렌 소리 음악, 12. 심장 소리 음악

(강희) 에이, 어제 저녁 설거지도 못하고 잤네

13. 수세미 소리

(현정) 결국, 수세미를 제일 먼저 집었다지 뭐니?

14. 수세미 후 음악

15. 끝 음악

동시 먹기(글자 익히기)

1학년 1학기 국어 교과의 1단원~4단원의 성취기준을 살펴보면 반복해서 나오는 것이 있다. 바로 '글자를 바르게 쓴다.'이다. 자음과 모음을 정확하게 쓰고, 낱자 한 자 한 자를 정확하게 써서 바르게 쓰는 것이 그만큼 중요하다는 의미이다.

유치원 때부터 글자를 쓴 아이들이지만, 아이들의 수준은 다양하였다. 이렇게 다양한 아이들이 글자 익히는 것도 놀이처럼 한 것은 글자 읽는 것과 쓰는 것이 서툰 아이들을 배려하기 위한 활동이었다. 바로 '동시 먹기', '글자 먹기'이다.

아이들 간식으로 자음 'ㅇ'과 'ㅁ' 모양의 과자와 점을 나타낼 수 있는 초코볼, 그리고 종이접시를 준비하여 아이들에게 나누어 주었다. 제시하는 모음이나 자음을 종이 접시 한 개에 한 자씩 만든 후, 성공하면 서로 칭찬하고 짝과 나눠먹는 활동을 하면서 글자를 익혔다. 글자를 잘 모르는 아이들도 짝이나 모둠 친구들의 도움을 받으며 빠르고도 쉽게 익혀 나갔다.

발전 심화 활동으로 달팽이에 나오는 동시의 제목을 만들어 보도록 했다. 모둠 친구들이 모여 종이접시 한 개에 한 자씩 만들어 완성했다.

동시 제목이 완성되면 그 동시를 모둠원들과 함께 낭송하고 과자를 같이 먹었다. 아이들의 목소리가 가장 커지고, 글자를 잘 아는 아이와 잘 모르는 아이가 두드러지지 않으면서 학습이 이뤄졌고, 이것은 돕고 배우며 익히는 바람직한 모습이 가장 활발하게 나타났던 활동이다.

[그림 2] 동시 먹기

글똥누기

동시 읽기와 동시 먹기 활동을 통해 아이들은 자연스레 글자를 익혔고, 글쓰기에 조금 자신이 붙은 덕분인지 자기들끼리 쪽지에 글자를 써서 주고받기도 하고, 그림을 그려 서로 주고받기도 했다. 내게도 주고, 읽는 내내 지켜보고 있기도 했다. 모르긴 해도 심장이 엄청 빨리 뛰었을 것이다.

맞춤법에 맞지 않기도 하고 몇 자 안될 만큼 짧기도 했는데, 그런 모습조차도 귀엽다 느껴지는 순간 아이들과 글쓰기 활동을 본격적으로 하고 싶었다.

글 쓰는 재미를 알게 된 아이들에게 자신의 생각을 적어보도록 했다. 바로 '글똥누기'이다. 많이도 아닌 '딱' 한 줄만 쓰기로 시작했다.

글쓰기 전에 아이들에게 많은 장면의 활동을 하게 했다. 민들레 홀씨 불어보기, 하늘 쳐다보기, 학교 화단에 나가서 풀 살피기, 모래 놀이터에 나가 놀기, 개미 관찰하기, 떨어지는 벚꽃 쳐다보기 등등 아이들이 재미있어할 만한 일들을 충분히 즐기도록 했다.

활동이 끝난 후 교실에 들어와 '글똥공책'에 한 줄 쓰기를 했다. 아이들은 재미있다, 즐거웠다, 힘들었다는 말들을 적었다. 맞춤법에 맞지 않아도, 투박하고 거칠어도 아이들의 글을 소중히 여기는 마음으로 친구들 앞에서 읽도록 했다. 자신의 글을 읽는 순서가 되면 눈을 동그랗게 뜨고 긴장하면서 쳐다보다가 순서가 끝나면 길게 한숨을 쉬고 들어갔다.

'자신의 생각을 문장으로 표현하기'를 공부한 후에 아이들 중에는 더 길게 쓰고 싶고, 2줄보다 더 많이 쓰고 싶어 하는 아이들이 생겨났다. 그래서 자유롭게 표현하고 싶은 대로 맘껏 쓰라 했다. 글자를 모르는 아이들이 나와 물어보면 반갑게 듣고, 흔쾌히 써주었다.

완성된 글은 친구들 앞에서 읽도록 했다. 때로는 쓴 사람이 직접 읽기도 하고, 때로는 친구가 읽기도 했다. 아이들은 자신의 글들이 친구나 선생님의 입을 통해 읽히는 것이 엄청 떨린다 했다. 심장이 쿵쾅거린다고 표현을 했다. 그러면서도 기꺼이 이 활동을 즐거워했다.

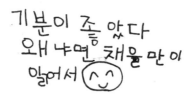

[그림 3] 아이들이 처음 쓴 글똥누기

시 덮기(시 바란스 커튼 만들기)

우리 반 아이들은 활동이 자신의 삶과 연계가 되었을 때, 나름 대로 자신만의 의미를 부여하며 활동에 참여하고, 좀 더 깊이 있게 느끼기도 하며, 서툴지만 이를 통해 자신의 내면을 깊이 있게 들여다보기도 한다.

아이들이 동시와 더욱 친해지고 익숙해졌다 느낄 즈음, 아이들에게 좀 더 특별한 활동을 경험하게 하고 싶었다. 그런 고민 속에서 계획한 것이 바로 '시 바란스 커튼 만들기' 활동이다.

시 바란스를 만들어 커튼처럼 창에 달기도 하고, 이불처럼 덮고 놀기도 한다면, 아이들이 매우 좋아하는 의미 있는 활동이 될 것 같았다.

달택이의 동시 중에서 자신이 가장 좋아하여 마음에 오래도록 담고, 입으로 자주 읊조리는 동시를 찾아보도록 했다. 함께 모여

[그림 4] 시 덮기

둥글게 앉아 동시 하나씩을 차례로 돌아가며 발표하고, 읽는 활동
을 함께 했다. 그리고 왜 그 동시를 고르게 되었는지 발표도 하고,
발표가 끝난 후엔 칭찬의 말도 했다.

다음으로 50cm×70cm 크기의 광목천을 준비하여 아이들에게
한 장씩 나누어 주었다. 그리고는 칼라 네임펜이나 칼라 유성 매
직으로 낭송한 동시를 광목천에 쓰도록 했다. 다 쓴 후엔 어울리
는 그림도 그리고, 정성들여 색칠을 하도록 했다.

아이들은 각자 활동이 끝나는 대로 자신이 만든 것을 덮고 교실 바닥에 누웠다. 각자 덮고 눕기도 하고, 친구의 것을 함께 덮고 눕기도 하면서 이야기를 나눈다. 무엇이 그리 재미있는지 웃음을 터뜨리기도 한다. 그 모습이 한 편의 동시처럼 예쁘다.

여섯, 시 패러디하기, 시 쓰기

시 읽기 활동이 활발해지고 익숙해질 무렵, 아이들은 동시를 쓰고 싶어 했다. 자신들의 생각과 말을 녹여내어 자신들의 삶을 쓰고 싶어 했다.

어른인 나는 어려운 활동이라고 생각했는데 아이들은 용감했다. 다만 어떻게 써야 하는지 알려 달라 했다. 이렇게 말하는 아이들도 사랑스럽다.

이런 아이들에게 '동시 별것 아닌데?'라며, 동시 쓰기에 자신감을 갖게 하기 위한 활동이 필요했다. 그래서 계획한 것이 시 패러디 활동이다. 달택이에 나오는 동시의 일부분을 다른 내용으로 바꿔보는 활동이다.

제목을 바꿔보는 활동부터 시작했다. 이미 달택이 동시에 익숙한 아이들이 제목을 바꾸는 것은 한계가 있었지만 나름대로 열심히 바꿨다. 그리고 왜 바꿨는지 아이들 이야기를 들어보았다. '그냥'이라는 말이 많이 나왔다. 나는 '맞다'고 했다. 그냥 문득 떠오르는 대로 쓰는 것이 가장 좋은 쓰기 활동이라 생각했기 때문이다. 이것저것 가리거나 따지거나 고민하지 않고 그저 떠오르는 생각들을 거침없이 표현할 용기를 갖게 될 때 아이들은 글쓰기에 자신감도 생길 것이기 때문이다.

그 다음에 시 오리기 활동을 했다. 짧으면서도 아이들이 좋아하는 시를 복사하여 나누어 준 후 행별로 오리도록 했다. 다음으로 그것을 골고루 섞은 후 다시 붙이도록 했다. 내용의 순서가 바뀌어도 되고, 빼고 싶은 부분은 빼도 되며, 다른 내용으로 바꾸고 싶은 부분은 바꿔도 된다는 조건을 걸었다. 1학년이 하기에는 약간 어렵다 생각한 활동이기에 천천히 느끼고 생각하며 하도록 했다.

이런 활동에 재미와 자신감이 붙은 아이들에게 자신이 나타낼 수 있는 만큼의 표현력과 자신만 느낄 수 있는 시적 감성을 통해 시 내용의 일부분을 바꿔 보는 활동을 제안했다. 이렇게 나온 작품을 학급 시 낭송회를 통해 나누었다. 아이들은 친구들의 작품을 들으면서 재미있어 했고, 시 내용이 달택이 내용보다 더 좋다고 박수 치며 격려도 했다.

의미 있는 감상 활동을 위해 '갤러리 워크 활동'으로 나누기도 했다. 두 팀으로 나누어 한 팀은 자신의 시를 설명하는 큐레이터가 되고, 한 팀은 관람객이 되어서 하는 활동이다.

큐레이터가 된 아이들은 자신의 작품 앞에 온 친구들에게 시에 대해 설명하고, 관람객이 된 친구들은 궁금한 것을 묻고 칭찬도 했다. 교실이 미술관이 된 순간이었다.

작가와의 만남

동시랑 글이랑 놀기에 푹 빠진 아이들에게 오랜 시간 가지고 갈 수 있는 선물과 같은 즐거운 추억을 만들어 주고 싶었다. 그래서 계획한 것이 '작가와의 만남'이다.

작가님에게서 시를 쓰게 된 배경도 듣고, 시 이야기도 듣는다면 아이들이 행복한 기억으로 오래도록 간직하며, 생각날 때마다 꺼내 볼 것이고, 이 행복한 기억이 어른이 되어도 평생 친구인 '책'으로 안내할 것이란 생각을 했다.

작가님은 바쁜 일정 중에도 아이들을 만나기 위해 기꺼이 오셨고, 아이들은 작가와의 만남을 무슨 연예인 만나는 듯 설레며 기다렸다.

드디어 작가님을 만나는 날 아침, 아이들은 심장이 떨린다면서 작가님의 얼굴도 제대로 보지 못하고, 가까이 가지도 못했다. 이런 반응을 보이는 아이들이 신기했고 귀여웠다.

작가님은 아이들과 함께하는 1차시 분량의 수업을 계획하셔서 진행해주셨다. 작가님이 좋아하는 시를 낭송하시고, 시에 관한 이

[그림 5] 낭독극 장면

야기를 들려주실 때, 성찰의 글을 통해 이날의 기억이 아이들에게 어떤 의미였는지 알 수 있었다.

아이의 글에서도 보듯 아이들은 이날의 기억을 오랫동안 가슴에 담을 것이고, 이것이 계기가 되어 책과 좀 더 가까워지리라 기대한다.

마지막 행사로 아이들이 가장 기대하는 '작가 사인회'를 진행했다. 책을 들고 작가에게 가면서 아이들은 '심장이 터질 것 같다'는 표현을 주고받았다. 그리고 작가님의 사인이 있는 책을 펴보며 서로 신기해하기도 했다.

시를 노래하다

언제부터인지는 모르겠으나 아이들은 동시의 운율을 살리면서 읽었다. 걸으면서 발걸음에 맞춰 읽기도 하고, 몸을 흔들면서 거기에 맞춰 시를 읽기도 했다.

이런 모습을 신기하게 바라보다가 신민규 작가의 동시집 《Z교시》[4]에 나오는 작품 중 랩 트레일러로 발표된 〈넘어 선, 안 될 선〉, 〈이런 신발〉, 〈초2병〉을 찾아 아이들에게 들려주었다. 아이들은 너무 재미있다고 따라 불렀다. 가사도 재미있다고 흥겨워했다.

시를 감상하고 느끼는 것 중 시를 노래로 부르는 것은 아이들의 감성을 자극하기에 충분하다는 생각을 했다. 좀 더 다양한 자료를 찾아 들려주었다.

이즈음 계간 《동시YO》에서 《달려라, 택배 트럭!》에 나오는 동시 〈연못 호떡집〉에 곡을 붙여 작업을 한다는 반가운 소식을 들었다. 이 동시는 아이들이 좋아하여 시시때때로 읊조리는 동시였기에 반가움은 배가 되었다. 처음 이 곡을 들려주었을 때 아이들은 환호성을 질렀다. 시 내용도 재미있는 데다 곡까지 흥겨워 아이들이 흥얼거리며 따라하기 쉬웠다. 이런 이유로 아이들은 이 시 노래를 시도 때도 없이 주문했고, 우리 반 애창곡 1위로 주구장창 부

---

4. 신민규 시, 윤정주 그림, 문학동네어린이, 2017.

르는 노래가 되었다.

이 곡만 아니라 꽃 이름과 생김새가 재미있다고 아이들이 좋아하는 동시인 〈맨드라미〉도 노래로 만들어져 같이 아이들과 함께 불렀다. 노래로 만들어진 동시 덕분에 아이들은 동시와 더욱 가까워졌고, 다른 동시에도 나름의 곡을 붙여 흥얼거리기도 했다.

별밤 축제로 온작품 읽기의 방점을 찍다

1학년 아이들과 학교에서 1박을 한다는 것이 흔하지 않은 일이었지만, 아이들이 다른 활동이 아닌 단지 시 읽기만을 하면서 하룻밤을 지내보면 시와 더 친해지지 않을까, 더 나아가 책과 더 친해지지 않을까, 하는 생각에서 기획하게 되었다.

교장 선생님과 교감 선생님께서도 흔쾌히 승낙하셨고, 고맙게도 동학년 선생님들도 기꺼이 동의해주었다. 바로 학급 밴드를 통해 공지하고, 참가 신청을 받았다. 생각보다 많은 학부모님이 신청하였고 덕분에 순조롭게 진행되었다.

초등학교 입학하여 학교에서 자는 것이 처음인 아이들은 흥분했고, 즐거워했다. 수업 시간 외에 학교에 있는 것이 즐거웠고, 《달려라, 택배 트럭!》으로 공부 시간에 하지 않았던 활동을 해보는 것도 아이들에겐 즐거운 추억이 되었다.

흰색 티셔츠에 자신들이 좋아하는 동시를 적은 후 그림으로 꾸민 '시 입기' 활동은 1박 2일 활동의 재미를 극에 달하게 하였다. 1박 2일 내내 입고 다니며 자랑스러워하는 아이들의 모습은, 아이들의 마음을 반증하는 것이었다.

여기에 계절에 맞는 그림책 《수박 수영장》을 읽으며, 수박을 통째로 퍼먹었다. 그리고 수박씨를 입에 넣고 불려 얼굴에 붙였다. 초성을 듣고 《달려라, 택배 트럭!》에 있는 동시 제목을 맞히는 방석 퀴즈, 친구들과 함께 주먹밥과 유부초밥을 만들어 먹기, 중간중간 친구들과 함께 한 마피아 게임은 두고두고 아이들의 이야깃거리가 되었다. 한밤중에는 밤하늘에 떠있는 별을 보기도 했다. 두려움을 갖게 하는 밤이지만 친구와 함께하는 그 시간만큼은 호기를 부려도 좋을 만큼 신비로운 시간이었다.

별구경 후엔 아이들과 함께 댄스파티도 했다. 시 노래에 맞춰 자유로이 몸을 움직였다. 친구랑 부딪히기도 하고, 두 손을 잡고 함께 흔들어보기도 하고, 흥에 겨우면 껑충껑충 뛰어보기도 하고 …… 시와 음악과 춤이 함께한 하룻밤의 추억은 아이들에게 어떤 의미로 기억될까?

책을 두루 읽기 위한 활동들

학교는 동학년 체제로 모든 교육과정 활동을 공유하기에 동학년의 이해와 동의가 매우 중요하다. 또한 1학년은 학부모님들의 관심이 크다. 학부모님으로부터 민원 발생을 예방하기 위해서도 학년의 통일성이 필요했다. 아이들이 성장함으로써 얻게 되는 가치가 더욱 크다고 생각했기에 학년 초 동학년 선생님들에게 독서 관련 활동을 제안했다. 똑같은 활동을 하자는 것은 아니었지만 아이들을 위한 다양한 독서 활동을 함께 하고 싶어 계획한 최소한의 가이드라인이었다.

나의 제안에 동학년 선생님들은 흔쾌히 동의했다. 모든 것을 똑같이 할 수는 없지만, 하는 것을 보며 배우면서 하겠다는 어린 후배 교사의 말은 힘을 실어주었다. '같이 또 따로'의 가치를 이해하는 동학년 선생님들 덕분에, 다양한 독서 활동을 할 수 있었음에 깊이 감사한다.

앞으로 하게 될 이야기는 이런 과정을 거쳐 시작된 책 읽기 활동 수업 이야기이다. 이것은 입학 초부터 지금까지 1학년 아이들과 함께 했던 활동에 대한 기록이다. 이것을 읽는 사람들이 보면서 더 발전시키고, 확산시켜나가는 데 작은 마중물로 의미를 갖게되면 좋겠다.

3월 첫 번째 활동: 책과 친해지기

첫 번째 활동, '책 읽어 주는 빨간 여우'[5] 활동을 시작했다. 그림과 글이 어우러지고, 그림과 글을 통해 많은 생각과 상상력, 그리고 창의력까지 키울 수 있는 그림책을 위주로 읽었다. 책 선정 기준은 입학 초 적응활동, 교과 내용과의 관련성이었다. 입학식부터 책 읽어주는 활동으로 시작했다. 담임교사인 내가 책을 읽어주는 것이다. 1일 1권, 1일 동시 하나를 목표로 매일 읽어주었다. 그저 읽어주기만 했다.

이런 날이 며칠 지나자 아이들은 말하고 싶어 했다. 그래서 나는 조금씩 질문을 하였다. 표지 그림, 표지 색깔, 속표지와 뒤표지의 색과 그림이 앞표지와 어떻게 연결되는지, 누가 나오는지, 다

---

5. '빨간 여우'는 담임교사인 나의 별칭이다.

[그림 6] 아이들과 함께 읽은 책

들고 난 후 마음이 어떤지, 하고 싶은 말은 무엇인지 물었다. 일상적인 대답 끝에 아이들은 자신의 가슴에 손을 대며 "요기가 이상해요.", "눈물이 나려고 해요.", "듣고 있는데 자꾸 웃음이 나요.", "저도 그랬던 적이 있어요.", "손끝이 이상하게 간질거려요."라며 자신들의 느낌을 쏟아냈다. 아이들의 반응이 재밌고 귀엽고 사랑스러워 책 읽어주는 재미가 있었다. 이렇게 아이들이 질문에 답하는 과정에서 책 내용도 알아가게 했다. 내용에 대해서는 그저 간단히 물어보았다. 깊게 생각하지 않고 즉흥적인 답을 유도했다.

3월 두 번째 활동: 도서관과 친해지기

아직 글을 읽을 줄 아는 아이들이 적었지만, 학교 도서관에 간 아이들은 책을 가져와 보았다. 글을 읽을 줄 아는 아이들은 읽었고,

[그림 7] 도서관에서 친구들과 책을 읽는 모습

글을 읽는 것이 서툰 아이들은 그림을 보았다. 2주 정도를 매일 올라가 책을 보게 했다. 이렇게 시작하여 도서관과 친해지도록 했다.

책을 읽은 아이들에게 딱히 무엇을 해라 요구하지 않았다. 정해진 시간 동안 읽고, 시간이 되면 도서관을 나왔다. 무엇을 읽었는지, 어떤 내용인지, 책을 읽은 느낌이 어땠는지 묻지 않았다. 물음에 부담을 느끼는 아이가 있다면 그 순간부터 책을 보는 것이 부담이 될 것이라 생각했다. 왜냐하면 책을 가져오기 전부터 '무엇을 이야기해야 하지?', '이야기하려면 쉬운 책을 봐야 하나?', '무엇을 이야기하지?', '잘못 이야기했다가 혼나면 어쩌지?' 등의 생각으로 '책=부담'이 될 것이기 때문이다.

도서관과 친해질 즈음, 1주일에 한 번 도서관에서 책을 빌렸다. 아이들의 도서 대출증이 생기면서 아이들 이름으로 책을 1권씩 빌려와 교실에 두고 읽었다. 일주일 동안 자신들이 빌려온 책들을 친구들과 돌려 읽었다. 교실에 있는 책을 한 번씩 보도록 한 것이다. 1주일 지나면 도서관에 반납하고 또 빌려왔다. 읽던지 아니 읽던지, 보던지 아니 보던지 우리 반은 늘 책이 있는 교실로 바뀌었다. 그리고 아이들이 읽은 책은 표지를 복사하여 교실에 전시해 두었다. 한 권 한 권 책의 권수가 늘어날 때마다 아이들은 그것을 보면서 신기해했고, 책을 많이 읽는다고 스스로를 대견해했다.

4월 학급문고 만들기

학부모님의 동의를 얻어 1인 1권의 책 기증을 받았다. 교과 내용과 아이들의 정서적 함양을 위해 아이들과 함께 읽을 책을 선정하였다. 이 책을 아이들은 좋아했고, 언제든 편하게 책을 가져가 읽었다. 아이들은 자신들의 이름이 적힌 이 책들을 좋아했고, 언제든 편하게 책을 가져가 매일매일 보았다. 글자를 잘 모르는 아이들은 처음에 그림만 보다가 이야기를 꾸며서 말했다. 글을 읽을 줄 아는 아이들은 그림과 함께 글 내용도 같이 이해하며 읽고 즐거워했다. 우리 반은 어느덧 책밭, 글밭이 되었다. 두세 명씩 모여 앉아 읽기도 하고, 바닥에 앉아 읽기도 하고, 눕거나 엎드려 읽기도 한다. 책 읽는 것이 어느새 아이들의 즐거운 놀이가 되었다.

5월 첫 번째 활동: 매주 유치원 동생들에게 책을 읽어주다

아이들이 책 읽는 것을 좋아하고, 읽는 활동에 좀 더 자신감을 갖게 하고자 아이들의 잠재된 도전 의식을 깨우는 활동이 필요했다. 그래서 5월부터 다음과 같은 활동을 시작했다.

먼저 시작한 것은 유치원 동생들에게 책 읽어 주는 활동이었다. 글자도 어느 정도 익혔고, 책 읽기에 재미가 붙을 무렵, 아이들에게 재능 기부 활동을 제안했다. 유치원 동생들에게 책을 읽어 주자는 것이었다. 처음에 아이들은 못한다고 했다. 떨려서 실수하면 어떻게 하냐는 것이 이유였다.

유치원 선생님과 의논하여 1인당 1명씩 책 형제를 맺었다. 첫 시간을 위해 아이들은 정성껏 책을 읽으며 준비했다. 유치원 교실로

[그림 8] 유치원 동생들과 함께 하는 행복한 책 읽기

이동하는 중에 아이들은 난리법석이었다. 떨려서 죽겠다, 틀리게 읽으면 어쩌나 등 자신들만의 언어로 긴장감과 떨림을 풀어냈다.

드디어 시작. 유치원 문을 열고 들어가 어린 동생들을 본 아이들 입에서 마구 나온 말은 "아유, 귀여워!"였다. 긴장하기는 유치원 아이들도 마찬가지인지 눈을 동그랗게 뜬 채 아이들을 바라보고 있는 모습이 마치 미어캣 같았다.

책을 읽기 시작하는 아이들의 목소리가 커졌다. 목소리 흉내도 내면서 읽는 아이들은 조금 전의 그 아이들이 아니었다. 성공리에 마치고 교실로 오면서 아이들은 호들갑이다. 떨려서 죽는 줄 알았다는 것이다. 그래서 "다음엔 하지 말까?" 슬쩍 물으니 아니란다.

5월 두 번째 활동: 6학년 선배들에게도 책을 읽어주다

입학 초 적응활동을 위해 의형제를 맺은 6학년 형, 언니에게 책을 읽어주는 활동을 했다. 6학년 학생들에게는 월 2회, 유치원생들에게는 매주 1회 10분씩, 창의적 체험활동 시간을 재구성하여 운영하였다. 처음 시작할 때 부담을 느끼던 아이들은 이 활동을 통해 책을 좀 더 집중하여 성실히 읽게 되었고, 한글을 빨리 익혀 자연스럽게 읽는 데 도움이 되었다.

우리 학교는 1학년과 6학년이 의형제를 맺는다. 입학식 날 1학년과 6학년이 함께 입장하여 입학식 내내 같이 서서 참여를 한다. 그리고 급식이 시작되면 2주 동안 6학년들과 함께 밥을 먹으면서 6학년의 도움을 받아 초등학교에서의 첫 급식을 시작한다.

이런 도움을 준 6학년 형들에게 책을 읽어줌으로써 도움 받은 고마움을 갚아보자 했다. 유치원 동생들에게 책 읽어 준 선행 경험 덕에 아이들은 좋아라 했고 기쁜 마음으로 6학년 교실로 갔다. 하지만 벽에 기대어 숨거나 내 뒤에 숨어 들어가질 못했다. 이유는 무섭다는 것이다. 떨린다는 것이다. 이런 모습까지 귀엽게 봐준 6학년 덕분에 아이들은 용기를 내었고, 책 읽기도 성공적으로 끝냈다.

작지만 자신들이 책을 읽어주는 활동을 통해 아이들은 자신감을 배웠고, 더 잘 읽어주기 위해 책 읽는 연습을 함으로써 글 읽는 실력도 쑥쑥 자랐다.

[그림 9] 6학년과 함께 하는 행복한 책 읽기

5월 세 번째 활동: 가족과 함께 하는 행복한 책 읽기

학부모님들의 책 읽기 활동도 필요하다 생각되어 학급 밴드에 공지하고 신청자를 받았다. 처음 시작은 많지 않았다. 방과 후 돌봄 학교에 참여하는 학생이 우리 반 재적의 50%를 차지할 만큼 우리 반은 맞벌이 가정이 많았다. 그렇기에 학부모님이 시간 내기가 쉽지 않았다. 어쨌든 적은 수로 시작한 수요일 아침 행복한 책 읽기는 어느덧 여덟 분이 되었고, 지금까지 매주 활동을 하고 있다.

매주 한 분씩 와서 책을 읽으신다. 그저 책을 읽기만 한다. 특별히 하는 독후 활동도 없다. 그럼에도 아이들은 이 시간을 많이 기다린다. 담임교사인 내가 읽어주는 시간보다 더 재미있어 하고 즐긴다. 이쯤 되면 반은 성공한 것이리라.

책 나눔, 삶이 책이 되다.

아이들이 읽은 책을 나누기 시작했다. 짝끼리, 모둠원끼리 그리고 더 나아가 학급 친구들에게 자신이 읽은 책을 나누었다. 제목만 간단히 나누는 것으로 시작했지만, 점차 자신이 읽은 책의 내용과 느낌, 숨겨진 이야기와 뒷이야기까지 꾸며 나누기도 한다. 독서를 통한 생각의 근력이 단단히 생긴 덕분이다.

이와 함께 일주일을 시작하는 월요일 아침 1교시엔 주말 지낸 이야기를 나눈다. 무엇을 했는지, 어떤 일이 있었는지 간단히 나누었다. 매주 비슷한 일을 한다고 고민하는 아이들도 있었고, 학교에서 나눌 이야기를 위해 주말에 학부모들은 특별한 일을 해야 하는 부담도 있었다. 하지만 이런 부담감은 아이에 대한 관심과 사랑의 표현으로 이어져 아이들의 주말이 다양해지는 계기가 되기도 했다. BOOK SHARING과 함께 앞에 나와 발표하는 이런 활동들을 통해 아이들은 발표에 대한 부담을 조금씩 줄여나가기도 하고, 이야기하는 데 자신감을 갖기도 했다.

때로는 주말 지낸 것을 말이 아닌 글과 그림으로 표현하고, 이 것을 책으로 묶어 아이들이 읽을 수 있게 책꽂이에 꽂았다. 아이

[그림 10] 가족과 함께 하는 행복한 책 읽기

들은 자신들의 이야기 책 읽기를 즐겼다. 이야기에 나오는 친구를 찾아가 좀 더 자세한 이야기를 듣고 싶어 하기도 하고, 자신이 읽고 있다는 것에 자랑 아닌 자랑을 하기도 했다. 이 작은 책이 아이들을 서로 이어주는 가교의 역할도 충분히 해냈다. 이 책을 통해 서로를 이해하고, 가치를 인정하고 존중을 배우는 아이들의 기특함이 맘껏 발휘되는 장이기도 했다.

학부모 책모임, 책수다: 책으로 고민을 풀다

제대로 된 독서교육을 위해서는 학교에서 아이들의 활동만이 아니라 가정과 연계된 활동이 필요했다. 그래서 학부모 책모임을 시작했다.

학부모와 함께 '책수다' 이어가기는 약간 부담이 되었지만 학부모님들과 몇 가지 가이드라인을 정하고 시작했다. 아이들 이야기 안 묻기, 학교 이야기 안 하기, 다른 학부모·아이 이야기 안 하기, 모임 장소가 동네 북카페이기에 자신이 먹은 것은 자신이 계산하기 약속까지도 정했다. 서로에게 부담을 갖지 않기 위해 필요했고, 모임의 의미를 충분히 살리기 위한 약속이었다. 이 약속을 지키기 위해 나도 노력했고, 함께 하는 학부모님들도 지키고자 노력하였고 이런 노력 덕분에 모임은 충실하게 운영할 수 있었다.

한 달에 한 번 읽을 책을 정하고 마지막 주 금요일에 모여 책수다를 펼쳤다. 책 선정은 참석자들이 함께 했다. 편하게 읽을 수 있는 소설, 에세이, 교육학 서적, 인기 몰이를 하는 베스트셀러 등 책의 장르는 다양했다. 그때그때 마음이 흘러가는 대로 정했다. 아이들을 위해 모인 모임인 만큼 아이 이야기가 안 나올 수 없었다. 당연히 나올 수밖에 없는 아이 이야기를 책을 통해 풀어냈고, 아이를 두고 하는 엄마의 고민은 다 거기서 거기라는 결론을 얻으면서, 참석하는 학부모 사이에 있던 눈에 보이지 않은 담이 허물어졌고, 더 친해지는 계기가 되었다.

시간이 흐를수록 책모임에서는 아이들의 이야기보다 학부모 자신들의 삶에 대한 이야기의 비중이 조금씩 늘어나기 시작했다. 나누는 이야기가 깊어졌고, 이를 통해 깊은 이해와 공감을 하게 되면서 학부모들은 동지애도 느꼈다. 또한 아이를 여유 있게 바라보는 힘이 생겼고, 여러 아이 속에서 자신의 아이를 이해하는 마음의 여유도 갖게 되었다. 이런 마음을 더욱 견고히 하고자 《아이와 함께 배우고 성장하는 초등 부모 교실》[6]을 읽은 후 작가와의 만남도 가지면서 마무리했다.

---

6. 차승민, 서유재, 2018.

맺는말

1년간 실시한 독서 프로젝트, '박학' 활동이 아이들에게 큰 영향을 주었음을 아이들은 삶을 통해 보여주었다. 먼저, 아침에 학교에 오면 자연스레 책을 읽는다. 읽으면서 책과 관련된 자신들의 삶의 이야기도 나눈다. 짬짬이 시간 날 때마다 책을 읽고, 수업 중에도 자신들이 읽은 책의 내용이 교과 내용과 관련이 있으면 거침없이 책에서 읽은 내용을 들려준다.

갈등이 있을 때는 책에서 읽은 내용을 이야기하며 중재도 한다. 아이들의 표현력이 늘어서 여러 개의 문장으로 글 쓰는 것을 자신 있어할 뿐 아니라 글감을 주면 다양한 이야기들을 쏟아낸다. 더 나아가 어른인 내가 상상하기 어려운 기발한 이야기도 잘 꾸며나간다. 단지 책을 읽기만 하는 '박학' 활동이었음에도 아이들은 책을 통해 변화하고 성장하는 모습을 삶으로 고스란히 보여주었다.

프로그램 운영에 대한 학부모들의 의견이 궁금하여 학급 밴드에 의견을 묻는 글을 올렸다. 많은 의견을 주셨는데 공통된 의견을 대략 다음과 같이 정리하였다.

독서 프로젝트 전반에 대한 의견

좋은 점과 흥미로운 점

- 다독과 독서 프로젝트 덕분에 그냥 글자에서 한글 자체를 이해하게 되었다.
- 작가와의 만남을 통해 적극적으로 그 책에 대해 이해를 하게 되었다.
- 책과 글을 나누며 좀 더 다양한 우정과 사랑을 배운 듯하고, 그 속에서 알게 모르게 반 친구들과는 다른 경쟁심도 배웠다고 생각한다.
- 표현 능력이 확 달라졌다는 것을 느꼈다. 글을 쓸 때 맞춤법은 틀릴지라도 자신의 생각을 좀 더 길고 정확하게 쓰는 능력이 생겼다. 강요는 하지 않지만 일기를 써 보라 하면 있었던 일에 대한 자신의 느낌과 기분을 글로 자세히 표현하기도 한다. 전엔 아이의 글을 보면 짧고 내용도 간단하여 솔직히 재미없었는데 지금은 읽으면서 빵빵 터진다.

아쉬운 점, 개선하면 좋은 점

- 1년이라는 시간이 참 짧다. 2학년에도 연계되어 활동을 이어서 하

기 위해 연임제가 필요하다고 생각한다.

- 아이가 책을 읽은 것을 이야기할 때 그저 재미있다. '기분이 안 좋 았다.'고밖에 표현을 안 해 좀 더 깊이 있는 이해를 위해 교실에 있 는 책을 사서 집에서도 읽게 했다.

유치원 동생, 6학년과 함께하는 행복한 책 읽기에 대한 의견

- 동생과 형에게 책 읽어주기를 경험한 후 '할 수 있다.'는 자신감을 얻어 친동생에게도 읽어주려고 한다.

이 말은 한글 해득이 완전하지 않은 아이의 부모로부터 온 것이 기에 온몸에 전율을 느끼게 하는 이야기였다.

- 잘 읽어주고 싶어 책 읽는 연습을 한다. 덕분에 아이가 글을 빨리 익혀 더 잘 읽게 되었다.

수요일 책 가족을 하면서 학부모님들이 느낀 것

- 학부모 책 읽어주기에 대해선 아이들을 만나러 가는 설렘도 있어

서 좋았다.

- 책을 읽어주며 신기했던 것은 아이들이 재미있어 하는 점과 내가 재미있어 하는 점이 달랐다는 것이다. 그로 인해 민망할 때도 있었다. 나는 혼자 웃고 있는데 아이들은 심각한 표정을 짓고 있을 때가 있었다. 이런 차이를 통해 아이를 좀 더 자세히 보고 이해하는 계기가 되었다.

- 여러 사람 앞에서 책 읽어주는 것이 처음이라 재미없었을 텐데 박수도 치고, 반짝반짝한 눈으로 집중해주고 응원해주는 아이들 덕분에 노력하면서 성취감도 느끼는 좋은 경험을 했다. 아이들의 눈망울이 떠올라 미소 짓게 된다.

- 아이들에게 읽어 줄 책을 아이와 함께 고르는데 덕분에 아이가 책에 좀 더 관심을 갖게 되었다. 엄마(아빠)가 책을 읽어주러 가는 날엔 아이와 함께 학교에 오는데 아이가 너무 좋아하여 이 또한 좋다.

책수다에 관한 학부모들의 의견

- 1학기 처음부터 시작하지 않은 것이 아쉽다.
- 엄마가 아닌 여자로서 나를 찾은 것 같고, 인생 공부를 한다는 생각에 치유도 되고 에너지도 많이 얻었다.
- 처음 책수다를 다녀왔을 땐 약효가 반나절 정도 갔었는데 횟수를

거듭할수록 효과도 길어졌고, 책에 대한 깨달음도 조금씩 커졌다.

- 아이 책이 아닌 '나만을' 위한 책을 오랜만에 깊이 있게 볼 수 있어 좋았다.
- 같은 처지의 엄마들과 책 이야기를 나누며 공감 가는 많은 부분들로 인해 불안감과 의문점들을 해소하며 치유받는 좋은 시간이 되었다.
- 어렵게만 느껴지는 선생님과 상담 시간이 아닌 시간에 직접 만나 이야기를 나눔으로 믿음과 안심을 얻는 귀한 시간이기도 했다.
- 기회가 되면 다 같이 아이들에게 더 재미있게 책 읽어주는 연습을 하고 아이들에게 책을 읽어주는 기회도 갖고 싶다.

이처럼 아이들의 변화를 기대하며 교실 안팎에서 함께 했던 '독서 활동: 박학'은 아이만이 아니라 학부모에게도 많은 변화를 가져왔다. 참다운 교육이 이뤄지려면 학교와 가정, 그리고 아이가 함께해야 하며, 이런 점에서 가정과 연계한 독서 활동은 더할 나위 없이 좋은 활동임을 지난 1년의 결과들이 보여준다.

학교에서 이뤄지는 다양한 독서 활동들이 학교 안에서만 머무는 것이 아니라 학교 담을 넘어, 가정에서도, 마을에서도 함께 이루어져 독서 활동의 효과가 극대화되길 기대한다.

1학년 박학(博學, 두루 배우기):
《책 먹는 여우》

김기용

1

책과 친해지기

온작품 읽기에 대해 주변에서 이야기는 많이 듣고 있지만, 막상 교실에서 적용하려면 큰 부담감을 느끼는 선생님들이 많을 것으로 생각된다. 어렵게 생각하면 한없이 어렵지만 반대로 생각하면 누구나 쉽게 접근할 수 있는 것이 온작품 읽기이다. 교사의 역량이라면 누구나 자연스럽게 온작품을 통해 아이들의 다양한 능력을 계발해 줄 수 있기 때문이다. 따라서 아이들의 삶에서 배움이 시작되고 자연스럽게 습득이 되기 위한 배움 중심 수업과 온작품 읽기는 뗄레야 뗄 수 없는 밀접한 관계이다.

우리 학교에서는 아이들의 삶과 밀접한 관련이 있고, 흥미와 수준에 맞는 책을 선정하기 위해 고심을 하였다. 우리 학교의 일권오행론에 따르면, 1학년은 '박학' 즉, 여러 가지 책을 접하는 시기이다. 1학년은 그림책을 읽는 아이와 동화책을 읽는 아이들이 대부분이고, 몇몇 아이들이 학습만화에 흥미를 보인다. 또한 발달이

빠른 아이들은 줄글도 술술 읽는 나이이다. 따라서 매일 아이들에게 집에 있는 책을 가지고 와서 읽게 하고, 학교 도서관에서도 책을 여러 권 빌리고 틈틈이 읽게 하고 있으며, 국어 교과 시간을 활용하여 매주 목요일 도서관에서 다양한 수업을 아이들과 함께하고 있다.

우리 교실에서는 매일 책을 읽지만 매주 월수금은 조금 특별하게 책을 읽는 시간이다. 월요일은 자신이 가지고 온 책을 읽는 시간, 수요일은 짝과 함께 질문하고 대답하면서 읽는 시간, 금요일은 모둠끼리 둘러 앉아 자신이 가져온 책을 읽어주는 시간이다. 처음에는 아이들이 친구들에게 책 읽어주는 것에 대해 어색해했지만, 지금은 자연스럽게 30분이 넘는 시간 동안 돌아가며 친구들에게 책을 읽어주고, 또 들어주는 모습을 보면 뿌듯하다. 다른 요일에는 교사가 아이들을 둥그렇게 앉히고 책을 읽어주고 서로 공감하고 대화를 나눈다.

책 읽는 것을 아무리 강조해도, 책 읽는 분위기가 조성되지 않으면 책의 이야기가 아이들에게 와 닿지 않는다. 1학년 아이들은 자기 책을 선생님이 앞에서 읽어주는 것을 무척 좋아한다. 이를 활용하여 아이들에게 선생님이 앞에서 읽어주기를 원하는 책을 일주일에 한 권씩 가져오게 한다. 아이들에게 받은 책을 1~2주 정도 보관하고, 급식 지도, 생활 지도, 교우 관계 지도, 부모와의 관계 등 교육이 필요한 때에 그때그때 읽어주면 매우 효과적이다.

서점에 교사가 직접 가서 아이들이 좋아할 만한 책을 골라주면 좋지만, 아이들이 직접 읽어보고 흥미를 느껴서 친구들에게 읽어주려고 선택한 책이 훨씬 더 효과가 좋지 않을까?

초등학교 1학년은 어휘력이 폭발적으로 증가하는 시기이고, 이때 독서는 어휘력을 늘리는 데 큰 도움을 준다. 이재풍의 《한 권을 읽어도 정약용처럼》에서 독서란 가장 적은 돈으로 가장 큰 효과를 낼 수 있는 훌륭한 두뇌 개발법이자 인생 혁명법이며, 저학년 시기의 어휘력 차이가 결국 초등학교 고학년 시기의 실력 차이를 만든다고 강조한다. 책을 많이 읽은 아이들과 적게 읽은 아이들은 글을 대하는 태도와 방식에서 서로 다른 아이로 자라게 된다.

이와 같이 자연스럽게 책을 많이 접하고 친구들과도 책으로 대화할 수 있는 시간을 갖는 학급 특색에 맞추어 책을 선정한 것이 《책 먹는 여우》이다. 책을 너무 좋아하던 여우는 후추와 소금을 뿌려서 책을 먹는데, 책을 살 돈이 다 떨어져 도서관에 가서 책을 먹다가 걸려서 감옥에 가게 된다. 그러던 중 감옥에서 우연히 그동안 먹었던 책의 내용을 토대로 글을 쓰게 되고 유명한 작가가 된다는 내용이다.

작품 내용이, 온작품 읽기의 목표를 충족하고, 아이들의 흥미를 유발하고, 다양한 배움이 일으킬 수 있다는 판단과 함께, 우리 반 아이들이 일상 속에서 책과 함께하고 있는 것을 동화책에서도 살펴볼 수 있다고 생각이 되어 이 책을 온작품 읽기 도서로 선정하였다.

교과별 학습목표와 온작품 읽기 조합

최근 대부분의 학교에서는 온작품 읽기를 실시하고 있다. 특히 3학년부터는 한 학기 한 권 읽기가 교육과정에 편성되어 이를 적용하기 위해 도서를 선정하고, 교육과정 재구성을 위해 도서의 내용을 분석하고 교육과정의 학습목표 중 연관이 있는 내용과 관련짓는다. 그 결과 주제 중심 재구성이라는 아름다운 그릇에 차시별 학습목표라는 건더기와 약간의 온작품 읽기라는 MSG를 첨가한다. 온작품 읽기를 수업 시간에 구성하고 교육적 효과를 보기 위해 학습목표가 우선시 되어야 하고 수업 시간에 대한 배려가 우선되어야 하지만 무엇보다 선행되어야 할 것은 온작품 읽기의 궁극적인 방향이 무엇인지에 대한 고민이다. 온작품 읽기에 대한 깊은 고민 없이 수업이 이루어진다면 온작품 읽기의 목표를 달성하는 데 다소 어려움이 있을 것으로 예상된다.

교육과정의 목표를 달성하기 위한 제재로서의 온작품 읽기와 온작품 읽기의 궁극적인 목표를 달성하기 위해 교육과정이 포함되는 것은 닭이 먼저냐 달걀이 먼저냐 하는 문제와 크게 다르지 않다. 따라서 이 책에서는 두 가지 측면을 절충하여 독서를 통한 기쁨을 알고 생활 속에서 독서를 즐기며 독서를 적극적으로 하려는 태도를 기르는 데 목표를 두었다. 이는 일반 학교들의 특색 사업인 독서교육과도 접목하기 좋았다.

실제 교실에서 《책 먹는 여우》로 재구성한 수업을 적용하기 위해 하나로 통합하는 과정으로 선행 작업이 필요했다. 따라서 교과별 학습목표를 나열하고 책을 통해 학습할 수 있는 내용을 조합하여 11개 차시의 내용으로 구성하고자 했다. 통합교과는 이미 통합이 되어 효율적인 학습목표 달성이 가능하다. 따라서 통합교과를 제외한 창의적 체험활동 2개 차시와 국어 9개 차시로 재구성하여 교육과정 운영에 차질이 없도록 하였고, 학습목표를 교과서 없이 달성할 수 있도록 활동과 학습지를 구성하였다.

온작품 읽기의 좋은 점은 알고 있지만 정해진 교과 수업 시수와 온작품 읽기에 대한 거리감 때문에 실행하는 데 부담을 가질 수 있다. 따라서 《책 먹는 여우》로 11개 차시를 구성한 수업은 재구성 과정을 거쳐, 교과별 1~2차시 정도의 학습목표를 통합하고자 했다. 이는 추후 1학년 교육과정 편성할 때도 크게 도움이 될 것이라고 본다.

《책 먹는 여우》 11개 차시 수업 계획

차시	과목	단원	학습목표	쪽	차시
1-2	창체		상상한 내용을 표현할 수 있다.	-	-
3-4	국어	1. 소중한 책을 소개해요	글을 읽고 재미있는 부분을 찾을 수 있다.	12-15	3-4/10
5			글을 읽고 새롭게 알게 된 점을 말할 수 있다.	16-19	5/10
6			낱말의 받침에 주의하며 글을 쓸 수 있다.	20-23	6/10
7	국어	2. 소리와 모양을 흉내 내요	흉내 내는 말을 넣어 문장을 만들 수 있다.	40-43	3-4/12
8-9		3. 문장으로 표현해요	여러 개의 문장으로 표현할 수 있다.	74-79	7-8/12
10-11			글을 읽고 생각이나 느낌을 문장으로 쓸 수 있다.	84-92	11-12/12

3

올바른 독서 습관 기르기

유치원 때부터 책을 즐겨 읽던 아이들은 글밥이 많은 책도 술술 읽지만, 그렇지 않은 아이들은 책에 있는 글자만으로도 부담스러워 한다. 1학년 시기에 아이들은 교과를 통해 글씨에 대해 학습하고 점차 긴 호흡의 문장도 읽게 된다. 따라서 교사는 그림책보다는 다소 길다고 볼 수 있는 《책 먹는 여우》를 읽어주며 책 내용에 아이들이 빠져들 수 있도록 구성하는 것이 필요하다. 평소에 책 표지를 학급에 게시해 두거나, 앞으로 함께 읽게 된 책에 대해 궁금증을 느낄 수 있도록 가끔씩 이야기를 해두는 것도 좋은 방법이다.

이 책은 그림만 보아도 내용을 이해하기 쉽고, 이야기 자체로도 큰 흥미를 준다. 《책 먹는 여우》는 프란치스카 비어만이 글과 그림을 모두 쓰고 그린 책이다. 후속편으로 《책 먹는 여우와 이야기 도둑》이 있다. 1학년에서는 아직 글씨를 잘 읽지 못하는 아이들이 많아 이 수업은 2학기에 시작되었다. 이 책은 많은 쪽수로 구성되어 있지만, 처음부터 끝까지 모든 아이들은 책에 집중하고 교사의 눈과 귀를 떼지를 못한다.

온작품 읽기의 핵심은 책과 관련된 대화를 교사와 학생, 학생과 학생이 나누는 과정이라고 생각한다. 우리가 똑같은 책을 2회, 3회, 4회 읽어도 그때마다 새로운 생각과 느낌이 드는 것처럼, 아이들이 동화를 읽을 때도 이와 다르지 않다. 〈톰 소여의 모험〉의 작가 마크 트웨인은 "The man who doesn't read good books has no advantage over the man who can't read them."라는 말을 남겼다. 즉, 좋은 책을 읽지 않는 사람은 책을 읽을 수 없는 사람보다 나은 점이 없다는 뜻이다. 책을 읽는 것은 살아 숨 쉬는 것이고, 존재하는 것이고 살아가는 방법을 배우는 것이다.

같은 책을 2주 넘게 읽는 아이들과 대화를 나누었을 때, 그 아이는 매번 읽을 때마다 새롭고 재미있다고 하였다. 따라서 평소에 독서를 생활화하고 책과 관련된 내용을 자유롭게 이야기하고 공유하는 것이 중요하다는 것을 바탕으로 수업을 구성하였다.

또한 《한 권을 읽어도 정약용처럼》에서는 정약용과 실학자 이서구의 일화를 담고 있는데, 그중 정약용이 어렸을 때 이야기가 있다. 정약용이 수레에 한가득 책을 싣고 길을 지나고 며칠 후에 또 책 한가득 수레를 싣고 가는 것을 보고 실학자 이서구는 "책은 읽지 않고 책만 나르는구나?"라고 묻자, 정약용은 "아닙니다. 다 읽고 이웃에서 책을 또 빌려 가는 중입니다."라고 하였다. 정약용이 위대한 학자의 반열에 오를 수 있었던 여러 요인 가운데 하나가 바로 어렸을 때 익힌 올바른 독서 습관인 박학이라고 할 수 있다. 따라서 교사들도 학생들의 올바른 독서 습관을 기르는 데 초점을 두고 교육이 진행되어야 한다.

올바른 독서 습관을 위해서 필자의 교실에서는 억지로 책 읽는 것을 금지한다. 책을 억지로 읽고 독후 활동을 하는 것은 오히려 책의 즐거움보다는 책에 대한 싫증과 가까워질 가능성이 크다. 아이들과의 약속, 흥미 있는 책, 재미있는 활동 3가지를 모두 충족시키는 교사의 역량을 통해 누구나 책과 가까이하고 이야기를 나누는 교실 문화를 만드는 것이 가능하다.

책 읽는 습관을 어려서 기르는 것은 평생 살아갈 기본적인 예절을 습득하는 것과 다르지 않다. 이를 학교에서 온작품 읽기를 통해 체득할 수 있다면, 초등학교 과정을 통해 몰입력, 과제 집중력, 창의력 등을 자연스럽게 쌓게 된다. 그리고 이것은 추후 성인이 되어 해결해야 하는 여러 가지 상황에 맞닥뜨렸을 때 좋은 밑거름이 될 수 있다.

《책 먹는 여우》 차시별 수업

1~2차시

학습목표: 책을 읽고 다양한 생각을 할 수 있다.

1. 제목만 듣고 내용 상상하기

   - 여우는 무엇을 먹죠? 책 제목은 왜 '책 먹는 여우'일까요?

   - 이 책의 여우는 왜 책을 먹는지 함께 알아봐요.

   - 그림으로 표현하기

2. 책 표지를 보고 눈에 보이는 것 이야기하기

   - 표지에서 무엇이 보이나요?

   - 여우의 모습은 어떤가요?

   - 여우가 무엇을 하고 있나요?

   - 왜 그런 행동을 할까요?

3. 여우처럼 책을 먹어 본 적이 있나요?

- 이 책은 무슨 내용일까요?

- 작가는 왜 책을 먹는다고 하였을까요?

- 여러분은 책과 또 다른 무엇인가를 보며 입맛을 다셔 본 적 있나요?

4. 책 그림만 보고 이야기 나누기

《책 먹는 여우》에 있는 그림들을 사진으로 찍어 컬러 인쇄 후 아이들에게 8장씩 나누어준다. 아이들은 8장의 사진을 원하는 순서대로 붙이고 이야기를 만든다.

- 그림 순서 맞춰보기

- 그림을 보며 이야기 만들고 친구들에게 설명하기

- 선생님과 이야기 나누기

[그림 11] 제목으로 상상한 내용을 그림으로 표현한 학생 작품 - 1

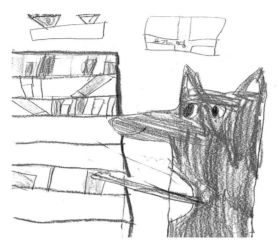

[그림 12] 제목으로 상상한 내용을 그림으로 표현한 학생 작품 - 2

　제목만 듣고 아이들은 다양하고 재미있는 상상을 하였고, 눈에 보이는 다양한 것에 대해 이야기하였다. 도서관에 사는 여우가 배고파서 책을 먹고 배탈이 나고, 사람이 여우의 탈을 썼다는, 상상을 뛰어넘는 반응이 많이 나왔다. 또한 아이들은 책을 먹어본 경험이 있는지 이야기를 나누었는데, 책을 뜯어먹어 보려는 아이들도 있었고, 일부에서는 어떻게 하면 책을 요리할 수 있는지 열띤 토의를 진행하고 있었다. 그리고 표지를 관찰하고 책 그림을 마음대로 상상하여 순서대로 붙여보고 이야기를 만들어가는 활동을 하였다.

　특히 마지막 학습활동, 그림 붙이고 이야기 만들기에 몰입하는 아이들을 많이 볼 수 있었다. 아이들은 똑같이 주어진 8장의 그림으로 저마다 순서대로 붙여서 이야기를 만들었다. 책을 아직 읽지 않은 상태에서 진행되는 활동이라 다양한 내용으로 흥미롭게 수

[그림 13] 책의 장면 8개를 나만의 이야기로 순서 만들어 소개하기

업은 진행되었다. 또한 돌아다니며 친구들 5명에게 자신의 이야
기를 설명하는 활동에서는 모두가 책을 더욱 읽어보고 싶다는 마
음이 커져가는 것을 느낄 수 있었다.

《몰입의 즐거움》의 저자 미하이 칙센트미하이는 TV를 오래 보
는 사람보다 책을 많이 읽는 사람이 몰입의 경험을 더 많이 한다
고 하였다. 즉, 독서를 하고 다양한 활동을 통해 집중하는 것 자체
가 몰입을 경험하는 시간이다. 몰입은 집중력과도 일맥상통하여
추후에 학습 능력에도 영향을 준다. 따라서 몰입까지 이르는 과정
에 많은 에너지가 필요하기 때문에 교사의 역할이 절대적이다. 올
바른 독서법을 갖기 위해 다양한 방법으로 실증해보는 것이 필요
하다. 책을 함께 읽고, 모델이 되어주고, 부모님과 책 읽기를 숙제
로 내는 등 다양한 방법을 적용할 수 있다.

3~4 차시

학습목표: 글을 읽고 재미있는 부분을 찾을 수 있다.

1. 책 읽어 주기

    - 선생님이 아이들을 한 곳에 앉게 한 뒤 의자에 앉아서 책 읽어 주기

    - 책상에서 책을 펴서 각자 한 번 더 읽어 보기

2. 책에서 재미있는 부분 찾기

    - 《책 먹는 여우》를 읽어보며 가장 재미있는 부분을 정하기

    - 모둠 친구들과 동작을 연습하여 친구들 앞에 보여주고, 어떤 내용인지 상상하여 맞추기

    - 왜 그 부분을 선택하였나요?

    - 각각의 역할에 대해 소개한 뒤 자리로 돌아가기

3. 아이들이 고른 재미있는 부분 여덟 곳을 소개한다. 학생들과 중점적으로 보면 좋을 것 같다.

    1-2쪽 책에 소금과 후추를 뿌리는 여우 아저씨

    15-16쪽 빨갛게 달아 오른 사서 얼굴

    19-20쪽 여우의 똥에 글씨가?

    25-26쪽 '엉덩이를 물어줄 테다.' 위협하는 모습

    27-28쪽 무거운 책을 끌고 가는 여우 모습

    35-36쪽 여우가 깜짝 놀라는 모습

37-38쪽 책을 쓰는 여우

47-48쪽 여우 어때요? 923쪽을 먹어서

4. 여우야 놀자 놀이

여우야, 여우야 뭐하니?

책 읽는다.

글쟁이

여우야, 여우야 뭐하니?

세수한다.

멋쟁이

여우야, 여우야 뭐하니?

옷 입는다.

예쁜이

여우야, 여우야 뭐하니?

밥 먹는다.

무슨 반찬?

동화책 반찬

죽었니? 살았니?

죽었다: 모든 친구들이 엎드려야 하고 안 엎드린 친구는 여우가
된다.

살았다: 여우한테 잡히지 않기 위해 모두 도망가야 한다.

교실에서 할 경우 한 걸음 술래잡기(술래가 한 걸음 외칠 때 모두 한 걸음씩 움직이는 놀이)나 그물 술래잡기(술래에게 잡히면 손을 잡고 점점 그물이 커지는 놀이)를 활용할 수 있다.

이 차시에서는 교사가 책을 읽어주며 건넨 질문과 대답하며 각자의 방식으로 이해할 수 있도록 한다. 학습목표에 도달함과 동시에 독서에 대해 긍정적으로 생각하고 문학의 즐거움을 느낄 수 있도록 유도한다. 같은 책을 읽어도 교사가 읽어주는 것, 스스로 읽는 것, 그림만 보는 것 모두 다른 효과를 보인다. 따라서 충분한 시간을 통해 같은 책을 여러 번 읽는 활동을 통해 아이들에게 책에 대한 깊은 이해를 유도할 수 있다.

아이들에게 교사가 책을 읽어줄 때 아이들과 눈높이를 맞추는 것이 필요하다. 이를 위해 아이들도 책상을 모두 치운 뒤 의자를 한군데에 모아서 앉고, 교사도 바로 앞에 마주 놓은 의자에 앉아서 책을 읽어주는 것이 효과적이다. 그리고 모둠 친구들과 재미있는 부분을 찾아서 몸으로 표현해보는 활동에서는 글과 그림을 재해석하여 다양한 상상력이 발휘된다.

마지막 활동인 〈여우야, 여우야 뭐하니?〉 활동은 운동장에서 원을 그리고 진행하였는데 모두가 술래가 되고 싶어 서로 손을 들었다. 아이들이 스스로 "개구리 반찬"을 "동화책 반찬"으로 개사를 한 뒤 활동에 즐겁게 참여하였다.

〈송자대전〉의 저자 송시열은 책을 읽으면서 의심하는 것은 참

[그림 14] 친구들에게 책 읽어주는 모습

으로 좋은 것이라고 말하였다. 의심이 생기면 반복해서 읽고 토의하고, 의심이 풀릴 때까지 읽으라고 하였다. 이를 위해 다양한 활동으로 책을 여러 번 읽을 수 있는 수업을 구성하였다.

수업이 너무 재미있다고, 매일 여우 수업만 했으면 좋겠다는 아이들이 많았고, 수업이 끝난 뒤에도 친구들과 〈여우야, 여우야 뭐 하니?〉 놀이를 하는 모습을 볼 수 있었다. 저학년 아이들이 모둠 활동을 하기 위해서 교사의 노력이 많이 필요한 것이 사실이다. 하지만 그 노력의 결실은 아이들의 흥미와 열정으로 교실에 나타나 우리의 마음을 뿌듯하게 한다.

5차시

학습목표: 글을 읽고 새롭게 알게 된 점 말하기

1. 친구에게 책 읽어주기

   - 짝에게 책 읽어주기

   - 모둠에서 역할 나누어 책 읽어주기

2. 모르는 단어 찾아서 뜻 생각해보기

   - 모르는 단어 찾아서 포스트잇에 써서 붙이고 친구들에게 문제

     내서 맞추기

     단어) 가난뱅이, 전당포, 꾀쟁이, 구수한, 송두리째, 으름장, 터

     덜터덜, 게걸스레, 사흘하고 반나절, 베스트셀러 등

   - 추가 활동: 배운 글씨 2개씩 써서 뒤집어서 짝 맞추기 놀이

[그림 15] 모르는 단어 포스트잇에 써서 붙이기

책을 서로 읽어주며 그림과 내용에 대해 이야기를 나누며 아이들의 상상력은 더욱 커지게 되고, 미처 보지 못한 부분에 대해 친구와 이야기를 하며 독서에 더욱 흥미를 보이고, 다른 사람의 이야기에 귀 기울일 수 있게 된다. 그리고 모르는 단어를 찾아보고, 답을 맞히기 위해 끝까지 노력하는 과정을 통해 아이들이 궁금한 것을 해결하고자 하는 욕구와 과제 집중력이 생기는 모습을 볼 수 있었다.

특히 아이들끼리 서로 문제를 내고 답을 맞히는 것은 교사가 진행하는 어떤 수업보다도 아이들의 호응이 좋았고, 교사 역시 아이들과의 대화를 통해 모처럼 동심으로 돌아갈 수 있었다.

6차시

학습목표: 낱말의 받침에 주의하며 글을 쓸 수 있다.
1. 책 먹는 여우를 다시 읽으며 낱말의 받침 알아보기
   - 선생님 따라 문장 읽어보기
   - 《책 먹는 여우》에서 같은 받침이 들어간 낱말 6개 써보기
2. 낱말의 받침에 주의하며 낱말 쓰기 놀이하기
   - 가위바위보를 하여 이긴 사람이 보기 중 빠진 글자를 골라 빈칸에 채워 넣는다. 먼저 채워 넣는 사람이 이긴다.

《책 먹는 여우》를 읽으며 받침이 들어간 낱말을 다시 써보는 과정에서 아이들이 쉽게 해결하지는 못하였지만, 스스로 찾아내기 위해 끝까지 노력하는 모습을 볼 수 있었다. 결국 모두 즐겁게 빈칸을 다 채웠다.

낱말 쓰기 놀이는 1학년 아이들이 가장 좋아하는 가위바위보를 통해 활동의 흥미를 유발하였다. 난도가 높을 것이라는 예상과 달리 쉽게 빈칸에 적절한 글자를 찾아서 쓰는 아이들이 대부분이었다. 국어 교과의 학습목표를 효율적으로 달성하면서도 《책 먹는 여우》와 책 읽는 기쁨에 대해 다시 한 번 느낄 수 있는 뜻 깊은 차시였다.

7차시

학습목표: 흉내 내는 말을 넣어 문장을 만들 수 있다.
1. 흉내 내는 말로 표현해보기
   - 보기에서 흉내 내는 말을 찾아서 써보기
     (쿵쿵, 툭툭, 터덜터덜, 꼬르륵)
   - 책의 그림을 찾아 내용을 다시 한 번 읽어보고 흉내 내는 말 찾아서 쓰기

[그림 16] 책 먹는 여우 놀이 활동 모습

2. 책 먹는 여우 놀이 활동

아이들이 동그랗게 앉은 다음 순서대로 4명씩 교도관, 사서, 소금, 후추로 명칭을 정한다. 다 같이 "여우야 뭐하니?"라고 외치면 술래는 가운데에서 한두 가지를 외친다(예를 들어 여우, 교도관). 그러면 그에 해당하는 친구들이 의자에서 일어나 자리를 옮겨야 하고, 새로운 자리에 옮겨 앉지 못한 친구는 술래가 된다. 만약 술래가 "여우 아저씨"라고 외치면 모든 친구가 일어나 자리를 옮겨야 한다.

학습지를 해결하며 흉내 내는 말을 스스로 따라하기도 하고, 짝과 이야기도 나누며 재미있게 학습활동에 참여하였다. 활동지를 해결하기 위해 책을 다시 한 번 찾아보며 아이들은 독서의 세계에

한 번 더 깊게 빠질 수 있었고, 책과 자신이 주고받는 대화를 할 수 있는 유익한 시간을 가졌다.

그리고 책에 있는 흉내 내는 말 말고도 우리 주변에서 살펴볼 수 있는 흉내 내는 말을 발표하고, 그림으로 표현하였다. 그린 그림을 통해 친구들에게 문제를 내고 맞히기를 하며 책 내용과 더 가까워질 수 있었다.

마지막으로 책 먹는 여우 놀이 활동을 하며 수업을 마무리할 수 있었다. 놀이 활동은 아이들의 적극적인 요청에 따라 계획된 시간인 10분보다 3배 많은 30분 동안 진행되었다.

8-9차시

학습목표: 여러 개의 문장으로 표현할 수 있다.

1. 문장 말하기 연습

  - 빈칸을 채워 그림에 알맞은 문장 만들기

  - 문장으로 말하기 놀이

    책에 나오는 장면 중 재미있는 장면을 하나 골라 몸으로 표현하고 친구들이 무엇을 나타내고 있는지 여러 가지 문장으로 이야기 해본다.

2 여우와 인터뷰하기

[그림 17] 여우와 인터뷰 하는 모습 -1

- 여우 아저씨와 이야기를 나눠보고 싶은데 역할을 나눠볼까요?

- 여우 아저씨/기자가 되어 질문하고 대답하기 활동

  공통적으로 나온 질문:

  여우 아저씨 어떤 종류의 책을 좋아해요?

  책을 왜 먹어요?

  여우 아저씨 이름이 뭐에요?

  다른 어떤 책 쓰고 싶으세요?

- 질문은 다 같이 발표하고 서로 물어보고 대답해 보기

- 내용 정리해서 문장으로 써보기

3. 내가 만약 ○○라면 어떻게 했을까?

  - 상황을 제시하고 발표를 통해 다양한 생각을 유도해 낸다.

[그림 18] 여우와 인터뷰 하는 모습 -2

- 상황1) 여우: 배가 고픈데 먹을 책도 없고 돈도 없으면 어떻게 했
  을까요?
- 상황2) 사서: 여우가 배고파서 책을 먹었을 때 어떻게 했을까요?
- 상황3) 교도관: 여우가 종이와 펜을 달라고 할 때 어떻게 했을까
  요?
- 상황4) 여우: 베스트셀러 작가가 되지 않았다면 무엇이 되었을까
  요?
- 상상하여 문장 만들어 보기

4 여우 아저씨에게 하고 싶은 말

- 여우 아저씨에게 하고 싶은 말 포스트잇에 써서 붙이기

이 차시에서는 내용과 등장인물에 대한 질문 만들기 활동을 하였다. 1학년은 질문하는 구체적인 방법도 교육할 필요가 있다. 따라서 본 차시에서는 이에 대한 지도가 함께 이루어져야 한다. 짝 활동을 통해 대화를 주고받은 후 교사가 아이들과 전체적으로 생각을 나누는 과정은 필수적이다. 특히 아이들은 질문을 만드는 것이나 가치관이 정립되지 않은 시기이다. 따라서 반드시 교사가 중심을 잡아주는 과정이 필요하다.

아이들은 여우와 인터뷰를 하기 위해 여우 머리띠 만드는 활동을 특히 좋아했고, 급식실에도 쓰고, 집에 갈 때도 쓰고 돌아갔다. 그리고 다양한 상황에 대한 대답을 아이들이 모두 재치 있게 했다. 배가 고픈데 돈과 책이 없다면, 다른 것을 먹었을 것이라는 대답이나 여우가 쓴 책이 베스트셀러가 되지 않았다면 땅을 파서 책을 먹으러 갔을 것이라는 등 책 내용에 대해 한 번 더 생각해 볼 수 있었다. 마지막으로 여우 아저씨에게 하고 싶은 말은 여우 아저씨의 이름, 나이, 앞으로의 일정, 다음 책을 써 달라는 내용 등 흥미로운 것이 많이 나왔다. 이와 같은 다양한 상상력을 자극할 수 있는 활동을 통해 아이들의 창의적 사고력을 기를 수 있다.

10~11차시

학습목표: 글을 읽고 생각이나 느낌을 문장으로 쓸 수 있다.

1. 《책 먹는 여우》 2편 내용 상상하기

  - 아이들이 1편의 내용을 다시 한 번 이야기 해보는 시간을 갖는다.

[그림 19] 여우가 뚱뚱해지다

가. 우리가 읽었던 《책 먹는 여우》에는 어떤 내용들이 있었죠?

- 누가) 여우/사서/교도관은 무엇을 했었죠?

- 어디서) 집/도서관/화장실/감옥에서 무슨 일이 있었나요?

- 어떻게) 그래서 어떻게 되었나요?

나. 《책 먹는 여우》 두 번째 이야기를 만들어 볼까요?

- 친구들과 동그랗게 앉아서 주인공, 내용, 이야깃거리를 상상해
  본다.

2. 나만의 '책 먹는 여우 2편' 표현하기

  - 그림일기 형식으로 2편 내용 만들어보기

[그림 20] 나만의 책 먹는 여우 2탄

아이들에게 '누가, 어디서, 어떻게'를 구별해 질문을 따로 하
여 아이들이 쉽게 대답할 수 있도록 수업을 구성하였다. 아이들
은 책을 읽고 감상문을 쓰는 활동보다 다양한 방식으로 표현하는
방법에 훨씬 더 흥미를 느낀다. 아이들이 책을 읽고 독후감을 쓰
는 활동은 아이들의 독서 흥미를 떨어뜨리는 원인이 된다. 그 대
신 아이들이 책 자체를 읽고 자신의 삶에 적용할 수 있는 기회를

제공하는 것이 아이들의 성장에 큰 도움을 줄 수 있다. 아이들은 《책 먹는 여우》 2편을 만들기 위해 여러 가지 이야기를 나누며 다시 한 번 내용을 상기하고, 재미있는 부분에 대해 대화를 시작 했다. 특히 책을 많이 먹어서 뚱뚱해지는 부분과 후추를 뿌려 먹 는 평범하지 않은 부분에 관심이 많아서 이를 독서와 자연스럽게 연계시켜 주는 교사의 적절한 발문과 피드백이 필요할 것으로 보 인다.

스스로 생각하고 교류하기

단편적인 독후 활동보다는 온작품 읽기의 목표, 국어 교과의 학습 목표, 독서 습관의 형성, 몰입, 집중력을 모두 한 번에 키울 수 있는 온작품 읽기로 수업을 구성해보는 건 어떨까? 직장인의 지루한 일상에도 새로운 변화를 찾을 수 있는 것처럼 매일 똑같을 수 있는 수업에도 한 줄기 변화의 빛이 되어주지 않을까 하는 생각이 든다.

교사가 행복해야 아이들도 행복하다. 교사가 온작품 읽기를 통해 수업에 푹 빠져야 아이들도 수업에 푹 빠질 수 있다. 열린 마음으로 목표를 향해 교사와 아이들이 함께 나아갈 때 진정한 교육의 목표는 달성되지 않을까?

온작품 읽기에서 중요한 부분은 책을 다양한 방식으로 읽는 것과 스스로 생각하고 다양한 활동을 통해 친구들과 감정을 교류하는 것이다. 따라서 교사가 원하는 내용을 가르치거나, 작가의 의도를 억지로 설명하는 활동은 최대한 배제하였다.

나는 항상 아이들에게 누구나 작가가 될 수 있다고 이야기한다. 그리고 좋아하는 일을 하는 사람은 행복하고 성공한 사람이라고 말한다. 상상하지 않고 꿈을 꾸지 않는 사람은 기름이 떨어진 자동차와 같다고 생각한다. 한창 꿈을 향해 나아갈 아이들에게 추진력을 달아줄 수 있는 가장 쉬우면서도 확실한 방법은 온작품 읽기라고 생각한다. 아이들은 책을 통해 실제로 경험해 보지 못한 다양한 일을 경험할 수 있다. 이를 통해 넓은 시각으로 사회를 바라보고 다양한 의견을 수용하는 태도를 기를 수 있다.

학습에 대한 평가는 온작품 읽기의 큰 틀에 맞추어 수업이 일어나는 과정에서 평가를 일체화하여 진행하였다. 온작품 읽기를 통해 아이들의 눈빛, 친구들과 나누는 대화, 이러한 과정에서 의사소통 능력, 감정의 적극적인 표현력 등 교육의 다양한 목표를 자연스럽게 체득할 수 있다.

책에 대한 서로의 이해의 차이를 발견하고, 설명해주고 공감하는 과정은 현대 시대의 부족한 타인에 대한 공감 능력을 키우는 데 많은 도움이 된다. 책 읽기에 대한 긍정적인 마음, 폭넓게 책을 또 읽고 싶다는 생각이 드는 것은 독서를 통해 다양한 생각을 하고 상상력을 키울 수 있다.

차시별로 구성된 국어 교과의 학습목표로 학습지와 활동에 대한 관찰평가가 자연스럽게 이루어질 수 있다. 아이들의 표현 결과, 그리기, 인터뷰 결과 등을 관찰로 평가를 한 뒤, 피드백을 통해 상상을 넓혀 나갈 수 있게 하는 과정이 중요하다. 현재를 평가하기보다는 발전 가능성을 키워주는 것이 필요하다. 아이가 지금 당장은 표현력이 부족할 수도 있지만, 긍정적인 피드백을 통해 점차 생각하는 능력과 표현력을 키워나갈 수 있다. 잘하는 분야는 더 잘하고, 노력이 필요한 분야에서는 한 걸음 나아갈 수 있게 하는 칭찬과 격려가 필요하다. 이를 통해 다양한 분야의 소질을 계발할 수 있도록 해주는 것이 필요하다.

참 스승의 길을 가고 싶은 교사들은 고민한다. 온작품 읽기를 하기 전, 중, 후의 아이들은 어떤 모습으로 변해 있을까? 공장에서 찍어내는 공산품과 다르게 아이들은 하루에 최소 4시간에서 최대 8시간을 다양한 활동과 생각을 하며 학교에서 보낸다. 아이들이 하루 중 많은 시간을 보내는 학교에서 온작품 읽기를 통해 의미 있는 시간을 보내는 것은 필수적인 부분이라는 생각이 든다.

나는 아이들과 함께 읽는 동화로 1년간 학급 목표를 세우고, 함께 규칙을 만들어 나간다. 그리고 아이들은 동화와 함께 커가고, 다양한 세계를 통해 현실의 친구들과 더욱 돈독한 관계를 유지한다. 1학년 아이들의 엄청난 활동량과 궁금증을 그대로 이어가기 위해 교과서대로 진행되는 수업이 아닌 아이들과 대화하고 느끼고 표현하고 함께 배워나갈 수 있는 온작품 읽기로 1년을 보내는 것도 무척이나 뜻 깊은 일이라는 생각이 든다.

2학년 심문(審問, 자세히 묻기):
《알사탕》

곽지영

1

마음을 다스리고 헤아리는 온작품 읽기

'한 끼의 밥을 사주면 한 끼의 배고픔을 면하게 할 수 있지만, 좋은 책 한 권을 사주면 평생의 배고픔을 면하게 할 수 있다.'라는 말이 있다. 책의 무한한 가치와 삶에 미치는 영향이 크다는 뜻이다. 그런 의미에서 온전한 작품을 읽고 탐구하며 책이 전달하고자 하는 교훈이나 가치를 헤아려 스스로 삶에 적용함으로써 배움이 일어날 수 있게 하는 온작품 읽기는 참 의미가 크다.

학교에서 아이들과 생활하면서 책을 읽는 아이들은 많은데 책의 내용을 금세 잊어버리거나 책에서 느끼고 배운 것을 자신의 삶에 적용하지 못하고 독서에 대한 흥미를 잃어버리는 경우를 많이 본다. 그럴 때마다 양보다는 질이라는 생각을 하곤 한다.

조선 후기 실학자 정약용은 이미 200여 년 전 '오학론'을 통해 한 권을 깊게 읽고 삶과 연계하는 독서법을 강조했다. 정약용의 독서법이 창의적인 능력을 길러주고 아이들을 평생의 독자가 될 수 있게 도와줄 수 있다고 생각되어 우리 학교에서는 '정약용의 일권오행 인문고전 독서 교육을 통한 책임감 있는 리더 양성'을 역점 교육목표로 정하고, 2016년부터 정약용의 '일권오행' 독서법을 적용해 독서 활동을 실천하고 있다.

이에 따른 1, 2학년 읽기의 중점은 두루 혹은 널리 배운다는 박학이다. 여기에 박학과 더불어 자세히 질문하는 심문의 독서법으로 동학년 선생님들과 교육과정 재구성을 통해 온작품 읽기를 하기로 하였다.

온작품 읽기를 위해서는 책 선정이 무엇보다 중요하기에 여러 가지를 고려해서 우리만의 기준을 정하였다. 그 기준은 '첫째, 2학년 아이들의 특성에 맞는 책이어야 한다. 둘째, 교육과정과 연계하기 수월한 책이어야 한다. 셋째, 아이들이 반복해서 읽고 싶을 만큼 재미있어야 한다. 넷째, 교훈이 있는 이야기여야 한다.'였다.

2학년 아이들은 자기중심적인 사고에서 벗어나 나와 타인을 구별하여 인식해 가며, 부모님이나 선생님에게 많은 것을 의지하던 생활 태도에서 벗어나 자주적인 태도로 바뀌어 가게 되는 성장의 과정에 있다. 그러면서 많은 것에 호기심을 가지고 무엇이든 시도해보려고 하는 시기이기도 하다. 이런 성장 과정에 있는 아이들의 삶과 가까운 소재, 2학년 아이들에게 적절한 어휘 수준, 교육과정과의 연계성, 재미, 교훈 등을 모두 고려하여 찾은 책이 백희나 작가의 그림책 《알사탕》이었다.

그림책은 아이들에게 꿈과 희망, 환상의 세계를 경험했다가 따뜻한 현실로 돌아오며 성장하게 하는 내용이 대부분인데, 《알사탕》은 좀 다른 느낌이다. '사탕'이라는 친근한 소재로 자신과 주변 세상을 이해하며 공감의 마법, 용기의 마법, 성장의 마법을 일으키고, 그 과정에서 많은 질문거리를 만들면서 다양한 대답을 생각해 보게 만드는 매력을 지닌 책이다.

　현재 2학년 국어 단원에 '마음 표현'과 관련한 단원이 두 개 있다. 3단원의 '마음을 표현하는 말을 알고 내 경험과 마음을 나타내는 말로 표현하기'와 8단원의 '책을 읽고 인물의 마음 짐작해 보기' 단원이다. 두 단원 모두 《알사탕》과 밀접하게 관련되어 있다. 아이들이 생활 속에서 겪는 아이들 삶 속에 마음 앓음을 이 책은 대변해서 보여주고 있다.

　사탕이라는 친숙한 소재로 신의 감정과 비슷한 주인공의 상황을 통해 자신의 마음을 다스리고 주변 사람들의 마음을 헤아리며 더 성숙한 모습으로 자라날 것을 자연스럽게 기대하며 온작품 읽기 도서로 선정하였다.

성취기준에 따른 교육과정 재구성

온작품 읽기 도서를 선정했다면 다음으로는 목적에 맞게 교육과정을 재구성하여 하나의 작품을 집중적으로 읽고 느끼고 파헤쳐가야 한다. 온작품 읽기에서도 다른 일반적인 교육과정 재구성과 마찬가지로 학교별 또는 학급별 특성에 맞게 해야 한다.

교육과정을 재구성하는 방법에는 책을 살펴보고 큰 주제를 추출한 후에 각 교과의 교육과정을 재구성하여 주제별로 진행하는 방법, 각 교과의 성취기준에 맞게 관련 교육내용이 나올 때마다 온작품 읽기 활동을 포함시키는 방법 등 다양하다.

나는 '온작품 읽기로 선정된 책을 활용할 수 있는 여러 요소 및 활동을 찾아내고 그것과 관련된 성취기준을 달성하면서 하나의 작품을 한 학기 동안 꾸준히 읽고 느끼며 활동해 보자.'라고 재구성의 방향을 정하였다. 그래서 각 교과의 성취기준에 맞게 교육과정을 재구성하여 온작품 읽기를 진행하였다. 다음에 제시되는 표는 교과 성취기준에 맞게 재구성한 교육과정을 보여주는데, 이를 참고하면 이해가 쉬울 것이다.

2학년 1학기 《알사탕》 온작품 읽기 교육과정 재구성

차시	활동 내용	관련 교과
1/24	오감 놀이를 하면서 사탕을 먹고 난 느낌을 표현하기	봄 1. 알쏭달쏭 나
2/24	구슬치기 놀이하기	창체-자율
3/24	《알사탕》을 읽고 시로 표현하기	국-1 1. 시를 즐겨요
4/24	《알사탕》 이야기 속 등장인물의 다양한 표정을 표현하기	봄 1. 알쏭달쏭 나
5/24	사탕과 관련된 경험을 떠올리고 자신 있게 말하기	국-1 2. 자신 있게 말해요
6/24	《알사탕》 이야기에 관한 내용 질문을 만들고 하브루타 하기	창체-자율
7/24	《알사탕》 이야기에 관한 상상 질문을 만들고 하브루타를 하기	창체-자율
8/24	《알사탕》 주인공, 작가가 되어 인터뷰 활동하기	창체-자율
9/24	《알사탕》에서 마음을 나타내는 말을 찾기	국-1 3. 마음을 나누어요
10/24	마음을 나타내는 말을 사용해 동동이가 되어 《알사탕》 등장인물에게 마음 표현하기	국-1 3. 마음을 나누어요
11/24	《알사탕》 아빠의 잔소리 낱말을 사용하여 빙고놀이하기	국-1 4. 말놀이를 해요

차시	활동 내용	관련 교과
12/24	동동이에게 마음을 전하는 편지 쓰기	국-1 5. 낱말을 바르고 정확하게 써요
13/24	《알사탕》의 뒷이야기를 상상하여 쓰기	국-1 6. 차례대로 말해요
14/24	다양한 형태의 가족이 있음을 알고, 동동이네 가족의 형태 알기	봄 1. 이런 집 저런 집
15/24	《알사탕》을 읽고 주요 내용을 인포그래픽으로 표현하기	국-1 7. 친구들에게 알려요
16/24	《알사탕》을 읽고 인물의 마음을 짐작하며 읽기	국-1 8. 마음을 짐작해요
17/24	《알사탕》 이야기에 대한 생각과 느낌을 글로 쓰기	국-1 11. 상상의 날개를 펴요
18/24	《알사탕》을 읽고 연극놀이 하기	국-1 11. 상상의 날개를 펴요
19-20/24	《알사탕》 극본 쓰기	국-1 11. 상상의 날개를 펴요
21/24	《알사탕》 연극의 배역을 정하고 인물 카드를 만들기	국-1 11. 상상의 날개를 펴요
22/24	인물의 마음에 어울리는 목소리로 《알사탕》 대본 읽기	국-1 11. 상상의 날개를 펴요
23-24/24	《알사탕》을 연극으로 표현하기	국-1 11. 상상의 날개를 펴요

3

다양한 방법으로 읽는 《알사탕》 수업

책 읽어주기의 힘

어릴 적 항상 듣던 소리가 있다. 그리고 교사, 엄마가 된 지금 어릴 적 내가 듣던 소리를 아이들에게 매일 한다. 그것은 바로 책을 읽으라는 말이다. 그러면 우리는 왜 책을 읽어야 할까? 책을 읽어야 하는 이유는 국어의 기본 능력 향상, 사고력 및 상상력 향상, 다양한 간접경험을 통한 견문 넓히기, 스트레스 해소 등과 같이 셀 수 없이 많은데, 이 좋은 것도 책을 읽어야만 가능한 것이기 때문이다.

'책을 읽는 것이 행복한 평생의 독자를 만들자'는 목표로 책 읽기를 함께 하다 보면 책이 주는 가치 있는 선물은 덤으로 받게 될 것이다. 어떻게 하면 우리 반 아이들 스스로 책의 달콤한 맛에 빠질 수 있을까 고민을 하게 되었다. 이런저런 고민을 하다 보니 우선 같이 읽어야겠다는 생각이 들었다.

그래서 1교시 수업 시작 전 아침 맞이 시간에 책을 읽어주게 되었다. 한 주 꾸준히 책을 읽어주니 어느새 선생님이 책을 읽어주는 시간은 아이들에게 너무 재미있어 자꾸자꾸 보고 싶은 뽀로로 시청 시간이 되었다. 아이들이 어느새 책 읽어주는 나에게 집중하기 시작했고, 책 속으로 빠져들기 시작했다. 한 권의 책 읽기가 끝나면 아쉬워했고, 그 책을 또 읽고 싶어서 찾아 읽기 시작했다. 이처럼 책 읽어주기는 아이들의 마음을 움직이게 하고 책 읽기를 스스로 긍정적으로 받아들일 수 있게 해주었다.

《알사탕》을 준비하다

《알사탕》으로 온작품 읽기를 한다는 안내장이 나가고 다음 날부터 아이들이 하나둘씩 《알사탕》을 사서 가져오기 시작했다. 친구가 사 온 책을 보며 다른 아이들도 흥미를 갖기 시작했다. 중간놀이 시간에 실물화상기를 이용해 큰 화면으로 책을 보여주며 읽어주었다. 책 속 그림들이 입체적으로 생생하게 표현되어 있어서인지 아이들은 평소 때보다 호기심을 느끼며 책 속으로 빠져들었다. 며칠 지나지 않아 아이들은 모두 《알사탕》 책을 준비했다. 그렇게 설렘과 호기심으로 1학기 온작품 읽기가 시작되었다.

그림을 보고 알사탕 색깔의 비밀을 알아내다

그림책은 글도 중요하지만 그림 또한 매우 중요한 요소이다. 그리고 그 두 가지 요소는 읽기에 영향을 미친다. 글과 그림이 서로 부족한 내용을 채워주기도 하고, 글과 그림 모두가 비워진 채로 아이들에게 이야기를 구성하게도 한다. 이런 요소들과 아이들이 공감하고 소통하면서 적극적인 읽기가 이루어지며 아이들은 자기만의 경험, 상상력, 창의력을 동원하여 서로 다른 이야기를 만들어가면서 책을 읽어낸다. 그것이 그림책이 주는 최고의 선물인 것이다.

그림으로 책 읽기 활동을 하기 전에 마음 열기 활동을 하였다. 짝과 함께 그림책 앞표지와 뒤표지를 살펴보고 생각나는 낱말을 동시에 말하기 게임을 해보았다. 하나, 둘, 셋을 외치고 떠오르는 낱말을 동시에 말하고 똑같은 낱말을 말하면 "어쩜 우리는 이렇게 생각도 똑같을까!"라고 말하며 하이파이브를 하는 게임이다. 아이들은 깔깔거리며 《알사탕》에 나온 그림을 만날 준비를 했다.

우리 반 아이들과 그림책이 주는 선물을 받기 위해 《알사탕》 속 그림을 보면서 이야기를 읽어보기로 했다. 글 말고 그림으로만 책을 읽어보자고 하니 아이들이 어리둥절했다. 그래서 표지부터 시작하여 그림 한 장면 한 장면을 살피면서 질문을 했다. 그랬더니 아이들은 그림과 관련된 자신의 경험, 상상 등 많은 이야기를 쏟아내기 시작했다.

그때 한 아이가 "선생님, 그림을 보다가 사탕의 비밀을 찾아냈어요."라고 말했다. "무슨 비밀?"이라고 물었더니 "알사탕 색깔의 비밀이요."라고 답했다. 알사탕 색의 비밀은 나도 생각하지 못했던 터라 깜짝 놀랐다. 그래서 "우리가 비밀을 찾아낼 테니 비밀을 알려주지 말고 조금만 기다려줘."라고 말하고 다른 아이들에게 비밀을 찾아보라고 했다.

사탕의 비밀을 알아냈다는 아이의 말을 듣고 그림을 유심히 살펴보니 정말 그림 속에 비밀이 숨겨져 있었다. 봉지에 들어있는 사탕은 서로 다른 색의 사탕이었는데, 각각의 사탕 색과 무늬는 그 사탕을 먹으면 속마음을 들려주는 존재와 관계된 색이었다.

온작품 읽기 책을 선정하고 활동을 계획하면서 수도 없이 그림과 글을 읽고 동학년 선생님들과 얘기를 나누었다. 하지만 우리에게는 보이지 않았던 값진 선물을 우리 반 아이가 찾아내어 알려주니 그 순간 놀라움과 감동이 밀려왔다. 온작품 읽기가 아니었더라면 그냥 지나쳤을 작가님의 선물이었을 것이다.

그림으로 책을 한 번 읽고 나서 글을 함께 읽었다. 그랬더니 커다란 변화가 보이기 시작했다. 글과 그림의 관계에 주목하며 책을 읽고 있는 것이었다. 글을 읽으면서 글과 관련된 그림을 자세히 보며 글과 관련된 인물의 표정이나 몸짓, 배경, 느낌 등에 관해 이야기를 하고 있었다. 아이들은 그림책을 통해 서로의 경험을 공유하고 느낌을 나누면서 공감대를 형성하고, 책에 있는 이야기와 자신의 이야기가 합쳐져 작품과 하나가 되어가고 있었다. 많은 그림책을 읽어주었지만 이런 모습은 처음이었다. 글과 함께 그림 속 표정, 배경, 장면 등을 함께 느끼고 소통하면서 진정한 책 읽기의 달콤함에 빠져들기 시작했다.

《알사탕》을 읽고 인포그래픽으로 표현하기

인포그래픽(Inforgraphic)이란 정보를 뜻하는 인포메이션(Information)과 그림이나 사진 등의 형상을 뜻하는 그래픽(Graphic)의 합성어로, 정보를 시각적으로 표현한 것을 말한다. 책 표지 그리기 활동처럼 단순히 시각화한 것이 아니라 가치 있는 정보를 기초로 주제와 메시지를 담고 있는 정보 디자인이다.

온작품 읽기에 인포그래픽을 활용하면 글로만 설명하려 했던 정보가 개념의 이해를 돕고 흥미를 유발한다. 《알사탕》의 주요 내용을 인포그래픽으로 표현하면서 의미를 파악해보고자 하였다.

인포그래픽 활동을 하기 전에 먼저 글의 내용을 분석하여야 한다. 우선 등장인물이 누구인지, 어떤 특징이 있는지 파악한 후 그것을 바탕으로 이야기의 주요 사건을 정리하여 인포그래픽으로

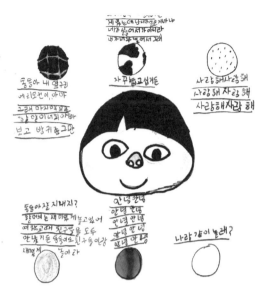

[그림 20] 동동이가 사탕을 먹을 때마다 알게 되는 속마음 인포그래픽

디자인하였다. 우리 반 아이들이 인포그래픽으로 표현하기 활동을 두 번째 해보는 것이라서 칠판에 시범으로 보여주었다. 동동이와 문구점에서 구입한 알사탕을 중심에 그리고, 알사탕을 먹을 때마다 들리는 마음의 소리와 그때 동동이의 마음을 그 주변에 그림과 글로 표현하였다. 마지막으로 작품 밑에 이 글이 주는 교훈을 적었다.

아이들이 내가 시범으로 보여준 것과 거의 비슷하게 그려서 조금 아쉬웠다. 주요 내용을 써 보라고 하면 2학년 1학기를 보내고 있는 아이들 중 쓰기를 힘들어하는 아이들이 많이 있었는데, 인포그래픽으로 표현하기를 해보니 핵심 메시지와 그림으로 《알사탕》의 주요 내용을 표현하면서 쓰기에 대한 부담을 줄이고 재미있게 활동하는 모습을 보였다.

동동이가 등장인물에게 마음을 표현하는 엽서 쓰기

아이들은 온작품 읽기를 하며 깊이 읽기를 하고 있었다. 깊이 읽기는 다양한 어휘를 이해하고 작가의 표현을 통해 다른 사람의 감정뿐만 아니라 자신의 감정을 이해하고, 표현하는 법을 아이들 스스로 터득하게 도와주었다.

알사탕을 한 알씩 먹을 때마다 동동이의 주변 존재들의 속마음을 알게 되는 내용을 읽고, 주인공 동동이가 되어 주변 존재들의 속마음을 알게 된 자신의 마음을 그들에게 표현하는 활동을 해보았다.

우선 아이들에게 알사탕을 먹을 때마다 만난 주변 존재들의 속마음에 관해 질문하고, 아이들의 생각을 들었다.

"두 번째 알사탕을 먹었을 때 들렸던 구슬이의 속마음은 무엇이었나요?"

"구슬이는 동동이가 부를 때 자꾸 도망을 갔었어요. 동동이가 싫어서 그랬던 것이 아니라 너무 늙어서 자꾸 눕고 싶어서 그랬던 거라고 했어요."

[그림 21] 구슬이의 속마음을 알게 된 동동이가 되어 마음을 표현한 엽서

아이들은 이렇게 질문에 답하면서 동동이 주변 존재들의 속마음을 함께 확인했다.

다음으로 "소파, 애완견 구슬이, 아빠, 돌아가신 할머니의 속마음을 알게 된 동동이는 어땠을까?"라고 질문을 하였다. 아이들은 많은 이야기를 쏟아냈다.

"아빠의 방귀 냄새 때문에 괴로워하는 소파에게 미안할 것 같아요."

"구슬이가 내가 싫어서 도망갔던 게 아니라는 것을 알게 되어 속상했던 마음이 풀어졌을 것 같아요."

"돌아가신 할머니 목소리를 듣고 할머니를 보고 싶어 할 것 같

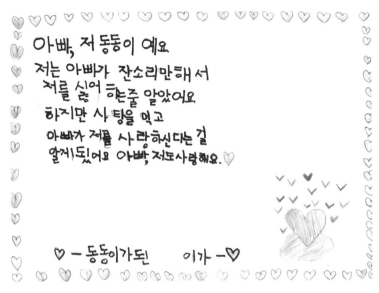

아빠, 저 동동이 예요
저는 아빠가 잔소리만해서
저를 싫어 하신줄 알았어요.
하지만 사탕을 먹고
아빠가 저를 사랑하신다는 걸
알게됬어요 아빠, 저도사랑해요. ♡

♡ -동동이가된   이가 -♡

[그림 22] 아빠의 속마음을 알게 된 동동이가 되어 마음을 표현한 엽서

아요."

국어 3단원 1, 2차시 활동을 통해 '마음을 나타내는 말'에 대해 알았고, 3, 4차시 활동에서 '마음을 나타내는 말을 사용해 마음 표현하기'를 해봤기에 이 활동이 자연스럽게 이어졌다.

한 명 한 명 자신 있게 등장인물의 마음을 발표하였다. 동동이가 되어 각각의 존재들에게 마음을 표현하는 엽서를 쓰고 발표하며 활동을 마무리했다. 주인공이 되어 등장인물의 마음을 이해하고 공감하는 활동은 주인공과 주변 존재의 관계를 파악하고 작품의 수용과 표현의 수준을 높이는 계기가 되었다.

이야기 장면에 어울리는 등장인물의 표정 표현하기

대부분의 저학년 아이들은 다양한 표현활동을 즐거워한다. 통합교과에 나오는 '여러 가지 표정을 보고 표현하기' 활동을 온작품 읽기로 해보았다. 《알사탕》 읽고 등장인물의 마음을 표정으로 표현해 보는 활동이다. 이 활동은 표정을 그림으로 그리거나 점토로 만드는 단순한 표현활동이 아니다. 어떤 장면에 어울리는 등장인물의 표정을 표현하려면 그 장면의 의미를 이해할 필요가 있었다. 그래서 아이들은 집중해서 《알사탕》을 다시 읽을 수밖에 없었다.

우리는 이 활동 전에 '주인공이 되어 등장인물에게 마음을 표현하는 엽서 쓰기' 활동을 하면서 등장인물의 마음을 알았기 때문에 인상 깊었던 장면을 선택하고 그 장면에 등장하는 인물의 마음에 어울리는 표정을 표현하기로 했다.

생김새가 제각각 다른 것처럼 다양한 장면을 선택했다. 그 장면이 인상적인 이유를 친구들에게 설명해 보라고 하니 놀라운 일이 벌어졌다. 같은 장면임에도 불구하고 아이들의 이유가 너무나도 달랐다. 인상적인 장면을 선택하는 과정에서 이야기를 통해 자신의 경험, 삶을 해석하고 있었던 것이다.

등장인물의 마음을 표정으로 표현하기 전에 등장인물의 다양한 표정을 살펴보았다.

"이 표정은 어떤 표정일까요?"

☆「열사탕」이야기 속
　　장면에 어울리는 등장인물의 표정 표현하기

2학년 1반 이름 : (　　　　　　)

♣ 이야기 속 장면 설명

혼자 노는게 심심 해서 구슬이 와 걸어가는
동동이

[그림 23] 놀 친구가 없어서 심심한 동동이의 표정 그리기

[그림 24] 동동이의 다양한 표정 표현하기

"입이 아래로 내려갔어요. 삐졌거나 속상해요."

이렇게 표정을 살펴보면서 그 표정이 갖는 특징을 찾아낸 후 표정 알아맞히기 놀이를 했다. 표정을 표현할 희망자를 뽑아 표정을 짓게 하고 아이들이 어떤 표정인지 알아맞히는 놀이에 아이들은 즐겁게 참여했다.

놀이를 끝내고 한 장면에 나오는 등장인물의 마음을 표정으로 표현하는 활동을 시작했다. 아이들은 종이에 간단히 그 장면을 소개하고 얼굴 표정을 그렸다. 그리고 색깔 점토를 사용해 표현하고, 일회용 숟가락에 매직으로 표현하는 등 다양한 재료를 활용해 즐겁게 표현활동을 이어나갔다. 활동이 끝났을 때 한 아이가 앞으로 나와 내게 이런 말을 했다.

"선생님, 친구가 내게 삐진 것 같은데 아니라고 말한 적이 있었어요. 그래서 나는 '삐지지 않았구나.'라고 생각했었는데 다른 친구가 내게 그 친구가 삐졌다고 말해서 깜짝 놀란 적이 있거든요. 앞으로는 친구가 말할 때 표정도 함께 봐야겠어요."

이런 말을 듣고 아이들이 성장하고 있음을 느꼈다.

책을 다시 한 번 읽고 그중 인상적인 장면을 선택하고 그 이유를 설명하면서 아이들은 눈으로 책을 읽고 머리로 내용을 생각하면서 자신의 경험을 토대로 마음으로 느낀 것을 손으로 즐겁게 표현하면서 《알사탕》과 하나가 되었다.

구슬치기 놀이

책 읽기와 놀이는 무관한 것처럼 보이지만 공통점이 있다. 두 가지 모두 자발성과 지속성을 가진다는 것이다. 문제는 놀이는 자연스럽고 쉽게 자발성과 지속성을 보이지만 독서는 그렇지 않다. 독서에는 약간의 마중물이 필요하다. 고민하다 보니 책 읽기에 자발성과 지속성을 갖게 할 방법은 간단하다는 생각이 들었다. 책 읽기 자율성과 지속성을 위해 책과 관련된 놀이를 통해 마중물을 부어주는 것이다.

《알사탕》에 나오는 구슬치기 놀이를 해보기로 했다. 아이들에게 구슬치기를 해 본 적이 있냐고 물었더니 구슬치기 놀이를 알거나 해 본 아이가 없었다. 그래서 "구슬치기 놀이는 구슬을 땅에 놓고 좀 떨어진 곳에서 다른 구슬로 맞혀서 따먹는 어린이들의 놀이이다. 구슬을 맞히기 위해 서서 던지거나 손가락을 튕겨서 상대방 구슬을 향해 다른 구슬을 치는데, 팀을 짜서 할 수도 있고, 개인끼리 할 수도 있다."라고 설명해 주었다.

그 설명이 끝나자마자 한 아이가 질문했다. "선생님, 구슬치기는 친구 구슬을 따 먹는 거죠? 동동이는 어떻게 구슬치기를 혼자 했어요?" 그러자 다른 아이가 답을 해주었다. "친구들이 자기들끼리만 노니까 혼자서 다른 친구랑 하는 것처럼 한 거지." 이런 얘기가 한참 이어지다 아이들은 하나같이 "혼자 하면 재미없을 것 같다.", "동동이가 외로울 것 같다.", "동동이가 불쌍하다."는 말을 쏟아냈다.

많은 아이들이 '혼자 노는 것도 나쁘지 않다는 동동이의 말'이 진심이 아니라는 것을 구슬치기 놀이를 해보기도 전에 깨닫고 있었다. 운동장으로 나가 구슬치기 놀이를 시작했다. 구슬치기 놀이가 어떻게 하는 것인지 간단하게 소개만 했을 뿐 시범을 보이거나 몇 명이 모여 놀이를 하라는 어떠한 규칙도 정해주지 않았다. 그냥 구슬만 주었다. 동동이처럼 혼자 해보겠다는 아이도 있었지만 대부분 자연스럽게 무리를 지어 구슬치기 놀이를 시작했다.

아이들의 반응은 뜨거웠다. 놀이 내내 친구들과 함께 웃으면서 신나게 놀이에 집중했다. 평소 소극적이던 아이들도 적극적으로 참여하고 있었다. 그렇게 한참을 아이들이 신나게 놀이에 집중하고 있는데 동동이처럼 혼자 구슬치기 놀이를 해보겠다던 아이가 다른 아이들 곁으로 다가가는 게 보였다. 그리고 자연스럽게 아이들 사이에 껴서 구슬치기 놀이를 하고 있었다.

놀이가 끝나고 교실로 들어가 그 아이에게 왜 혼자 하다가 친구들과 함께 구슬치기 놀이를 했는지 물어보았다. "동동이가 혼자 해도 괜찮다고 해서 해봤는데 너무 재미없었어요. 친구들이랑 하니까 더 재미있었어요. 동동이가 마지막 장면에 '나랑 같이 놀래?'라고 말한 이유를 알 것 같아요."

아이들 스스로 동동이의 마음을 생생한 체험을 통해 이해하고 공감할 수 있었던 것은 온작품 읽기라 가능한 일이었다. 그냥 한 번 읽고 끝났더라면 이렇게 깊이 있는 공감은 없었을 것이다. 이 활동을 통해 자연스럽게 아이들은 중요한 것을 깨달았다. 항상 함께해서 느끼지 못했던, '친구'가 너무나도 소중한 존재라는 것을.

《알사탕》으로 연극놀이 하기

책 읽기와 접목하여 재미있게 할 수 있는 놀이 중의 하나가 연극놀이이다. 연극놀이는 연극처럼 대본도 필요 없고 무대에서 보여줄 필요도 없다. 간단하게 말하면 놀이이지만 연극의 요소가 더해진 놀이로, 아이들이 즐기는 소꿉놀이와 비슷한 것이다. 책에 대한 상상을 연극놀이로 표현하면 책을 읽은 생각과 느낌을 자연스럽게 몸으로 표현하고 그 과정에서 책에 숨어있는 교훈과 같은 보물을 스스로 쉽고 재미있게 찾아내게 된다. 처음 이 활동을 시작할 때에는 책의 내용 중 깊게 생각해 볼 필요가 있거나 다른 사람의 생각이나 경험에 공감이 필요한 부분을 교사가 선택하여 경험해 보게 하면 좋다. 아이들은 연극놀이를 하면서 자연스럽게 자신뿐만 아니라 다른 사람의 삶을 더 잘 이해하게 된다.

그래서 《알사탕》 읽기에 적용해 보았다. 우선 아이들에게 《알사탕》 주인공 동동이가 되어보자고 했다. 글로 읽는 것과는 달리 직접 이야기 주인공이 되는 것은 아이들에게는 중요한 경험이 될 수 있다. 아이들에게는 연기를 잘하는 것이 중요한 것이 아니라 동동이가 되어 생각하고 느끼고 말해 보는 것이라고 미리 안내했다. 동그란 원 모양으로 둘러앉아 어떤 장면이든 상관없으니 자신이 동동이가 되어 표현하고 싶은 장면을 표현해 보게 하였다. 부모님이나 선생님이 책을 많이 읽어주어서 그런지, 너무나도 자연스럽게 이야기에 등장하는 인물의 말이나 행동에 어울리는 목소리나 행동을 표현했다. 그리고 고학년처럼 부끄러워하지도 않았다.

연극놀이를 마치고 그 등장인물이 되었을 때 무엇을 느꼈었는지 서로 이야기를 나누어 보았다. 이처럼 자신의 느낌을 공유하는 것은 온작품 읽기와 접목된 연극놀이에서 가장 중요하다. 이야기의 상황이나 인물의 말이나 행동을 바탕으로 그 인물의 마음을 상상한 것이 표현된 것이므로 그때의 생각과 느낌을 말하고 듣는 과정에서 말이나 행동에 내재된 인물의 마음을 유추할 수 있기 때문이다.

동동이가 되어 보는 것만으로 아이들의 표현에 대한 갈증이 해소되지 않았다. 그래서 모둠별로 소꿉놀이처럼 역할을 정하고, 역할을 하는 인물이 된 것처럼, 그 인물에 어울리는 말과 행동을 하며 연극놀이를 해보라고 하였다. 아이들은 소꿉놀이를 많이 해서인지 낯설어하지 않고 재미있게 연극놀이를 했다. 자신이 맡은 인물이 되었을 때 무엇을 느꼈는지 연극놀이가 끝나고 생각과 느낌을 나누며 공유했다.

첫 번째 활동이 주인공의 마음을 탐색한 활동이라면, 두 번째 활동은 작품 전체를 연극놀이로 재연해 봄으로써 이야기의 내용 파악은 물론 이야기의 흐름과 인물의 마음까지도 놀이로 자연스럽게 파악한 것이다. 연극놀이는 생각과 느낌을 즐겁게 표현하고 서로의 생각과 느낌을 나누고 공유하면서 다른 사람의 삶을 이해하는 재미있고 유익한 놀이이고, 직접 행동을 표현해 본 것이기에 책 읽기보다 아이들의 기억에 더 오래 남게 될 것이다.

하브루타로 《알사탕》 내용 파악하고 상상하기

짝을 지어 질문하고 대화하며 토론하고 논쟁하는 하브루타를 온작품 읽기에 적용해 보았다. 2학년 아이들에게 다소 무리라고 생각할 수도 있겠지만 질문 중심 하브루타는 충분히 가능하고 하브루타에 중요한 태도인 '경청하기'가 자기중심적인 2학년 아이들에게 꼭 필요한 태도라는 생각되었다.

처음에는 내용 하브루타로 시작하였다. 내용 질문은 내용 파악에 대한 질문으로, 낱말의 뜻이나 문장의 표현도 질문할 수 있다고 안내했다. 아이들이 질문으로 활동하기 전에 질문을 어떻게 만드는지 안내를 해서 아이들이 어려움 없이 쉽게 질문을 만들 수 있도록 하였다. 아이들이 《알사탕》에 대한 내용 질문을 3개씩을 만들었다. 만든 질문으로 짝 하브루타를 해봤는데, 아이들은 예상외로 즐겁게 참여했다. 짝 하브루타가 끝나면 짝과 주고받은 질문 중 가장 좋은 질문 한 가지를 선택하게 한 후 모둠 하브루타를 하게 했다. 같은 질문이 나올 때를 대비해 두 가지 정도를 선택해 놓으면 자연스럽게 진행될 수 있다. 모둠 하브루타가 끝나고 모둠에서 어떤 질문을 만들었는지 어떻게 대답했는지 전체 발표를 하였다.

이때 질문과 대답에 대해 오개념을 수정해주고 아이들의 삶에 적용하는 질문으로 정리를 주었다. "동동이처럼 혼자 놀아본 경험이 있나요? 아무 소리도 들리지 않던 마지막 알사탕에서 동동이에게 어떤 소리를 들려주고 싶나요? 여러분은 동동이에게 어떤 말을 해주고 싶나요?"와 같은 아이들의 삶에 적용하는 질문을 통해 삶과의 연계를 이끌었다.

상상 하브루타도 해보았다. '왜 그랬을까?', '만약 ~했더라면', '만약 ~한다면'과 같이 글에 나와 있지 않은 일에 대해 자신의 경험과 상상력을 동원해 질문을 만들도록 안내했다. 내용 하브루타를 할 때보다 아이들은 더욱 좋아했다. 상상 질문으로 짝 하브루타를 하고 좋은 질문을 선택한 후 모둠 하브루타를, 그리고 모둠에서 뽑은 가장 좋은 질문으로 전체 하브루타를 했다.

"동동이가 문방구에서 산 알사탕을 한꺼번에 다 먹었다면 어떤 일이 벌어졌을까?"

"동동이가 문방구에 구슬을 사러 가지 않았다면?"

이와 같은 재미있는 상상 질문들이 나왔고 같은 질문에 서로 다른 답을 주고받으면서 아이들은 새로운 《알사탕》 세계로 즐거운 여행을 하고 있었다.

주인공, 작가가 되어 인터뷰 활동하기

최근 어른뿐만 아니라 어린이들 사이에서도 크리에이터라는 직업이 주목받고 있다. 크리에이터란 유튜브에서 동영상을 생산하고 업로드하는 창작자를 말한다. 장난감, 놀이, 게임 등을 소개하는 영상을 유튜브에 올리는 헤이지나 도티와 같은 크리에이터에 열광하면서, 유치원에 다니는 아이들부터 어른까지 많은 사람들이 유명한 크리에이터들과 비슷한 동영상을 제작하여 유튜브에 올리고 있다. 그리고 유튜브에 올리지는 않더라도 자신의 장난감을 소개하거나 놀이하는 모습의 동영상을 찍는 것을 즐기는 아이들을 주변에서 쉽게 볼 수 있다. 아이들의 이러한 욕구를 충족시킬 만한 활동이 무엇일까 고민을 하다가 인터뷰 활동을 생각했다. 《알사탕》 작가, 등장인물, 기자의 역할을 정해 질문하고 답하는

[그림 25] 짝 하브루타 활동 모습

인터뷰를 동영상으로 찍고, 그 동영상을 친구들과 함께 보면 더 즐거운 추억이 될 것 같다는 생각이 들었다.

온작품 읽기에서 하브루타를 할 때 내용 질문, 상상 질문 만들기를 했던 것을 토대로 인터뷰 전에 등장인물에게 궁금한 질문 만들기를 했다. 질문이 완성되면 핸드폰을 이용하여 동영상을 찍으면서 짝과 함께 인터뷰 활동을 해보라고 하였다. 기자 역할을 하는 사람이 미리 준비한 질문을 하고 등장인물의 역할을 하는 사람이 실제 그 인물이 되어 질문에 답을 하는 활동을 동영상으로 촬영하고, 활동이 끝나면 역할을 바꾸어 활동을 해보았다.

"동동아 왜 혼자 노는 게 나쁘지 않다고 했니?"

"동동아, 마지막 장에 아파트 앞에 스케이트보드랑 킥보드가 있던데, 너랑 너의 친구 거니? 친구가 생겼어?"

[그림 26] 기자, 작가가 되어 인터뷰 활동하기

"아저씨(동동이 아빠), 잔소리를 너무 많이 하시던데 좀 줄이실 수는 없나요?"

"소파야, 아저씨의 방귀 냄새를 어떻게 참았니?"

아이들은 이와 같은 질문을 했다. 엉뚱한 질문도 있고 나름 의미 있는 질문들도 많았다. 짝과 인터뷰 활동을 할 때 기자의 질문에 답하는 모습을 보니 작품의 내용이나 작가가 전달하고자 하는 의미를 제대로 파악했다는 생각이 들었다. 그리고 엉뚱한 질문에도 당황하지 않고 재치 있게 답하고 있었다. 그 과정에서 아이들은 인물에 대한 자신의 생각이나 느낌을 간접적으로 표현하고 있었다.

아이들이 재미있게 활동하는 모습을 보니 욕심이 생겼다. 그래서 좀 더 심화시켜 '작가와 등장인물과의 만남'이라는 활동을 해보

[그림 27] 등장인물과의 인터뷰 활동하기

았다. 작가, 동동이, 소파, 구슬이, 아빠, 할머니를 뽑아 목걸이 명찰을 달고 교실 앞 가운데에 아이들을 바라보게 앉혔다. 사회자도 정해 영화 제작 발표회와 같은 형식으로 심화된 인터뷰를 해보았다. 사회자의 진행에 따라 질문을 하되, "안녕하십니까? 저는 ○○초등학교 2학년 ○○○입니다. ○○님께 질문하겠습니다." 와 같이 자기소개를 하고 질문할 사람을 지목한 후 궁금한 것을 질문하라고 안내하였다. 이 활동 역시 동영상으로 찍고 다 찍은 후 함께 감상하였다.

　이 활동을 하면서 책 속에 담고 싶었던 작가의 의도와 아이들 나름대로 감상이 더해져 더 의미 있는 《알사탕》을 아이들의 삶과 가슴 속에 심어주었다고 생각해서 뿌듯했다.

뒷이야기 상상하여 쓰기

《알사탕》마지막 부분에 동동이가 투명한 알사탕을 먹는 장면이 나온다. 문방구에서 산 알사탕을 먹을 때마다 누군가의 속마음이 들렸었는데, 마지막 투명 알사탕은 아무리 빨아도 아무런 소리도 들리지 않는다. 그러자 동동이는 누군가의 소리를 기다리는 대신 직접 소리를 내어 "나랑 같이 놀래?" 라고 말한다.

이 장면은 자기 주변 존재들의 속마음을 듣게 된 동동이가 다른 사람의 마음을 짐작하고 이해하게 되면서 말하지 못했던 자신의 속마음을 표현하는 마법을 보여주는 장면이다. 먼저 친구에게 다가가 함께 놀자고 말하는 용기의 마법. 그러면서 작가는 뒷이야기를 우리 마음껏 상상하도록 열어두었다. 그래서 뒷이야기를 상상하여 써보는 활동을 하였다.

뒷이야기를 상상한다는 것은 단순히 상상력을 덧붙이는 행위가 아니다. 앞 이야기의 흐름과 등장인물의 성격을 잘 파악해야 가능한 일이다. 앞의 내용을 바탕으로 하여 뒷이야기를 상상하여 써야 함을 강조했다.

아직은 순수한 아이들이라 막연한 상상은 잘하지만 이야기의 흐름에 맞게 상상하여 글을 쓰는 것은 어려워하는 것 같았다. 그래서 글을 쓰기 전에 함께 어떤 일이 있었는지 차례대로 정리해보고 그 장면 속에서 등장인물의 성격과 마음에 대해 함께 정리한 후 뒷이야기를 상상하여 써보라고 했다.

세 달 이상 온작품 읽기를 하면서 《알사탕》을 여러 번 읽고 다양한 활동을 한 것이 밑거름이 되어 생각보다 어렵지 않게 기존 이야기를 토대로 자신의 상상력과 사고력을 발휘해 자신만의 이야기를 써 내려갈 것이라 예상했다.

그러나 그런 예상과는 달리 글쓰기의 경험이 많지 않아서인지 기존의 이야기와 자연스럽게 연결되게 상상하여 쓴 아이들이 많지 않았다. 지난번에 '내게 알사탕이 생긴다면 누구의 속마음을 듣고 싶은지 상상하여 말하기' 활동을 했었는데, 그 활동처럼 글의 맥락과 상관없이 엉뚱하고 재미있게 상상하여 쓰는 활동으로 착각한 것 같았다. 글쓰기의 경험이 부족한 2학년 아이들에게 글의 흐름에 맞게 뒷이야기를 상상하여 쓰기는 어려울 수도 있지만 온작품 읽기 활동으로 책을 반복해서 읽고 이야기의 흐름을 충분히 파악한다면 어렵지 않게 쓸 수 있다.

아이들의 삶과 하나 된 《알사탕》

최근 학교에서는 교사가 성취기준을 중심으로 재구성한 교육과정을 기반으로 배움 중심의 철학을 반영하여 학생 중심의 수업과 과정 중심의 평가를 통해 학생의 전인적 성장을 돕는 교육과정-수업-평가의 일체화로 교육의 본질을 회복하고자 노력하고 있다.

동학년과 함께 온작품 읽기를 시작하기로 결정하고 온작품 읽기의 방향에 대해 논의할 때 가장 먼저 공감대를 형성한 것이 교육과정-수업-평가의 일체화였다.

온작품 읽기를 주제로 전문적 학습공동체를 활성화하여 성취기준에 맞게 교육과정을 재구성하고 아이들의 삶과 연계된 수업을 통해 배움이 일어나는 수업을 해보자라고 입을 모았다. 그렇게 전문적 학습공동체 시간을 통한 동학년 교사들의 협력으로 24개 차시의 다양하고 풍성한 수업을 계획했다.

일체화를 위한 평가 방법으로 수업 장면 속에서 학생 스스로 그리고 친구들과 함께 협력적 성찰을 할 수 있는 과정 중심 평가로 구성하였다.

예를 들어 인포그래픽으로 표현하기 활동을 통해 주요 내용을 시각화하여 재구조화함으로써 그것을 확인하는 성취기준을 달성하고, 평가 방법에서도 학생 스스로 성찰할 수 있는 자기평가나 과정 중심의 평가를 하였다.

또 알사탕을 먹을 때마다 알게 되는 등장인물들의 속마음을 이야깃거리로 수업을 구성해 나가면서 인물들의 속마음을 평가에 접목시키고, 그 인물들에게 마음을 표현하는 엽서 쓰기를 통해 이해와 배려의 가치를 수업 과정에서 익혔다.

더 나아가 온작품 읽기 활동 속에서 아이들은 작품을 자신의 삶과 연관 지으며 자연스럽게 성취기준에 도달하였다.

작품 속 주인공, 작가가 되어보는 인터뷰 활동을 통해 자신의 생각이나 느낌을 표현하는 데 어려움을 느끼던 아이들이 말로 재미있고 창의적인 문장을 만들어 표현하였다. 자연스럽게 아이들은 작품 속 주인공, 작가와 하나가 되면서 작품을 자신의 삶과 연관 지어 표현하고 친구들과 함께 상상의 날개를 펼쳐 나갔다.

우리는 그림책을 한 번 읽고 재미를 느끼며 지나쳐 버릴 수 있다. 그 그림책 한 권을 가지고 온작품 읽기 활동을 하면서 작가가 쓴 글을 읽는 독자인 동시에 자신의 삶과 작품을 연결시키면서 나의 삶이 더해 새롭게 이야기를 구성해 가는 꼬마 작가로 아이들과 교사 모두 성장하였다.

이러한 활동들이 반복되고 더해지면서 책이 주는 즐거움을 느끼고 평생 즐겁게 책을 읽는 독자로 성장하게 될 것이다.

2학년 심문(審問, 자세히 묻기):
《우동 한 그릇》

문미라

작은 친절과 행복한 미래—행복을 찾아 떠나는 여행

월요일 아침 8시 25분, 교실 문을 열고 들어선다. 새로운 한 주의 시작이다. 5분 늦었다. 먼저 온 두 친구가 교실 전등을 환하게 밝혀 놓았다.

"안녕, 잘 지냈니?"

"네, 선생님. 있잖아요, 어제 아빠랑 공원에 자전거 타러 갔는데요 …"

"좋았겠다."

"나는요, 어제 태권도에서 승급 심사 보러 갔었어요. 저 이제 검은 띠예요. 이것 보세요."

"대단한데."

"선생님은 뭐 했어요?"

"선생님은 어제 하루 종일 공부하고 시험 봤다. 이제 시험 끝났으니까 책 보고 놀아야지."

"아니 선생님, 책 보는 게 왜 노는 거예요. 책 보는 건 공부하는 거예요."

"야, 책 보는 게 노는 거니?"

"아니, 공부하는 거지. 우리 아빠는 책 한 권 읽을 때마다 게임 30분씩 하게 해주는데."

"그런데 선생님은 책 보는 게 노는 거래, 참 이상하다."

"야, 선생님은 책 좋아하니까 그런가 보지, 뭐. 빨리 축구하러 가자."

"그래, 나가라. 오늘 미세 먼지도 없고 날씨 좋으니까 놀다 와. 8시 55분 되기 전에 꼭 들어와야 해."

"네. 다른 애들까지 다 데리고 들어올게요."

매일 접하는 아침 풍경이다. 내가 책 보는 게 노는 거라고 했을 때 "왜 책 보는 게 노는 거냐고? 책 보는 거는 공부하는 거라고!" 눈이 동그래지며 반문하던 녀석의 모습이 잊히지가 않는다. 알고는 있었지만 그렇게 놀랠 정도로 잘못 대답한 것인가 하는 의구심이 들었다.

아이들, 노는 게 일인 아이들, 그게 가장 자연스럽고 몸이 원하는 일이라는 걸, '자연동화', '물아일체', 이런 수식어도 필요 없다. 그냥 그게 좋은 것이다. 그런 아이들에게 억지 책을 읽히는 게 결코 쉽지만은 않은 일이라는 걸, 아이들의 부모님, 학교 선생님들뿐만 아니라 아이를 키워본 어른들이라면 누구나 다 느끼고 있다.

그래도 또 누구나 다 강조한다. 예로부터 위인들은 모두 책을 좋아했으며, 책을 열심히 읽었고, 책을 통해서 간접경험을 쌓았고, 책 읽기를 통해 많은 지식을 쌓았다고. 그러니 너희들도 책을 열심히 읽어야 한다고. 책은 좋은 것이고, 재미있는 것이고, 유익한 것이고, 너희를 훌륭한 사람으로 만들어 줄 것이라고. 그렇지만 어쩌랴. 책을 좋아하지 않는 어린아이들에게 이런 말은 귀에 들어올 리도 없다.

학급을 이루는 30명 정도의 아이들 중, 약 절반은 그래도 책을 가까이하며 즐겨 읽으려 한다. 자의든, 타의든 책도 읽다 보면 재미있다는 것을 알고 있고, 알게 되는 아이들인 것이다. 그러나 운동 좋아하고 활동적인 아이들, 어느 학급에나 있기 마련인 적지 않은 아이들, 책만 보면 눈이 감기고, 몸이 비틀리고, 머리도 아프고 심지어는 배까지 진짜 아파와 기어코 보건실에라도 가야 하는 아이들이 있다. 처음 학기 초에는 그래도 긴장하고 책 보는 척하며 바른 자세로 앉아 있곤 하지만 얼마 못 간다. 본색이 드러나면 웬만한 자극에는 꿈적도 안 한다. 이 아이들이 못 견딜 정도가 되면 다른 아이들도 슬슬 책 보는 게 흥미가 떨어지고 약간 어수선해지기 시작한다. 그러면 이제 다른 활동으로 넘어가야 한다.

이때 할 수 있는 가장 좋은 독서 방법이 선생님이 책을 읽어주는 것이다. 효과 만점이다. 웬만한 개구쟁이들도 선생님이 읽어주는 책 내용에는 귀를 쫑긋 세운다. 선생님이 아무 책이나 읽어줄리 없고, 선생님이 읽어주는 책은 늘 재미있었다. 그리고 선생님은 책만 읽어주는 게 아니다. 책을 읽어주기 전에, 또는 책을 읽다가 궁금하거나 중요한 내용이 나오면 그 부분과 관련된 지식이나 얽힌 이야기를 해주어서 책 내용을 이해하기 쉽고 또 흥미가 생기게 해준다. 어떤 때는 작가에 관한 이야기를 풍성하게 해 줄 때도 있다. 그리고 나면 책 한 권 읽고 할 이야기가 무궁무진하다.

친구들이 질문하고 선생님이 대답하는 것을 들으면서 또 다른 생각이나 호기심이 생기게 되고, 이것은 또 다른 호기심을 불러일으킨다. 이런 책 읽기를 한바탕 하고 나면 아이들은 모두 맛있는 음식을 잔뜩 먹은 것처럼 속이 든든해진다. 뭔지 모르지만 새로운 것을 많이 알게 된 것 같고 책이 좋은 것이라는 생각을 은연중에 하는 것 같다. 물론 선생님이 읽어준 책이 앞으로 한동안 아이들 책상에서 책상으로 옮겨 다닐 것은 당연한 일이다.

《우동 한 그릇》도 그런 책이다. 2학년이 읽기에는 글밥이 제법 많아 책 읽기 능력이 그다지 뛰어나지 않은 아이가 읽기에는 어려운 책이다. 그나마 삽화가 훈훈한 모습이었고 '우동'이라는 음식 이미지가 친근하게 다가오기는 했던 것 같다.

2018년부터 개정된 교육과정에 의해 온작품 읽기가 교실 안으로 들어왔다. 한 학기 한 책 읽기, 교과서에 실린 작품이 아니라 단행본으로 한 권을 정해서 끝까지 읽되 이 책을 활용해 아이들 삶과 연계된 다양한 활동을 하며 깊이 있게 읽는 것이다. 그런 만큼 책 선정에 심혈을 기울여야 했다.

새 학기가 시작되기 전, 2월에 새 학년을 맡을 동학년 교사들끼리 모여 작품 선정을 위한 여러 차례의 논의를 거쳤다. 다양한 장르의 책이 거론되었다.

우선 가장 친근한 것이 아이들의 생활과 밀접한 관련이 있고, 또 우리 정서를 가장 잘 녹여내 놓은 우리나라 동화 작가가 쓴 창작 동화였다. 몇몇 익숙한 창작 동화가 물망에 올랐다. 학교 도서관에 아이들 수만큼 비치된 책도 있었다. 그중에 1~2권을 추려 놓고 다른 장르의 책도 찾아보았다.

우리나라 작가의 창작 동화만큼 좋은 외국 작가가 쓴 창작 동화도 많았다. 서양보다는 같은 동양 쪽 작가가 쓴 동화가 아이들 정서에 더 적합한 것 같았다. 또 저학년이니만치 글밥 많은 동화보다는 그림이 많은 의미를 품고 있는 훌륭한 그림책도 대상에 넣었다.

그림책을 본 적이 있는 사람이라면 웬만한 창작 동화의 많은 글보다 그림책의 한 장면이 무수한 이야기를 끌어낼 수 있다는 것을 누구나 다 알고 있다. 그리고 구수한 입담으로 재미를 끌어내는 옛 이야기책도 들쳐보고, 인성 교육 덕목 관련 책들도 찾아보았다. 심지어는 시집도 골라내 뒤적거리며 적용하면 어떨까 고민했다. 시는 느낌과 감상의 표현이니만치 초등 저학년 아이들의 솔직한 감정을 표현하기에는 더 할 수 없이 좋은 텍스트였다. '그러나 느낌이 주가 되는 시로 한 학기의 다양한 활동을 과연 잘할 수 있을까?' 하는 우려로 시집을 제외했다. 옛이야기는 우리 정서와 맞고 재미도 있지만 너무 요즘 아이들의 삶과 멀리 있다는 생각에 그만두기로 했다. 우리 창작 동화가 아이들에게 더 잘 맞는다는 생각도 없지 않았다.

그러나 일본 작가 구리 료헤이와 다케모도 고노스케가 쓴 《우동 한 그릇》은 다른 모든 것을 차치하고 아이들에게 따뜻한 마음과 사랑을 보여줄 수 있다는 확신으로 동학년 선생님들의 동의를 얻었다. 우선 제목에서 우리 생활과 가장 밀접한 먹거리가 거론되고, '무슨 우동?' 하며 들어가니 따뜻한 가족 간의 사랑이 펼쳐진다. 대단한 사건 사고가 있는 것은 아니지만 그저 우리 주변에서 찾으면 찾을 수도 있을 것 같은 작은 친절과 어렵고 힘든 것을 참고 견디니 행복한 미래를 맞게 된다는 가슴 따뜻한 이야기이다. 요즘처럼 먹을 것이 풍족하고 넘쳐나는 세상에 아이들이 우동 한 그릇 나눠 먹는다는 이야기에 눈길이나 줄까 싶은 우려도 없지 않았지만 따뜻한 가족 간의 사랑이 먼저 아이들의 마음을 두드릴 수 있다고 생각했다.

수업에 녹여내기—행복이 뭐예요?

온작품 읽기를 위한 도서를 선정한 후 수업 활동에 적용하기 위하여 교육과정을 재구성하였다. 수업에서 교육과정의 성취기준을 온작품을 활용하여 학습자의 삶과 연계시킬 수 있는 다양한 활동을 구상하는 것이다. 문학작품이기 때문에 국어과와 가장 관련이 많은데 국어과에서는 교수-학습의 원리로서 개별성, 상호작용성, 상황 관련성, 문화 관련성, 총체성의 원리를 들고 있다. 온작품 도서로서 국어과의 듣기, 말하기, 읽기, 쓰기, 문법, 문학 등의 개별 영역들을 총체적으로 학습하게 하고 학습자의 총제적인 언어 발달을 이끌 수 있도록 다른 교과 내용과의 통합, 국어과의 영역 간 통합 등을 시도했다. 차시별 상세한 학습내용은 다음 표와 같다.

《우동 한 그릇》 교육과정 재구성

차시	주제	활동 내용	관련 교과 내용
1	장면을 떠올리며	《우동 한 그릇》을 읽고 생각이나 느낌을 인포그래픽으로 표현하기	국-이야기를 읽고 생각이나 느낌 말하기
2	장면을 떠올리며	《우동 한 그릇》을 읽고 궁금한 점 질문하기	국-이야기를 읽고 생각이나 느낌 말하기
3	인상 깊었던 일을 써요	가족들과 외식했던 경험을 생각이나 느낌이 잘 드러나게 글로 쓰기	국-인상 깊었던 일을 생각이나 느낌이 잘 드러나게 글로 쓰기
4	인물의 마음을 짐작해요.	등장인물의 마음을 생각하며 생각이나 느낌을 시로 표현하기	국-인물의 마음을 생각하며 글쓰기
5~6	자세하게 소개해요	《우동 한 그릇》의 등장인물을 소개하는 신문 만들기	국-인물을 소개하는 신문 만들기 창체-다양한 직업
7	칭찬하는 말을 주고받아요	《우동 한 그릇》 등장인물에게 칭찬 쪽지 쓰기	칭찬 쪽지 쓰기
8	실감나게 표현해요.	《우동 한 그릇》 중의 한 장면 정해 대본 쓰기	인물의 말과 행동을 실감나게 표현하기
9	실감나게 표현해요.	역할 정하고 역할극 준비하기	인물의 말과 행동을 실감나게 표현하기
10~11	실감나게 표현해요.	역할극으로 표현하기	인물의 말과 행동을 실감나게 표현하며 역할극 하기
12	내 느낌을 표현해요	《우동 한 그릇》 온작품 학습 후 한 줄 생각 쓰기	창체-독후 활동

아이들에게 선정된 책을 소개하고 직접 사고 싶은 친구는 사게 하고, 학교 도서관에 있는 것을 빌려서 읽어도 된다고 했다. 한 학기 동안 이 책으로 다양한 활동을 해 볼 것이니 틈틈이 읽어보라고 안내를 했다. 그리고 처음 책 읽어주는 날이었다. 《우동 한 그릇》의 첫 단락은 이렇게 시작된다.

해마다 섣달 그믐날(12월 31일)이 되면 일본의 우동집들은 일 년 중 가장 바쁩니다. 삿포로(일본의 북쪽 끝에 있는 도시)에 있는 우동집, 〈북해정〉도 이 날은 아침부터 눈코 뜰 새 없이 바빴습니다.

여기까지 읽었을 때
"선생님 섣달 그믐날이 뭐예요?"
"일본은 왜 우동을 먹어요?"
"삿포로가 뭐예요?"
·······
2학년 아이들이 이 책의 내용을 이해하기 위해서는 기본적인 배경 설명이 필요했다. 그래서 칠판에 우리나라와 일본을 그리고(네 개의 큰 섬) 가장 북쪽에 있는 섬이 '홋카이도', 즉 '북해도'라고 알려 주었다.
"아, 그래서 우동집 이름이 북해정이구나!"

이건 아이들 입에서 나온 소리였다. 그리고 일본의 전통 풍습에 대해서도 설명을 했다. 이런 식으로 책 읽기를 계속했는데 그다지 글밥이 많지는 않은 책이라 읽어주는 데 40분 수업 시간으로 약 2시간이 걸린 것 같았다. 물론 중간에 설명이 필요한 부분은 설명을 해 가면서.

그런데 참 이상한 일이었다. 교사인 나는 이 책을 최소 10번은 넘게 읽었을 거다. 매번 읽을 때마다 새로운 감동을 느꼈는데 이번도 예외는 아니었다. 둘째 아들 '쥰'이 학교에서 '우동 한 그릇'이라는 제목으로 글을 써서 학교 대표로 뽑혔고 그걸 우동집에서 형이 어머니에게 다시 읽어주는 부분이었다. 어느새 나도 모르게 눈물이 흘러 나왔다.

그냥 자연스러운 감정이었다. 섣달 그믐날 밤, '우동 한 그릇'을 마주한, 가난하지만 이 세상 어떤 가족보다도 더 따뜻하고 사랑이 가득한 이들의 모습에 감동받았던 것 같다. 또한 '저 어머니는 저 어린아이들을 데리고 어찌 살아갈까?' 하는 안타까운 마음도 있었다. 또는 나 역시 아이들을 키워본 엄마로서 그들이 나누는 행복감에 감정이입 되었기 때문일 수도 있다.

재미있는 내용이긴 했지만 아이마다 받아들이는 정도가 다르므로 약간 지루해하는 아이가 없지도 않았는데, 갑자기 선생님이 책을 읽다 말고 우니 교실 안은 순식간에 물을 끼얹은 듯 조용해졌다. 그리곤 모두 다 이전보다 더 귀를 쫑긋 세우고 들었다. 더 이상 부연 설명이 없어도 아이들은 이 가족과 우동에 얽힌 이야기를 열심히 듣고 비슷한 감동을 느꼈던 것 같다. 20여 년 넘게 교사 생활을 했지만 아이들과 책을 읽어주면서 이렇게 공감, 감동을 느낀 경우는 처음이었던 것 같았다.

그 후 아이들은 이 책을 반복해서 읽으며 교육과정과 관련된 다양한 활동을 충실하게 해냈던 것 같다. 교육과정, 성취기준, 이런 거창한 기준에 맞출 필요 없이 문학 책을 읽으면서 느낄 수 있는 적절한 효과를 책 읽어주기 한 번으로 하지 않았나 싶은 생각이 든다. 과학 서적이나 전문 서적은 얻을 수 있는 특정 지식이 있겠지만 문학의 경우 마음의 따뜻함과 정서적 순화를 경험했다면 그 목적을 달성하지 않았나 싶다. 아이들이 독서를 통해 따뜻한 마음을 갖고 더불어 책은 재미있고 때때로 나를 행복하게 해주는 것임을 배워갔으면 좋겠다.

온작품으로 하나 되는 수업—행복을 찾아서

인포그래픽으로 나타내기

먼저 작품의 개괄적 이해를 위하여 인포그래픽으로 나타내기를 해 보았다. 인포그래픽이란 인포메이션 그래픽의 준말로 정보, 데이터, 지식을 시각적으로 표현한 것으로, 정보를 빠르고 쉽게 표현하기 위해 사용된다. 온작품 읽기에 인포그래픽을 활용하면 글로만 설명하려 했던 정보를 시각화하여 재구조화함으로써 흥미를 유발하여 작품을 쉽게 이해할 수 있게 하는 장점이 있다.

《우동 한 그릇》 이야기를 책 표지와는 다르게 책 내용 중에서 가장 인상적인 장면을 그리고 관련 내용을 적은 친구들이 많았는데 아이들이 어떤 부분에서 가장 감명을 받았는지를 느낄 수 있는 부분이었다.

[그림 28] 인포그래픽으로 나타낸 《우동 한 그릇》

질문 만들기

《우동 한 그릇》 책을 읽고 다산 정약용 선생의 일권오행론의 두 번째 방법인 심문(審問)을 적용했다. 즉, 자세히 묻는다는 것이다. 아이들이 스스로 질문 거리를 찾고 대답하는 과정에서 작품의 내용을 충실하게 이해하고 인물의 심정을 헤아려보는 경험을 하게 되었다.

질문은 모두 세 영역으로 나누어 첫 번째, 작가나 등장인물에게 궁금한 질문 만들기, 두 번째 "만약에"로 시작하는 질문 만들기, 세 번째 내용에 관한 질문(사실적, 해석적 질문)으로 하브루타 방식을 이용했다.

아이들이 가장 쉽게 접근한 것은 등장인물에게 등장인물의 말이나 행동에 대해 궁금한 것을 질문하고 스스로 답하는 것이었다. 그러면서 예상 가능한 질문에 대해서도 생각해 보게 했다. 네가 그 등장인물이라면, 어떻게 했을 것인지, 되물어보는 방식을 통해 사고 과정을 재탐색하게 하였다.

작가에게 묻는 질문도 마찬가지였다. 책 내용 가운데 궁금한 것을 묻는 것이 많았지만 아이들이 특히 '이 이야기가 사실인지, 또 어떻게 이런 이야기를 짓게 되었는지'를 가장 궁금해했다. 작가에게 묻는 부분은 작가와 직접 연락이 닿는다면 작가의 의도를 직접 알 수 있겠지만, "네가 작가라면 어떻게 했을 것 같아?", "등장인물을 왜 그렇게 그렸을까?" 하며 작가의 의도를 짐작하게 하는 활동도 흥미로웠다. 무엇보다도 아이들이 작가가 글을 쓰고 그 안의 등장인물을 마음대로 조정한다는 것에 대해 놀라움을 표시하기도 했다. 그래서 "너희가 작가라면 너희가 내는 책은 어떤 제목을 붙일지, 어떤 그림을 삽입할지는 모두 작가 마음이고, 너희도 책을 내게 된다면 모든 것은 자신이 원하는 것을 할 수 있어요. 그러니 쓰고 싶은 이야기가 있으면 한번 써 보세요. 오롯이 자기 생각을 담고 있고 자기가 표현하고 싶은 대로 마음껏 표현할 수 있어요."

'만약에~'로 시작하는 질문 만들기에서는 아이들의 창의성이 돈보이는 재밌는 질문을 많이 접할 수 있었다.

내용적 질문은 보통 국어 수업에서 내용 파악을 위해 많이 하는 질문이라 쉽게 질문하고 쉽게 대답하는 모습을 볼 수 있었다. 그런데 '해석적 질문'이 무엇인지 물어보는 아이들이 있었다. '해석적 질문'이란 어떤 이야기를 듣고 그 이야기 속에서 다양한 의견이 나올 수 있는 질문이다. 즉 열린 질문이다. 다양한 답변을 접할 수 있었는데 아이들의 창의성이 돋보이는 부분이었다. 《우동 한 그릇》과 관련하여 궁금한 질문으로는 다음과 같은 것들이 있었다.

먼저 등장인물에게 궁금한 질문이다.
시로도야, 너는 신문 배달을 하면서 어떤 생각을 했니?

준아, 너는 어린데 어떻게 매일 저녁밥을 지었니?

준아, 너는 커서 우동집 주인이 되겠다고 했는데 왜 은행원이 되었니?

준아, 네가 만약에 아빠를 다시 만나게 된다면 뭐라고 말할 거니?

어머니는 왜 10년 동안이나 북해정 우동집에 안 왔나요?

어머니는 왜 계속 같은 체크무늬 코트만 입고 오셨나요? 무슨 사연이 있나요?

우동집 주인님, '북해정'이라는 이름은 어떻게 지었나요?

우동집 주인님, 왜 그 세 가족이 올 때까지 기다렸나요?

작가에게 궁금한 질문은 다음과 같다.

작가님은 어떻게 이런 재미있는 이야기를 쓰시게 되셨어요?

작가님은 어떻게 그런 등장인물을 만드셨나요?

작가님은 왜 이 장소를 이야기의 장소로 만드셨나요?

작가님은 왜 '우동 한 그릇'이라는 제목을 붙이셨나요?

작가님, 이 이야기는 실존 인물에 실제로 있었던 이야기인가요?

작가님은 혹시 이 이야기를 우동을 먹다가 생각해 내셨나요?

작가님은 이 글을 쓰실 때 어떤 생각을 했나요?

작가님은 어렸을 때부터 작가가 꿈이었나요?

'만약에~'로 시작하는 질문은 다음과 같다.

만약에 아버지가 교통사고를 당하시지 않았다면 어땠을까요?

만약에 우동이 맛이 없었더라면 이야기는 어떻게 이어졌을까요?

만약에 시로도네 동네에 우동집이 없었더라면 어떻게 되었을까요?

만약에 우동집 주인이 친절하게 대해 주지 않았더라면 어땠을까요?

만약에 일본에 섣달그믐날에 우동을 먹는 풍습이 없다면 이 동화는 어떻게 되었을까요?

만약에 아빠가 낸 사고 피해 보상금을 다 갚지 못했다면 어떻게 되었을까요?

만약게 준이 요리를 하다가 화상을 입거나 다치기라도 했으면 어떻게 되었을까요?

만약에 아빠가 낸 사고 차량에 엄마가 같이 타고 있었더라면 어떻게 되었을까요?

만약에 우동집 주인이 세 가족에게 정말로 1인분만 주었더라면 어땠을까요?

만약에 사고로 아버지가 죽지 않고 어머니가 돌아가셨더라면 어떻게 되었을까요?

만약에 이 가족이 이사를 가지 않았더라면 해마다 계속 우동집에 왔을까요?

만약에 10년 만에 찾아왔는데 '북해정'이 문을 닫고 없어졌더라면 어땠을까요?

만약에 시로도와 준이 어른이 되어 어머니를 모시지 않고 둘이만 찾아 갔더라면 어떻게 되었을까요?

만약에 준이 커서 진짜 우동집 사장님이 되었더라면 어땠을까요?

다음은 내용에 관한 질문(사실적, 해석적 질문)이다.

> 북해정은 어디에 있는 우동집인가요?
>
> 엄마는 처음 갔을 때 왜 우동을 1인분만 시켰나요?
>
> 어머니는 10년 만에 찾아왔을 때 어떤 옷을 입고 있었나요?
>
> 시로도와 준은 어떻게 엄마를 도와드렸나요?
>
> 아버지는 어떻게 해서 교통사고를 당하게 되었나요?
>
> 예약석은 몇 번 테이블인가요?
>
> 시로도와 준은 커서 어떤 사람이 되었나요?
>
> 왜 2번 테이블은 바꾸지 않고 그대로 두었나요?
>
> 어떻게 북해정 우동 가게가 유명해지게 되었나요?
>
> 왜 주인아주머니는 시로도와 준, 엄마가 다시 찾아올 때까지 기다렸나요?
>
> 우동집이 수리를 할 때 왜 2번 테이블은 바꾸지 않았나요?
>
> 일본에 진짜 '북해정'이라는 우동집이 있나요?

'만약에~'로 시작하는 질문 중에 하나를 골라 모둠 아이들끼리 서로 이야기를 나누었다. 사고의 확장으로서 아주 좋은 토의 방법이다. 아이들의 다양한 생각을 엿볼 수 있는 기회이기도 했고 정답이 있는 게 아닌 '열린 질문'으로서 어떤 대답을 해도 다 받아들여졌다. 또한 상황에 따라서 이야기가 달라질 수 있음을 알고 아이들이 무척 흥미롭게 참여했다.

'만약에~'로 시작하는 질문 중 하나를 정해 묻고 답하기

1. 만약에 아버지가 교통사고를 당하시지 않았다면 어땠을까요?
2. 만약에 우동이 맛이 없었더라면 이 이야기는 어떻게 이어졌을까요?
3. 만약에 일본에 섣달그믐날에 우동을 먹는 풍습이 없다면 이 이야기는 어떻게
   되었을까요?
4. 만약에 아빠가 낸 사고 피해 보상금을 다 갚지 못했다면 어떻게 되었을까요?
5. 만약에 준이 요리를 하다가 화상을 입거나 다치기라도 했으면 어떻게 되었을까요?
6. 만약에 우동집 주인이 세 가족에게 정말로 1인분만 주었더라면 어땠을까요?
7. 만약에 이 가족이 이사를 가지 않았더라면 해마다 계속 우동집에 왔을까요?
8. 만약에 10년 만에 찾아왔는데 '북해정'이 문을 닫고 없어졌더라면 어땠을까요?
9. 만약에 시로도와 준이 어른이 되어 어머니를 모시지 않고 둘이만 찾아 갔더라면
   어떻게 되었을까요?
10. 만약에 준이 커서 진짜 우동집 사장님이 되었더라면 어땠을까요?

◎정한 질문: (   )번

♡ 친구들과 이야기 나누고 나눈 이야기 간추려 쓰기

1번 질문에 대한 답은 비교적 쉽고 간단해서인지 선택한 친구들이 많았다.

"아빠가 교통사고를 안 당하셨다면 돈이 많아서 우동집에 자주 갔을 것이고 갈 때마다 4인분을 시켜서 먹었을 것이다. 그리고 가족들과 사이좋게 행복하게 살았을 것이다. 하지만 나중에 아이들이 가난한 것보다 더 잘 자랐을지는 잘 모르겠다."

"만약에 아버지가 교통사고를 당하시지 않았다면 어머니랑 두 아들과 아버지는 멋지고 예쁜 옷을 차려 입고 섣달그믐날을 가족과 함께 재미있게 지내며 우동 4인분을 먹었을 것 같다. 그리고 준

은 나중에 시로도와 함께 우동집을 했을 것 같다."

2번 문항에 대해서는, 우동이 맛이 없었더라면 한 번 가고 안 갔을 수도 있지만 가족끼리 새해를 맞이하는 풍습으로 갔을 수도 있을 것이다, 또 맛이 없었더라면 동네에 다른 우동집을 찾아갔을 수도 있겠다는, 답변이 나왔다.

3번 문항에 대해서는 2번과 비슷한 답변이 나왔다.

4번 문항에 대해서는 세 가족이 모두 열심히 일하고 절약해서 생활하므로 분명히 다 갚았을 것이라고 답했다. 좀 오래 걸리더라도 다 돈을 갚고 나중에 가족들이 다 행복하게 되었을 것이라고 답했다.

5번 문항 질문에는 "너무 슬픈 일이니 그런 일은 일어나지 말아야 하지만 만약 그렇다면 쥰이 가족은 다른 돈을 절약해서 쥰이 좋아하는 우동을 자주 사다 주었을 것 같다. 그리고 갚아야 할 피해 보상금은 쥰이 치료비 때문에 좀 천천히 갚았을 것 같다. 그리고 맛있는 우동을 많이 먹어서 쥰이 빨리 병이 나았을 것 같다."라는 답이 나왔다.

6번 문항에 대해서는, 1인분을 주었더라도 셋이서 사이좋게 나누어 먹었을 것이다, 아마 우동이 부족하면 국물을 더 달래서 나누어 먹었을 것이다, 조금씩 나누어 먹으면서 서로 더 먹으라고 양보했을 것 같다는 답이 나왔다.

7번 문항에 대해서는, 만약 이사를 가지 않았더라면 매년 12월

31일 밤에 꼭 왔을 것 같다, 아이 때부터 어른이 될 때까지 계속 와서 우동집 주인 부부랑 많이 친해졌을 것 같다, 또 12월 31일뿐만 아니라 몇 번 오고 나면 친해져서 아무 때나 자주 왔을 것 같다, 쥰이가 나중에 북해정 우동집 주인이 될 수도 있었을 것 같다, 또 시로도와 쥰이 결혼을 해서도 아이들을 데리고 와서 우동집 주인과 많이 친해졌을 것 같다는 응답들이 나왔다.

8번 문항에 대해서는, 아주 슬펐을 것 같다. 그래서 다른 우동집을 찾아가 거기에서 착한 우동 가게 직원들을 만나서 맛있는 우동을 먹고 기분 좋게 집에 돌아갔을 것 같다는 답이 나왔다.

9번 문항에 대해서는, "거의 10년 만에 찾아가면서 시로도와 쥰이 어머니를 모시지 않고 둘이만 찾아갔더라면 우동집 주인 부부는 아마 이들을 알아보지 못했을 것이다. 시로도와 쥰이 그동안에 있었던 일을 이야기하고 자신들을 소개해야 알아볼 수 있었을 것 같다. 그리고 주인 부부는 어머니에 대해서 많이 궁금해했을 것 같다."는 답이 나왔다.

10번 문항 질문에는, 아주 훌륭한 우동집 사장님이 되었을 것 같다, 자신들도 어렸을 때 우동 한 그릇 때문에 행복한 기억을 가지고 있으니까 우동을 먹으러 오는 가족들에게 아주 친절하게 대할 것 같다, 돈이 없을 것 같은 사람에게는 공짜도 줄 것 같다, 맛있는 우동 만들기 공부를 많이 해서 쥰의 우동집은 아주 맛있는 우동집으로 소문이 나서 손님이 아주 많을 것 같다는, 말들이 나왔다.

가족들과 외식했던 경험 떠올려 표현하기

《우동 한 그릇》을 읽고 가족들과 외식했던 일을 떠올려 그림으로 표현하고 생각이나 느낌이 잘 드러나게 글로 쓰기 활동을 해 보았다. 《우동 한 그릇》을 읽었다고 해서 가족들과 외식했던 일을 떠올려 글을 써 보라는 활동에 약간 억지스러운 면도 없지 않나 싶은 생각을 했다. 또 아이들이 억지로 우동 먹은 일을 떠올려 별로 기억에 없는 일을 쓰게 하는 것은 아이들을 힘들게 할 것 같은데, 이 활동을 해야 하나 하는 고민을 했었다. 그래도 한번 해보자로 결론을 내리고 아이들에게 글쓰기 활동을 하게 했는데 의외로 아이들은 순진하고 담백했다.

아무리 교사가 《우동 한 그릇》과 연관되어 활동한다는 것을 안다고 하더라도 거기에 연연하지 않는다. 자신의 생각을 떠올리고 가족과 행복했던 순간을 회상하며 그때 먹었던 음식에 대해 이야기를 써냈다. 처음에는, 요즘 아이들은 대부분 좋아하는 것이 치킨, 피자, 삼겹살 아닐까, 음식이 너무 획일화되지 않을까 싶은 우려도 있었는데 아니었다. 다양했다. 아이들 성격만큼 좋아하는 음식도 다양한 것을 느낄 수 있었고, 기억에 나는 외식 장면은 단순히 음식으로서가 아니라 그때 그 상황과 어울려 즐거웠던 식사 장면으로 추억되는 것을 알 수 있었다.

아이들이 외식 장면을 떠올리며 쓴 글들이다.

가족과 함께 치킨 집에 가서 엄청 맛있게 먹었다. 좋아하는 것은 라면과 밥이고 싫어하는 것은 채소이다. (범희)

내가 고기를 한 입 먹었다. 엄청나게 맛있었다. 장난을 치고 싶었다. 나는 쌈을 싸서 엄마에게 말했다. "엄마, 입 벌려 봐" 엄마는 입을 크게 벌렸다. 나는 쌈을 엄마 입으로 넣으려다가 내 입으로 넣었다. 엄마가 말했다. "뭐야!"(혜영)

이모와 이모부가 결혼식을 했다. 이모부가 책 같은 것을 읽었는데 이모부 손이 덜덜 떨렸다. 이모부는 긴장한 것 같다. 이모 결혼식에 가서 음식을 먹었다. 내가 가장 맛있게 먹었던 음식은 우동이다. 우리 엄마는 우동을 잘 만든다. 우리 엄마가 제일 못 만드는 것은 짬뽕이다. (우석)

회 파는 집에 회를 먹으러 갔는데 광어가 좀 불쌍했다. 그런데 맛은 있었다. 하지만 질겨서 잘 못 먹어서 좀 아쉬었다. 나는 회와 짜장면을 제일 좋아한다. (일준)

가족과 캠핑을 갔다. 옆에서 맛있는 냄새가 났다. 우리도 텐트를 치고 소시지와 고기와 고구마 사온 것을 구워 먹었다. 맛있게 먹고 물총놀이를 했다. (아라)

할머니와 가족과 함께 칼국수를 먹으러 갔다. 그 집은 손님들이 바글바글했다. 칼국수집 이름은 바지락 칼국수집이다. 할머니와 같이 가서 더 좋았다. 칼국수가 따뜻해서 정말로 맛있었다. 다음에 할머니와 가족과 함께 다시 또 가고 싶다. (수진)

돈까스집에 갔다. 거기에는 일하는 사람이 착했다. 가족과 함께 메뉴를 골랐다. 스파게티랑 왕돈까스랑 우동을 주문했다. 그런데 엄마 것은 안 시켰다. 엄마는 오빠가 맨날 왕돈까스를 다 못 먹어서 엄마가 같이 먹는다. (민아)

뷔페는 없는 음식이 없는 것 같다. 미니 햄버거도 있고, 젤리, 초밥, 피자, 까르보나라, 맛없는 음식이 없는 것 같다. 내가 좋아하는 음식은 피자, 까르보나라, 짜장면, 라면, 햄버거, 치킨, 스테이크, 브로콜리이다. 싫어하는 것은 피망, 파프리카, 양파, 멸치, 견과류다. 싫어하는 것도 좋아했으면 좋겠다. (소희)

가족들이랑 치킨 집에 가서 치킨을 엄청 맛있게 먹었다. 그런데 치킨을 다 못 먹어서 집에 사 가지고 와서 먹었다. 나중에 먹어도 엄청 맛있었다. (찬욱)

캠핑 가서 사촌 동생과 함께 라면을 먹는데 사촌 동생은 어려서 잘 못 먹었다. 라면과 면 종류는 언제 먹어도 맛있는 것 같다. 집에서 먹는 라면도 꿀맛, 밖에서 먹는 라면은 더 꿀맛이다. 《우동 한 그릇》이라는 책을 읽으니 우동이 먹고 싶어진다. (혜지)

가족들과 칼국수집에 갔다. 칼국수가 맛있었다. 국물도 맛있었다. 같이 나오는 김치도 맛있었다. 스파게티도 맛있었다. 나는 짬뽕을 좋아한다. 짜장면도 좋아한다. 고기도 좋아한다. 고추도 좋아한다. 양배추도 좋아한다. (지성)

엄마, 형아, 동생이 어디 갔을 때 아빠랑 나는 고깃집에 갔다. 엄청 맛있었다. 왜 맛이 있었냐면 숯불향이 있어서 맛있었다. 그래도 내가 제일 좋아하는 건 엄마 밥이다. (선곤)

아이들이 가족들과 외식했던 경험을 쓴 글을 보니 따뜻함이 느껴졌다. 비싸고 대단한 음식이 아니라 가족과 함께, 또 좋았던 기억으로 그 음식을 회상하는 것 같았다. 아이들의 외식 이야기를 통해서 우리는 한끼 식사로도 사랑을 주고받는다는 것을 느낄 수 있었다. 우리가 매일 먹는 음식인데, 음식이 아니라 이야기가 아이들에게 더 오래 기억되는 것을 알 수 있었다. '고기도 맛있지만 그래도 내가 제일 좋아하는 건 엄마 밥'이라는 아이의 말이 오래도록 기억에 남을 것 같다.

◎ '우동 한 그릇'을 읽고 가족들과 외식했던 일을 떠올려 그림으로
표현하고 생각이나 느낌이 잘 드러나게 글로 쓸 수 있다.

광주도평초등학교 2학년 (2)반 이름(   )

[그림 29] 가족과 외식 경험 표현하기

시로 표현하기

《우동 한 그릇》 책을 읽고 시로 표현해 보았다. 학기 초부터 아이들과 시를 이용한 수업을 자주 해본 터여서 《우동 한 그릇》으로 시를 쓴다고 했더니 "우와! 재미있겠다." 하는 탄성이 먼저 나왔다. 나는 아이들의 반응에 흐뭇해졌다.

우선 아이들이 늘 갖고 다니는 시 모음집을 펴내서 같이 낭송했다. 아이들이 좋아하는 시가 10여 편 있는 것으로 아침 수업 시간 전 간간이 함께 낭송하던 것들이었다. 시의 느낌과 운율에 익숙해지기 위해 낭송을 했다. 긴 동화를 읽고 시로 표현한다는 것이 다소 어색하다고 생각했지만 시는 '감동과 느낌'을 쓰는 것이기 때문에 울림이 많은 작품일수록 내용과 무관하게 아이들의 진솔한 감정을 끌어낼 수 있을 것 같았다.

학기 초에 학교 정원에 핀 봄꽃들을 관찰하며, 또 아이들이 좋아하는 놀이를 하며 느낀 것을 시로 쓰곤 했었다. 시는 쓰기 전에 감상 교육이 우선이다. 3월 초 시 감상 수업을 위해서 학교 도서관에서 아이들 수만큼 시집을 대출해 왔다. 아이들에게 나눠 주고 그냥 읽게 했다. 읽으면서 마음에 울림이 있는 시 한두 개를 고르라고 했다. 왜 그 시가 마음에 들었는지 까닭도 생각해 보라 했다. 20분 정도 시집을 읽은 후에 아이들에게 자기가 고른 시를 낭송하게 했다.

이때 제목을 낭송하지 않고 친구가 낭송하는 시를 들으면서 '시 제목'에 대해 생각해 보는 과제를 냈다. 친구의 시에 적합한 제목을 생각해 보라 하면 그냥 들을 때보다 아이들이 무척 집중해서 듣는 것을 볼 수 있다. 들으면서 나름 그 시 내용에 어울리는 시 제목을 발표하곤 했는데 시인이 붙인 제목을 맞히기는 쉽지 않았다. 어떤 때는 시인이 붙인 제목보다 아이들이 붙인 제목이 더 그럴듯한 경우가 많았다. 그러면서 제목에 대한 안내를 했다.

"시 제목은 다양하게 붙일 수 있어요. 시 제목 붙이는 것은 시 쓰는 사람 마음이에요. 여러분도 자신이 지은 시에 마음대로 제목을 붙여 보세요. 아무도 뭐라 할 수 없어요. 오직 자신만이 그 시에 대해 주인 노릇을 할 수 있어요."

그러면 아이들은 자신도 어서 시를 지어 자기 마음에 드는 제목을 붙여 보고 싶어 했다. 감상이 자연스럽게 창작으로 이어지는 과정이었다. 또 제목을 먼저 정하고 시를 쓰는 경우도 있지만 쓰고 싶은 내용을 쓰고 그 내용에 어울리는 제목을 붙이는 것도 좋은 방법이라고 알려 주었다. 제목이 제재와 관련이 있다 한다면 제목 생각하는 것만으로도 시 창작의 반은 했다고 할 수 있다.

《우동 한 그릇》에 관한 시도 그랬다. 혹시 아이들이 모두 '우동 한 그릇'으로 제목을 잡고 쓰면 어쩌나 하는 우려가 있었다. 그러나 기우였다. 아이들은 정말 다양한 제목에 다양한 내용으로 시를 썼다. '2번 테이블'이 꽤나 인상적이었나 보다. '2번 테이블'을 제목으로 시를 쓴 친구들이 꽤나 많았다. 그 외에 '북해정 우동', '어머니와 두 아들' 등의 시들이 인상적이었다.

또 아이들은 아빠의 부재에 대한 우려를 많이 했다. 아빠가 있었더라면 상황이 많이 달라졌을 거라는 생각을 다른 활동에서도 계속 제기를 했었고 시 쓰기에서도 역시 그 부분을 주목한 친구들이 많았다. 동화를 간추려 시를 쓴다는 것이 결코 쉽지 않을 텐데 자신이 감명 받은 부분에 대한 느낌을 짤막한 시로 나타낸 것을 보고 아이들은 정말 감각에 있어서 천부적 재능이 있는 게 아닌가 하는 생각이 들 정도였다. 친구들이 쓴 시를 감상하면서도 자신이 느낀 부분과 비교하여 이야기를 나누며 자기도 비슷한 느낌을 가졌다고 말하며 공감을 표시하는 모습이 참 보기 좋았다.

| 2번 테이블

　　　　2-2 이민혜

섣달 그믐날
문을 닫으려는데
드르르륵 문이 활짝 열리네

주인아주머니가 안내했던
2번 테이블
추억의 2번 테이블
1년 2년…10년이 지난 어느날
그때처럼 문이 드르르륵
추억이 되던 가족들 | 북해정

　　　　2-2 이정서

일본 샷보르 도시에 있는
북해정 우동집
나도 커서
엄마랑 북해정 가서
우동 먹고 싶다.

그 때까지도
북해정 우동집이 남아 있을까?
나는 꼭 한 번 가 보고 싶다.
가서 2번 테이블에
한 번 앉아 보고 싶다. |

우동 한 그릇

        2-2 양혜지

북해정 우동집
밤 열시가 지나니
손님은 없고
썰렁한 바람만 들어오네.

드르륵 문 열리는 소리
우동 한 그릇을 주문한
어머니와 두 아들

인사하고 나갈 때
주인아주머니는
속으로 아주 작게
   '다시 왔으면...'

10년을 기다리는
2번 테이블

행복한 가족

        2-2 장민균

아빠가 차로 쾅
아빠는 하늘나라 가시고
사고 때문에 집이 가난해졌네.

시로도는
아침 저녁으로
열심히 신문배달
어린 쥰은
아무것도 할 게 없어
가족을 위해 저녁밥을 짓네
어머니는 아침 저녁
힘들게 일하며
빚을 갚아 나가시네.

이 가족의
가장 행복한 시간
12월 31일 밤의
따뜻한 우동 한 그릇

《우동 한 그릇》 주인공에게 칭찬 쪽지 글쓰기

《우동 한 그릇》 주인공들에게 칭찬 쪽지 글쓰기 활동을 해 보았다. 평소 칭찬 릴레이나 친구들을 칭찬하는 경우 칭찬을 받았으니까 답으로 칭찬을 해준다는 모습도 보였는데,《우동 한 그릇》 주인공들에게 칭찬을 할 때는 책에서 느낀 솔직한 감정을 2학년 아이 수준에서 이해하고 칭찬하는 것을 볼 수 있었다. [그림 30]은 칭찬 쪽지 글을 모아 놓은 모습이다.

[그림 30]《우동 한 그릇》 주인공에게 칭찬 쪽지 글쓰기

《우동 한 그릇》 역할극으로 나타내기

《우동 한 그릇》 온작품 읽기의 마지막 활동이 '역할극으로 표현해 보기'였다. 역할극으로 표현하기 위해서는 먼저 대본이 필요했는데 모둠별로 일정 부분을 정해 주고 역할극 대본을 써 보게 했다. 아이들이 대본을 써 보는 것은 처음 하는 활동이었기 때문에 교과서에 나와 있는 인형극의 대본을 참고하여 역할극에 꼭 필요한 요소가 무엇인지를 살펴보게 했다. 역할극은 직접 표현활동을 해 보는 것이기 때문에 주인공의 대사와 행동이 필요하다는 것을 아이들이 지적했다. 그리고 대사는 직접 말로 하지만 " " 없이 인물 이름 뒤에 : 표시와 함께 나와 있고, ( ) 안에 해야 할 행동이 적혀 있다는 것을 지적했다. 《우동 한 그릇》도 마찬가지로 원작품에 나와 있는 대사를 주로 하고 행동은 대사와 함께 있는 행동을 ( ) 안에 묶어 표현하게 하였다. 모둠 친구들끼리 대사와 행동을 의논해 가며 적는 모습이 대견했다.

우동 한 그릇 역할극 대본

나오는 사람: 어머니, 시로도, 쥰, 주인아주머니, 주인아저씨
나오는 곳: 북해정 우동집

주인아주머니: 요오코 양, 오늘 정말 수고했어요. 새해 복 많이 받아요.

요오코 양: 네. 감사합니다. 아주머니도 새해 복 많이 받으세요.

주인아주머니: (기지개를 켜며) 이제 두 시간만 있으면 새해가 시작

되네. 올해는 정말 바쁜 한 해였어.

바로 그때, 출입문이 드르륵 하고 열리더니 한 여자가 두 명의 아이를 데리고 가게 안으로 들어섰습니다.

주인아주머니: 어서 오세요.

어머니: 저 … 우동 … 1인분만 시켜도 괜찮을까요?

주인아주머니: (환하게 웃으며) 네 … 네, 자, 이쪽으로. 여기 우동 1

인분이요!

주인아저씨: (일행 세 사람에게 눈길을 보내며) 네! 우동 1인분

주인아주머니: 자, 여기 우동 나왔습니다. 맛있게 드세요.

세 가족은 그릇 가득 담긴 우동을 식탁 가운데 두고 이마를 맞대고 오순도순 이야기를 나누며 맛있게 먹는다.

시로도 형: 국물이 따뜻하고 맛있네요.

동생 준: (젓가락으로 국수를 한 가닥 집어서 어머니의 입으로 가져

가며) 엄마도 잡수세요.

세 가족: (어머니가 150엔을 내며) 맛있게 먹었습니다.

주인 내외: 고맙습니다. 새해 복 많이 받으세요.

1년 후 다시 12월 31일 밤 10시가 지나 북해정은 가게 문을 닫으려고 하는데 체크무늬 반코트를 입은 한 여자가 두 명의 사내아이를 데리고 가게 안으로 들어섰습니다.

어머니: 저 … 우동 … 일인분입니다만 … 괜찮을까요?

주인아주머니: (작년과 같이 2번 테이블로 안내하며) 물론입니다. 어서 이쪽으로 오세요. 여기 우동 1인분이요!

주인아저씨: (주방 안에서 일행을 알아보고 막 꺼버린 가스레인지에 다시 불을 붙이며) 네엣! 우동 1인분

주인아주머니: 저 여보, 그냥 공짜로 3인분의 우동을 만들어 줍시다.

주인아저씨: (우동 반 덩어리를 더 넣으며) 안 돼요. 그렇게 하면 도리어 부담스러워서 다신 우리 집에 오지 못할 거요.

주인아주머니: (남편에게 미소를 지으며) 여보, 매일 무뚝뚝한 얼굴을 하고 있어서 인정도 없으려니 했는데 이렇게 좋은 면이 있었구려.

자, 여기 우동 나왔습니다. 맛있게 드세요.

세 가족: 아 … 맛있어요!

쥰: 올해에도 이 가게의 우동을 먹게 되네요.

시로도: 내년에도 먹을 수 있으면 좋으련만 …

어머니: (빙그레 웃으며 두 아들의 모습을 바라본다.)

주인 내외: (크고 따뜻한 목소리로) 고맙습니다. 새해 복 많이 받으세요.

— 중략 —

대본을 완성한 후 이 대본으로 자신들이 할 역할을 정하고 역할극 연습을 하였다. 조금 더 다듬어서 학예회 때 공연해도 될 것 같았지만 무대와 음악을 준비하는 등 진짜 연극에는 준비물이 더 필요하다는 것을 알게 되었다.

《우동 한 그릇》 온작품 읽기를 하고 난 후 한 줄 생각 쓰기

《우동 한 그릇》 온작품 읽기 학습의 마무리 활동으로 한 줄 생각 쓰기를 해 보았다. 온작품 읽기 학습 과정 중에서 가장 중점을 두고 한 활동이 책을 읽은 후 떠오르는 생각이나 궁금한 점을 서로에게 질문하고 대답하는 과정이었다. 그러한 과정을 통해서 서로 생각을 나누고 공감을 형성하고자 했다. 좋은 작품은 많은 사람들에게 긍정적 공감대를 형성한다. 이 한 줄 생각 쓰기로도 《우동 한 그릇》 역시 아이들에게 따뜻한 마음 나누는 것이었음을 확인할 수 있었다.

우동 한 그릇이 너무 소중하고 또 너무 슬프다
나도 우동집 주인아저씨와 아주머니처럼 착한 마음을 갖고 싶다.
준, 시로도, 엄마가 아빠의 교통 사고 빚을 다 갚느라고 고생한 것이
　　너무 힘들었겠다.

아빠가 안 돌아가셨더라면 이야기가 어떻게 되었을지 궁금하다.

나도 시로도처럼 키가 더 크고 싶다.

아빠가 돌아가셔서 힘들텐데 힘내어 살아가는 가족의 모습이 아름답다.

나도 서로 사랑이 넘치는 시로도, 준 같은 그런 가족이 되고 싶다.

나도 그런 어려움이 생길지라도 밝고 씩씩하게 자라고 싶다.

우동 한 그릇을 울먹이면서 만들면 눈물이 들어가서 정성으로 만들었다는 생각이 든다.

만약 내가 우동집 아주머니였다면 2인분을 줄 것 같다. 그리고 우리 가족도 준과 시로도네 가족처럼 사랑이 넘치는 가족이 되고 싶다.

아빠가 교통사고를 당해 돌아가시면서 남긴 빚을 온 가족이 힘을 합해 갚아나간 게 큰 일을 한 아이들인 것 같다.

나도 우동이 맛있는 집 가서 우동을 먹고 싶다.

재미있는 책 같고 우동을 먹고 싶은 생각이 든다.

시로도와 준이 엄마를 도와 주는 게 정말 놀랍다.

엄마를 도와드리는 게 훌륭하다.

나도 우동집 주인아저씨 아주머니처럼 남에게 친절을 베푸는 사람이 되고 싶다.

우동이랑 치킨이랑 같이 먹으면 맛있을지 궁금하다.

2번 테이블에 다른 사람들이 앉아 있으면 어떤 기분이 들지 궁금하다.

시로도와 준이 참 대단하다.

준과 시로도가 멋져요.

준이 매일 가족들의 저녁밥을 한 게 대단하다.

시로도가 신문 배달을 하다가 감기에 걸리거나 아프지 않아서 다행이다. 그리고 준도 저녁밥을 짓다가 화상을 입거나 다치지 않아서 정말 다행이다.

나도 다음에 우동집 같은 가게를 하게 되면 가난한 가족에게는 이 책의 우동집 주인처럼 돈 조금 받고 먹을 것은 많이 줄 것이다.

나도 시로도와 준처럼 엄마를 도와드리는 아들이 되고 싶다.

가난은 더 큰 성장의 디딤돌

'온작품 읽기'는 온전한 작품을 적극적으로 읽는 것이다. 이를 통해 자기 삶을 주체적으로 바라보며 함께 살아가는 사회 구성원으로서의 성장을 지향하는 교육방법이라 할 수 있다. 온전한 작품을 적극적으로 읽는 과정에서 교사와 친구들과 비판적이고 협력적인 자세로 서로의 생각을 주고받으며 자신의 생각을 넓혀 가는 것이다.

이러한 경험의 축적은 공동체 속에서 나는 어떻게 살아야 할지에 대한 물음을 찾아가는 과정으로 이어진다. 예술의 한 장르로서 문학의 본질은 삶의 한 단면을 보여 주는 것이고, 삶은 이야기이며 결국 문학작품을 읽는 것은 그 속에 담긴 이야기를 읽는 것이라 할 수 있다. 그러므로 '온전한 문학작품 읽기'를 하면 '삶 읽기, 삶 나누기, 삶 느끼기'를 교육의 내용으로 가져올 수 있다. 그래서 '온작품 읽기'는 자신의 삶을 들여다보고 타인의 삶을 바라보며,

결국 서로가 서로의 삶을 보듬는 아이들로 성장하게 만드는 마중물이 될 수 있다.

《우동 한 그릇》은 이런 아이들의 삶으로 이어지는 마중물이 되기에 아주 적합한 작품이었다. 책을 읽으며 자신과 같이 어린아이이며, 초등학교에 다니고 있으며, 비록 아빠는 돌아가셨지만 엄마와 형과 서로 돕고 사랑하며 살아나가는 모습을 통해 '삶 읽기'를 하고 자신과 비슷한 연령대의 아이들의 모습을 보면서 '삶 나누기'를 하고 그 과정에서 힘든 일을 겪어내며 성장하는 모습에서 '삶 느끼기'를 공감하는 것을 볼 수 있었다.

온작품 읽기의 목적이 아이들의 삶으로 이어지는 통로에서 아이들과 교류하고 공감하는 것이라면 《우동 한 그릇》은 그 목적을 충실히 달성하는 데 아주 적합한 작품이었다. 우리 전 세대도 읽었고, 우리도 읽고 있고, 우리 다음 세대도 여전히 이 책을 읽으며 공감을 느끼리라는 생각이 드는 고전이다. 처음에 2학년 아동들에게 그림책도 아니고, 삽화도 그다지 많지 않으며 글밥이 제법 많은 책이 어렵지 않을까 우려가 있었다. 그러나 고전이 줄 수 있는 큰 혜택이 그런 모든 제약을 뛰어넘으리라 생각했고 그 생각이 옳았다.

아이들은 책 속에 빨려드는 것 같았다. 우동 한 그릇과 가난한 세 모자, 요즘 우리 아이들에게는 낯선 광경이겠지만 충분히 상상이 가능한 것이고 각자 가족들의 모습을 생각하면서 공감을 불러일으킬 수가 있었다. 꿈과 희망을 가진다는 것, 가족끼리는 서로 돕고 아껴야 한다는 것, 약속은 꼭 지켜야 한다는 것, 나보다 어려운 사람에게는 어진 배품을 펼칠 수 있어야 한다는 것, 나의 작은 배려가 상대방에게는 큰 힘이 될 수도 있다는 것, 살아가면서 세시풍속을 따라 기념한다는 것은 멋진 삶의 과정이 될 수 있다는 것, 가난은 결코 부끄러운 것이 아니며 오히려 역경을 이기고 도전할 때 더 큰 성장을 가져올 수 있다는 것, 전통은 지켜 나갈수록 더 훌륭해진다는 것 등.

아이들이 말로 문장으로 표현하지는 못했지만 이 책이 주고자 하는 덕목을 고스란히 받아들이는 것을 느낄 수 있었다. 가난은 부끄러운 게 아니고 오히려 가난이 디딤돌이 되어 더 크게 성장하게 만드는 것을 풍요의 시대에 살고 있는 우리 아이들이 배웠으면 하는 바람을 가져 보았다. 또한 세상에서 가장 소중한 것이 가족의 사랑이고 그 사랑이 어려움을 이겨 내는 데 중요한 것임을 말로 표현하지는 못했지만 책을 통해 느끼는 것을 알 수 있었다. 이 책이 평생의 독서 습관을 가지는 데 '책은 정말 재미있고 좋은 것'이라는 느낌을 보태는 데 도움을 주었으면 하는 바람을 가졌다.

2부

중학년:

창의적으로
생각하며 읽기

4학년 신사(愼思, 신중하게 생각하기):
《세계를 바꾸는 착한 마을 이야기》

허지연

따뜻한 마을 공동체를 위한 어린이 책

따뜻하고 인간적인 마을에 대한 그리움

어릴 적 기억을 잠시 떠올려본다. 골목에는 항상 마을의 아이들이 가득했고, 얼굴을 보면 어느 집 사람인지 모두 알았다. 누구의 언니이고 누구의 동생인지, 부모님은 누구이고 어디에 사는지, 무엇을 좋아하고 무엇을 싫어하는지 … 우리에게는 '마을'이라는 확실한 울타리가 있었고, 그 울타리 안의 사람들은 서로 '우리 마을 사람'이라는 유대를 형성했다. 집에 부모님이 계시지 않을 때는 옆집에서 밥을 얻어먹기도 했으며, 여름이 되면 함께 마을 아이들이 뒷산에 모여 매미를 잡고, 겨울에는 골목에서 함께 눈사람을 만들었다. 이런 모든 것들이 자연스러웠다.

'마을'은 물리적인 범위의 의미를 넘어 그 속에 속해 있는 사람들의 문화와 관계까지 포함하는 개념이었다. 즉, 마을은 하나의

'공동체'였다. 마을 동(洞)이라는 한자가 '같은 우물을 쓴다.'는 뜻을 가진 형성문자라는 것을 알면 이러한 공동체적 특성을 더 잘 느낄 수 있다. 같은 우물을 쓰며, 서로 돕고 나누는 것이 바로 마을이었다.

하지만 요즘 사회에서는 이런 모습을 쉽게 찾을 수 없다. 골목 문화는 이미 사라진 지 오래이며, 아파트 엘리베이터에서 가끔 마주치는 사람들은 어색하기만 하다. 마을이 갖는 공동체적 의미는 점점 약해지고 있고, 이제는 의도적인 노력을 하지 않으면 공동체 문화를 접하기 힘들어졌다. '마을'이 가지는 의미는 이제 예전 같지 않으며, 물리적 범위로서의 마을이 존재할 뿐 그 안에서의 호혜적 관계에 기반한 공동체로서 마을의 가치는 찾아보기가 어려워졌다.

최근 교육계에서 '마을교육공동체'라는 말이 많이 회자되고 있다. 이는 학교를 둘러싼 마을의 구성원들이 교육에 대한 공동의 책임을 가지고 함께 협력하여 가는 것을 말한다. 이는 따뜻한 공동체의 회복에 대한 필요성에서 대두된 개념이라고 생각한다. 내가 근무하는 학교에서도 마을교육공동체 활성화를 위해 나눔장터, 팜파티, 대토론회와 다모임, 학부모 연수 등의 다양한 노력을 해 오고 있다.

우리가 살아가는 삶터로서 마을은 무한한 가능성을 가진 공간이다. 마을은 그 자체로 교육의 장이 될 수 있다. 마을은 세상의 축소판이기 때문이다. 그렇기에 생태교육도, 진로교육도, 인성교육도 마을에서 모두 가능하다. 교과교육 역시 마찬가지이다. 교과서 속의 지식이 마을로 나오면 학생들의 삶으로 녹아든다. 삶과 앎을 이어줄 수 있는 열쇠는 바로 마을에 있다.

이러한 마을이 가진 교육적 가능성에 대한 신뢰와 함께, 따뜻한 마을 공동체에 대해 다룬 책을 통해 학생들이 '우리 마을'에 대해 다시 한 번 생각해 볼 수 있는 기회를 제공하고 싶었다. 우리를 둘러싼 공간들, 그리고 그 속에 사는 사람들에 대한 관심과 애정을 가지게 하고 싶었다. 따뜻함을 잃어가는 마을에 따스한 숨을 불어넣고, 색을 잃어가는 마을에 제 빛깔을 찾아주는 일을 하도록 하고 싶었다. 그리하여 마을이 우리 아이들을 위한 따뜻한 울타리가 되기를 바라면서 말이다.

온작품 읽기로 풀어가는 재미있는 사회 공부

초등학생들과 이야기를 나누다 보면 아이들이 '사회' 과목을 많이 어려워한다는 것을 알 수 있다. 제일 싫어하는 과목을 뽑을 때면 사회는 항상 단골손님이다. 이유를 물어보면, "사회는 외울 게 많아요." 혹은 "사회는 어려워요."라는 대답이 돌아온다. 아이들에게 사회는 재미없고 어려운 '암기 과목'이라는 인식이 강하다. 사회 과목이 이러한 인식을 얻게 된 것은 사회과에서 다루는 내용이 방대하기 때문이기도 하고, 그것을 다루는 방식이 지식을 나열하는 백과전서식이기 때문이기도 하다.

학창 시절 사회 과목을 가장 좋아했었고, 대학교도 대학원도 '초등사회과교육'을 전공한 필자는 이러한 현실이 너무 안타까웠다. 사회 과목도 쉽고 재미있게 공부할 수 있다는 것을 알려주고 싶었다. "선생님, 사회 시간이 재미있어요."라는 말을 듣고 싶었다. 그렇다면 어떻게 사회 시간을 즐겁게 만들 수 있을까?

이에 대해 '이야기'가 해답이 될 수 있을 것이라는 생각이 들었다. 이야기를 듣는 것은 즐겁다. 외워야 할 필요가 없기 때문이다. 책을 읽을 때 외워야 한다는 의무감이 들면 흥미를 잃게 되는 경험을 누구나 해 본 적이 있을 것이다.

'온작품 읽기'는 주로 국어 교과를 중심으로 적용되는 경우가 많지만 이를 꼭 국어 교과에서만 적용하라는 법은 없다. 재미있는 이야기를 읽으면서 자연스럽게 사회 교과의 성취기준에 도달할 수 있다면 어떨까?

초등학교 4학년 2학기 사회 교과는 사람들이 사는 곳과 경제활동, 사회 변화 등에 따라 다양한 모습으로 생활하고 있음을 알고, 생활 모습의 차이와 변화로 발생하는 문제점과 해결 방안을 찾아 삶의 다양성을 존중하는 태도를 기르는 것을 중점적으로 다루고 있다.

특히 '1. 촌락과 도시의 생활 모습'과 '2. 필요한 것의 생산과 교환' 단원에서는 도시와 농촌의 특성과 문제점, 지역 간의 문화 및 경제 교류 등 '마을'과 연관 지을 수 있는 내용이 많이 등장한다. 교과서의 텍스트로만 학습하기보다는 '마을'에 대한 재미있는 이야기들을 통해 접근한다면 사회 시간이 조금 더 쉽고 즐거워질 것이라는 생각이 들었다.

창의적 사고를 자극하는 의식적인 독서: 신사

광주도평초등학교에서 적용하고 있는 독서 방법인 '일권오행'에서는 4학년에 '신사'를 통한 독서를 하도록 권고하고 있다. 일권오행 가운데 '신사'는 차분히 생각하는 것으로, 넓게 두루 읽는 '박학'과 깊게 질문하는 '심문'에 이어 의식적으로 읽으며 창의적인 사고를 일깨우는 독서법이다.

'의식적 읽기'는 메타인지와 관련이 깊다. 이를 위해서는 마인드맵, 브레인스토밍, 브레인라이팅, 육색사고모, 스캠퍼기법, 트리즈 등의 여러 가지 창의적 사고 기법을 활용하는 것이 좋다. 4학년 온작품 읽기 도서를 선정할 때 이러한 창의적 사고 기법들을 적용할 수 있는 책을 선택하는 것 역시 중요한 기준 중 하나였다.

특히 초등학교 4학년은 공간적 이해력이 확장되며 세계에 대한 관심이 느는 시기이다. '마을'에 대한 학습을 우리 시·도 혹은 우리나라에 한정시키지 않고 세계로 확장하는 것은 학생들의 호기심을 자극하고, 지리적 상상력을 기르는 데 도움이 될 것이라는 생각이 들었다.

현행 사회과 교육과정에서 내용의 범위와 계열은 기본적으로 환경확대법[1]의 적용을 받기 때문에, 4학년 사회 교과서에서 다루는 지역의 범위는 지역사회 혹은 국가에 한정되어 있다. 하지만 사회현상은 공간적 환경의 확대만으로 설명될 수 없는 복잡하고 다원적인 성격을 가지며, 특히 현대 정보화 사회에서는 원근의 판단 기준으로 물리적 거리보다 시간적 거리나 경험적 거리가 더 중요하게 작용할 수 있다. 그러므로 환경확대법의 경직된 적용은 오히려 역효과를 불러올 수 있다. 따라서 교육과정에서도 이 환경확대법을 탄력적으로 적용하여야 한다고 언급하고 있다.

이는 '메타인지'와도 관련이 된다. 한 나무의 특징을 알기 위해서는 그 나무를 자세히 들여다보는 것도 중요하지만, 조금 떨어져서 살펴보며 위치도 파악하고 다른 나무들과 비교해보는 것도 중요하다. '마을'에 대한 이해에서도 마찬가지이다. 자신이 사는 '마을'에 대해 더 잘 이해하기 위해서는 마을을 가까이에서 뜯어보는

---

1. 사회과 교육 내용의 범위와 계열이 학년이 높아지면서 환경(공간)을 확대하는 방식으로 구성하는 원리를 말한다. 즉, 학년이 높아지면서 교육 내용의 범위가 '가족→이웃→고장→지역 사회→국가→지구촌'과 같은 순서와 수준으로 자기 자신을 중심으로 가까운 곳, 손쉽게 경험할 수 있는 곳에서부터 시작하여 먼 곳으로 확장되는 내용 구성의 원리를 말한다.

것도 중요하지만, 멀리서 조망하는 것도 필요하다. 교과서가 다루고 있는 공간적 범위를 벗어나 다양한 스케일의 공간을 다루는 텍스트를 활용하여야 할 필요성이 여기에 있다.

그래서 사회 교과에서 '신사'의 적용을 위해 세계 여러 마을 이야기를 다룬 책을 선정하고자 하였다. 이러한 내용을 종합하여 볼 때, 4학년 2학기 온작품 읽기 도서를 선정할 때 중요하게 생각한 기준은 다음과 같다.

첫째, 따뜻한 마을 공동체 이야기가 있어야 한다.

둘째, 학생의 흥미를 유발하면서 사회과의 성취기준에 도달하도록 하는 이야기가 있어야 한다.

셋째, 신사(愼思)를 가능하게 하는 이야기가 있어야 한다.

이러한 의도에 부합하는 책이 바로 《세계를 바꾸는 착한 마을 이야기》였다. 이 책은 세계 곳곳의 일곱 마을 이야기를 담고 있다. '건물도 버스도 공원도 모두 환경을 생각한 생태도시 - 브라질의 쿠리치바', '서로 의지하며 살아가는 자급자족 마을 - 태국 푸판', '자연과 전통을 지키는 마을 - 일본 유후인', '가난한 자들을 위한 그라민 은행 1호점 마을 - 방글라데시 조브라', '세계 최초의 공정무역 마을 - 영국 가스탕', '함께 만들고 누리는 협동조합 마을 - 이탈리아 볼로냐', 그리고 '함께 키우는 육아공동체 마을 - 우리나라 성미산 마을'이다. 모두 어려움 속에서도 꿋꿋이 함께한, 따뜻한 공동체를 품은 마을들의 이야기이다.

각 마을 이야기는 그 마을에 사는 어린이들의 시선으로 그려진다. 이야기에서 어린이들은 구경꾼이 아니라 마을을 지키는 데 큰 역할을 하는 인물로 등장한다. 자신과 비슷한 또래의 어린이들이 들려주는 마을의 이야기는 아이들의 흥미를 불러일으키기에 충분할 것이라는 판단이 들었다. 또한 다양한 쟁점을 가진 세계의 여러 마을 이야기는 글로벌 시대를 살아가는 세계시민으로서 생각해 볼 거리를 많이 제공해주어, 창의성과 메타인지를 신장시키는 데 도움이 되며 나아가 글로벌 시민성을 기르는 데 보탬이 될 것이다.

온작품 읽기를 적용한 사회과 교육과정 재구성

온작품 읽기를 학교 교육과정에 적용할 때 가장 중요한 것은 교육과정을 어떻게 재구성하느냐이다. 교육과정 재구성이야말로 교사의 특성과 전문성을 드러낼 수 있는 가장 좋은 방법이다. 이는 학교와 학급, 그리고 교사의 상황에 따라 다양하게 이루어질 수 있다. 다만 중요한 것은 '성취기준'을 빠트리지 않는 것이다. 교과서 외의 텍스트를 활용하더라도 '성취기준'의 결손이 생기면 안 된다.

나는 사회과를 중심으로 한 온작품 읽기를 시도하고자, 사회과의 주요 성취기준을 중심으로 교육과정을 계열화하였다. 그리고 '신사'를 바탕으로 온작품 읽기 교육과정에 사회과의 주요 성취기준이 녹아들도록 활동을 고안하고, 자료를 마련하였다. 그리고 필요에 따라 다른 교과의 내용을 덧붙이는 방식으로 교육과정을 재구성하였다. 온작품 읽기를 적용한 단원은 4학년 2학기 사회 1, 2단원으로 주요 내용과 성취기준은 다음과 같다.

4학년 2학기 〈사회〉 주요 내용 및 성취기준

단원	주제	주제별 주요 내용	차시	차시별 학습 활동	성취기준
촌락과 도시의 생활 모습	단원 도입	단원 학습 내용 개관	1	단원 학습 내용 예상하기	
	1) 촌락과 도시의 특징	촌락과 도시의 공통점과 차이점을 비교하고, 각각의 문제점과 해결 방안 탐색하기	2	촌락의 종류와 특징 알아보기	[4사04-01] 촌락과 도시의 공통점과 차이점을 비교하고, 각각에서 나타나는 문제점과 해결 방안을 탐색한다.
			3	촌락의 모습 조사하기	
			4	도시의 특징 알아보기	
			5	도시의 모습 조사하기	
			6	촌락과 도시의 공통점과 차이점 알아보기	
			7	촌락문제를 해결하기 위한 다양한 노력 알아보기	
			8	도시 문제를 해결하기 위한 다양한 노력 알아보기	
			9	살기 좋은 촌락과 도시 만들어 보기	
	2) 촌락과 도시 간의 교류를 조사하고, 이들 사이의 상호 의존 관계 탐구하기	촌락과 도시 간의 교류를 조사하고, 이들 사이의 상호 의존 관계 탐구하기	10	교류의 뜻과 필요성 알아보기	[4사04-02] 촌락과 도시 사이에 이루어지는 다양한 교류를 조사하고, 이들 사이의 상호 의존 관계를 탐구한다.
			11~12	촌락과 도시의 사람들이 어떻게 도움을 주고받는지 알아보기	
			13	촌락과 도시가 교류하는 모습 조사하기	
	단원 정리	단원 학습 내용 정리	14~15	단원 학습 내용 정리 및 사고력 학습	

필요한 것의 생산과 교환	1) 경제 활동과 현명한 선택	단원 학습 내용 개관	1	단원 학습 내용 예상하기	[4사04-03] 자원의 희소성으로 경제 활동에서 선택의 문제가 발생함을 파악하고, 시장을 중심으로 이루어지는 생산, 소비 등 경제활동을 설명한다.
		자원의 희소성으로 나타나는 선택 문제와 생산과 소비의 의미 알기	2	선택의 문제가 일어나는 까닭 알아보기	
			3	현명한 선택이 필요한 까닭 알아보기	
			4	현명한 선택을 하는 방법을 알고 선택해 보기	
			5~6	생산과 소비의 모습 살펴보기	
			7	현명한 소비 생활을 하기 위한 방법 알아보기	
	2) 교류하며 발전하는 우리 지역	우리 지역과 다른 지역의 물자 교환 및 교류 사례를 보고 지역 간 경제활동이 밀접하게 관련되어 있음을 파악하기	8~9	우리 주변에 있는 상품이 어디에서 왔는지 조사해 보기	[4사04-04] 우리 지역과 다른 지역의 물자 교환 및 교류 사례를 조사하여, 지역 간 경제활동이 밀접하게 관련되어 있음을 탐구한다.
			10	경제적 교류가 생기는 까닭 알아보기	
			11~12	우리 지역의 다양한 경제적 교류 알아보기	
			13	다양한 지역의 대표 상품 알아보기	
		단원 학습 내용 정리	14~15	단원 학습 내용 정리 및 사고력 학습	

《세계를 바꾸는 착한 마을 이야기》를 활용한 사회과 교육과정 재구성

도서	차시	학습활동	사회과 1, 2단원 핵심 주제	관련 타 교과내용
도입	1	책 훑어보기 학습의 흐름 파악하기		
꽃의 거리에 간 꼬마 화가	2 도입	이야기 읽고 내용 파악 및 공감하기	도시의 특징 알아보기 도시의 모습 조사하기	
	3~4 전개	브레인라이팅 (도시 문제 해결하기)	도시 문제를 해결하기 위한 다양한 노력 알아보기	
	5~7 정리	우리 마을 안전 지도 만들기	살기 좋은 촌락과 도시 만들어 보기	[도덕] 우리가 만드 는 도덕수업 2. '나는 우리 동네의 영웅'
물꼬를 터라	8 도입	이야기 읽고 내용 파악 및 공감하기	촌락의 종류와 특징 알 아보기 촌락의 모습 조사하기	
	9~10 전개	월드카페 토의하기	촌락문제를 해결하기 위한 다양한 노력 알아 보기	
	11 정리	- 우리 마을 표어 짓기	촌락과 도시의 공통점 과 차이점 알아보기	[국어] 3. 바르고 공 손하게
아빠, 왜 인력거를 끌어?	12 도입	이야기 읽고 내용 파악 및 공감하기	교류의 뜻과 필요성 알 아보기	
	13~14 전개	육색사고모 토론	촌락과 도시의 사람들 이 어떻게 도움을 주고 받는지 알아보기	
	15 정리	HMW 활동	살기 좋은 촌락과 도시 만들어 보기	[도덕] 6. 함께 꿈 꾸는 무지개 세상
희망의 첫발 을 내딛다.	16 도입	이야기 읽고 내용 파악 및 공감하기	선택의 문제가 일어나 는 까닭 알아보기	

희망의 첫발을 내딛다.	17~18 전개	SCAMPER 활동 (가난한 사람들을 도울 수 있는 방법 생각하기)	현명한 선택이 필요한 까닭 알아보기	
	19 정리	우리 마을에서 본받고 싶은 인물 찾아보기	살기 좋은 촌락과 도시 만들어 보기	[국어] 6. 본받고 싶은 인물을 찾아봐요.
공정한 노동에 공정한 대가를!	20 도입	이야기 읽고 내용 파악 및 공감하기	경제적 교류가 생기는 까닭 알아보기	
	21~22 전개	공정무역 게임 동영상 보기 '어떤 물건을 선택 하시겠습니까?' 의사결정 학습지	현명한 선택을 하는 방법을 알고 선택해 보기 현명한 소비 생활을 위한 방법 알아보기	
	23~24 정리	원산지 퀴즈 공정무역 광고 디자인	우리 주변에 있는 상품이 어디에서 왔는지 조사해 보기 다양한 지역의 대표 상품 알아보기	
아빠의 비밀	25 도입	이야기 읽고 내용 파악 및 공감하기	생산과 소비의 모습 살펴보기	
	26~27 전개	PMI 토의하기	우리 지역의 다양한 경제적 교류 알아보기	[도덕] 4. 힘과 마음을 모아서
	28~30 정리	동네의 영웅 활동하기	살기 좋은 촌락과 도시 만들어 보기	[도덕] 우리가 만드는 도덕수업 2. '나는 우리 동네의 영웅'
램프 나와라 오버!	31 도입	이야기 읽고 내용 파악 및 공감하기	살기 좋은 촌락과 도시 만들어 보기	
	32 전개	우리 마을 사람들 별명 짓기 (오연법)		
	33~36 정리	우리 마을 소개 전시 열기		[미술] 2-(3)사진을 찍어요.
정리	37	학습 정리하기		

이처럼 사회 30개 차시의 수업에 도덕 4개 차시, 국어 2개 차시, 미술 1개 차시의 관련된 내용을 찾아 모두 37개 차시의 수업 시간을 확보하였다. 이를 일곱 마을 이야기의 순서에 맞게 재구성하여, 해당 차시를 학습할 때 빼먹지 말아야 할 사회과의 핵심 주제와 관련 다른 교과 내용을 추출하고, 학습활동을 계획하였다.

이렇게 해서 일곱 마을의 이야기를 3~4개 차시씩 다루었다. 첫 번째 차시는 도입 차시로서 함께 이야기를 읽고 내용 파악을 하며 이야기 상황에 공감하는 것을 주된 활동으로 하였다.

이어지는 전개 차시에서는 정약용의 일권오행 독서법 중 '신사'에 해당하는 다양한 창의적 사고 기법을 접목하여 학습활동을 진행하였다.

마지막 차시는 학생의 삶과 연계된 배움이 일어나도록 하기 위한 실천 차시로서, 배운 내용을 우리 마을의 상황에 맞게 적용해 보고 우리 마을을 따뜻한 공동체로 만들기 위한 다양한 아이디어를 내보는 활동들로 구성하였다. 즉, '세계를 바꾸는 착한 마을 이야기'를 활용한 사회과 온작품 읽기 교육과정은 '마을 가꾸기' 프로젝트를 품고 있는 프로젝트 학습이라고도 볼 수 있다.

세계 여러 마을의 이야기를 통해 사회과의 핵심 주제를 배운 후 우리 마을을 들여다보며 이를 내면화한다. 따뜻한 마을 공동체를 만들기 위한 과정에 아이들이 객체가 아닌 주체로 참여하도록 돕기 위한 시도이다.

창의적으로 생각하는 법을 키우는 수업

수업의 각 단계에서 사용할 수 있는 학습활동 혹은 기법을 소개하고자 한다. 먼저 이야기를 여는 도입 차시에서 사용하기 좋은 학습 방법으로 다음과 같은 것들을 소개한다. 이야기를 읽고 내용을 파악하고 공감하기 위해 보통 학습지나 퀴즈 등을 많이 이용하는데, 다음과 같은 방법을 활용하면 더욱 더 재미있고 풍성한 활동을 할 수 있을 것이다.

질문 만들기

질문은 정약용의 일권오행 독서법 중 '심문' 단계에서 주로 사용하는 방법이다. 질문을 하면 모르는 것을 알게 될 수 있고, 원래 알던 것도 더 명료하게 정리할 수 있다.

유대인의 하브루타 교육에서도 '질문'은 필수 요소이며, '질문'의 꼬리를 물며 생각을 이어가다 보면 스스로 깨달음을 얻게 된다고 한다. 우리 학교 학생들은 2~3학년 때 '하브루타 독서' 등 '심문'을 적용한 활동을 많이 해보고 4학년에 올라오기 때문에, 큰 시간을 들이지 않아도 쉽게 질문을 뚝딱 만들어 내곤 한다.

질문의 종류에는 다양한 것이 있을 수 있다. 이야기의 내용에 관한 사실적, 해석적 질문도 좋고, '등장인물에게 궁금한 점' 혹은 '만약에'로 시작하는 질문도 좋다.

질문에 대한 답을 직접 찾아도 보고, 짝에게 문제로 내기도 한다. 답을 꼭 찾아야 하는 것은 아니다. 그냥 질문만 만들어 보아도 좋다. 이 과정을 통해 학생들은 주어진 질문에 대해 정해진 답을 찾는 수동적 학습자가 아닌, 질문과 답 모두 직접 만들어 보는 능동적 학습자로서의 태도를 익히게 된다. 그러면서 이야기를 좀 더 깊이 이해할 수 있게 된다.

핫시팅(Hot seating) 기법

이 기법은 빈 의자를 놓고 구성원 중 한 명이 작품 속 주인공이 되어 의자에 앉아 청중의 질문에 대한 답을 하는 인터뷰 형태의 활동이다.

[그림 1] 핫시팅 활동

　의자에 앉은 사람은 최대한 이야기에 나오는 인물의 심정이 되어 보도록 한다. 이 기법은 이야기에 나오는 상황에 공감하는 능력을 길러준다. 최대한 감정이입을 해야 하기 때문이다. 그리고 책에 나와 있지 않은 질문에 대해서도 상상하여 답해야 하므로, 상상력을 기르는 데도 적합하다. 무엇보다 이 활동은 아이들이 매우 좋아한다. 서로 뜨거운 의자에 앉고 싶어 하므로, 모둠별로 나누어 진행하는 것도 좋은 방법이 될 수 있다. 질문 만들기 활동과 연계해서 진행할 수도 있다.

키워드 단어 10개 단어 뽑기

이야기를 읽고 키워드가 되는 단어를 뽑는 것은 이야기의 주요 내용을 간추리는 데 큰 도움이 된다.

중학년 학생들 중에는 간혹 줄거리 간추리기를 어려워하는 학생들이 많은데 키워드 단어를 뽑아 1분 말하기를 진행하면, 재미있고 쉽게 줄거리를 간추릴 수 있다. 키워드 단어를 뽑아 간단한 짝 토론을 진행하거나 단어 빙고 놀이를 해 볼 수도 있다. 10개의 단어를 생각하며 이야기를 읽으므로 읽기 활동에의 집중력도 더 좋아진다.

나는 이 방법을 쓰면서 학생들이 글을 읽고 요약하는 능력이 커지는 것을 몸소 느꼈다. 친구나 선생님이 뽑은 키워드 단어를 이미지로 생각하며 순서대로 외우도록 하거나, 키워드를 가지고 새로운 이야기를 만들어 내는 활동 등을 할 수도 있다.

다음으로 수업의 전개 차시에서 사용하기 좋은 창의적인 수업 방법들을 소개하고자 한다. 이야기의 내용을 파악한 후, 관련된 주제에 대해서 좀 더 깊게 생각해보고자 할 때 사용하기 좋은 방법들이다.

브레인라이팅

브레인라이팅은 창의적 사고 중에서도 확산적 사고를 돕는 기법으로 짧은 시간 안에 많은 양의 아이디어를 쓰는 것을 목적으로 한다. 이때 그 의견의 실현 가능성에 대한 판단은 잠시 미루도록 한다. 의견을 판단하는 것은 자칫하면 확산적 사고를 막는 가로막이 될 수 있다. 일단은 많은 양의 아이디어를 내어 생각을 확장하여 보고, 다음의 단계에서 그 적절성 여부를 판단하는 것이 좋다.

브레인스토밍에 비해 브레인라이팅은 불필요한 논쟁을 줄여준다. 또한 말하기에 익숙하지 않거나 자유로운 토론 경험이 부족한 학습자도 브레인스토밍을 통해 더 많은 아이디어를 생성할 수 있다.

월드 카페 토의

월드 카페 토의는 여러 가지 주제에 대해 많은 사람들이 의견을 공유하기에 적합한 토의 방법이다. 이는 사람들이 어떤 어려운 상황에서도 대처할 수 있는 지혜와 창의력을 지니고 있다는 가정을 기반으로 창안되었다.

토의하는 사람들이 소그룹으로 쪼개져 돌아가며 이야기를 나누는데 한 사람은(카페 주인)은 그 자리를 지키는 방식이다. 소규모 그룹 대화를 통해 지식과 지혜를 상호 공유하고 집단지성을 촉진한다.

카페 주인은 기록자, 발표자의 역할을 하며 다음 토론자들이 오면 이전 토론 내용을 설명한다. 모든 토론이 끝나면 각 테이블 카페 주인들은 정리한 내용을 요약하여 발표한다.

토론자들은 여러 주제가 설정된 테이블을 자유롭게 돌아다니며 주어진 시간 동안 앉아 있는 사람들과 이야기를 나눈다. 테이블을 이동할 때에는 방금 같이 앉았던 사람들과 3명 이상 겹치지 않도록 서로 자리를 양보한다.

월드 카페 토론의 장점은 한 개인의 의견이 전체에 전달된다는 점과 단일 시간과 공간에서의 발화량이 많다는 점, 그리고 다양한 사람들 의견을 들을 수 있으며, 학생 중심의 수평적 토론이 가능하다는 점 등이다.

육색사고모 토의

육색사고모 토의는 6명이 한 모둠이 되어 각자 하나의 색깔을 가진 모자를 썼다고 생각하고, 그 관점에서만 이야기를 해보는 토의 방식이다.

흰색 모자를 쓴 사람은 객관적인 관점에서 자료를 통한 사실 찾기에 주력한다.

빨간색 모자는 감정적, 직관적 관점에서 자신의 느낌과 감정이 어떠한지 왜 그렇게 느껴지는지 이야기한다.

검은색 모자는 부정적 관점에서 논리적인 비판을 한다. 어떤 어려움과 위험, 문제점과 주의 사항이 있는지 생각하여 이야기한다.

노란색 모자는 낙관적이고 긍정적인 관점에서 좋은 점과 실행 가능성에 대해 탐색하여 이야기한다.

초록색 모자를 쓴 사람은 창조적인 관점에서 새로운 아이디어와 창의적인 대안을 제시하는 데에 주력한다.

파란색 모자는 조절 및 통제자로서, 모든 의견을 듣고 종합하여 결론을 제시하는 역할을 한다.

이는 다양한 관점에서 깊이 생각하는 기회를 제공함으로써 단순한 브레인스토밍보다 더 체계적이고 창의적인 생각 기법이라 할 수 있다.

스캠퍼(SCAMPER)

스캠퍼(SCAMPER)는 창의적인 아이디어를 얻기 위해 의도적으로 시험할 수 있는 7가지 규칙을 의미한다. S=Substitute (기존의 것을 다른 것으로 대체해 보라), C=Combine (A와 B를 합쳐 보라), A=Adapt (다른 데에 적용해보라), M=Modify, Minify, Magnify (변경, 축소, 확대해 보라), P=Put to other uses (다른 용도로 써 보라), E=Eliminate (제거해 보라), R=Reverse, Rearrange (거꾸로 또는 재배치해 보라)를 뜻한다. 이는 막연한 주제에 대해서 창의적인 생각을 돕는 가이드라인이 될 수 있다.

PMI 토의

PMI는 P(Plus)는 장점, 긍정적인 점, M(Minus)는 단점, 고칠 점, 부정적인 점, I(interesting)은 흥미로운 점, 창의적인 점, 재미있는 점을 의미한다. 즉, PMI 토의는 인물이나 사건의 장점, 단점, 흥미로운 점을 생각해보는 토의 활동이다. 이는 활동지를 3칸으로 나누어 P, M, I를 각각 적게 할 수도 있고, 색깔이 다른 포스트잇을 활용할 수도 있다. 이는 토의를 할 때 생각의 틀이 되는 관점들을 구별하여 제시해줌으로써, 한 관점 내에서 심도 깊은 토의를 할 수 있게 해준다.

일곱 이야기별 생각과 토의·토론 수업

다음으로는, 이야기별로 '신사'의 창의적 사고 과정이 잘 드러나는 전개 차시의 수업과 이를 우리 마을에 적용하여 더 살기 좋은 곳으로 만들기 위한 정리 차시의 수업에서 인상 깊었던 내용을 소개하고자 한다.

〈꽃의 거리에 간 꼬마 화가〉: 도시문제와 안전 지도 만들기

이 이야기는 브라질의 환경 도시 쿠리치바에 대한 내용이다. 쿠리치바는 브라질 상파울로 서남쪽에 있는 도시로 이민자가 몰려오며 극심한 교통 체증과 환경오염으로 몸살을 앓게 되었다. 이에 건축가 출신인 자이메 레르네르가 1971년부터 세 번이나 시장에 당선되며 쿠리치바를 세계 제일가는 생태 환경 도시로 탈바꿈시켜 놓았다.

[그림 2] 우리 마을 안전 지도 만들기

이 이야기에서는 '도시문제'와 관련된 이야깃거리들이 많이 나오는데, 이에 대해 '브레인라이팅' 기법을 활용하여, '도시문제'에 대한 해결책을 내놓는 활동을 하였다.

브레인라이팅을 통해 학생들은 쓰레기 문제, 교통 문제, 인구문제, 안전 문제 등 도시의 각종 문제들에 대해 다양한 해결책을 내놓았다.

그리고 우리는 '안전 지도 만들기'를 통해 우리 마을의 문제를 직접 찾아보기로 하였다. 안전 지도 만들기는 학생들이 직접 자신의 마을을 돌아다니며 안전한 곳과 안전하지 못한 곳을 지도에 표시하는 활동이다. 이는 마을 탐방을 통한 체험적 학습으로 아이들의 흥미를 매우 많이 유발하였다.

우리 마을을 4개의 구역으로 나누어 팀별로 탐방하도록 하였으

[그림 3] 아이들이 만든 우리 마을 완전 지도

며, 학생 개개인별로 기록이, 촬영이, 면담이, 안전이, 길잡이 등의
역할을 정하여 팀 내에서 서로 협동할 수 있도록 하였다. 교사는 미
리 우리 마을의 위성지도를 큰 사이즈로 인쇄하여 준비해 두었다.

또 안전사고에 대비하기 위해서 사전 안전 지도를 철저히 하고,
광주시 아동여성 안전지역 연대와 어머니 폴리스의 도움을 받아
한 팀당 2명의 인솔단을 배치하였다.

이런 활동은 아이들이 그동안 눈여겨보지 않았던 마을 문제들
에 대해 돌아보는 계기가 되었다. 활동 후 소감 발표에서 많은 학
생들이 "우리 마을에 쓰레기가 이렇게 많은지 몰랐다.", "우리 마
을의 어디에 CCTV가 있는지 알았다.", "어디가 위험하고 어디가
안전한지에 대해 알았다.", "앞으로 쓰레기를 길에 버리지 않아야
겠다." 등의 생각을 밝혔다.

또한 안전 지도 만들기를 통해 학생들이 발견한, 건의 사항들을 시청에 직접 제출하면서 실천적 참여를 통한 민주주의의 경험을 느낄 수 있었다.

그 결과, 아이들이 발견한 문제 중 하나인 학교 교문 앞 작은 횡단보도에 차량 정지선이 없다는 것에 대해 시청에서 시정을 하였고 이는 아이들에게 또 하나의 뜻깊은 경험이 되었다.

〈물꼬를 터라〉: 자급자족 농민 공동체

이 이야기는 서로 의지하며 살아가는 자급자족 마을 태국 푸판에 대한 내용이다. 이 이야기에는 '농촌문제'와 관련하여 생각해 볼 거리들이 많이 들어있다.

푸판 지역은 태국 동북부에 위치하고 있는 농촌으로 대부분의 사람들이 가난하게 생활을 하였다. 이에 태국 정부는 농민들에게 숲에서 나무를 베어내고 카사바나 고무나무 등을 심도록 하였다. 그러면 가난에서 벗어나리라 여겼기 때문이다. 그러나 한 가지 생산량이 너무 많아 오히려 값이 떨어져 농민들의 삶은 더욱 힘들어졌다. 그러던 중 1987년 푸판 지역 5개 마을이 인펭네트워크의 도움을 받아 자급자족 마을로의 도약을 시작하였다. 인펭네트워크는 태국농촌재건운동의 영향을 받아 1987년 생겨난 자급자족의

[그림 4] 월드카페 토의 중

농민 공동체이다.

이 이야기를 읽고 월드 카페 토의를 진행하였다. 〈물꼬를 터라〉를 읽고 토의 할 주제로 다음과 같은 것들을 추출하였다.

- 자급자족을 하면 좋은 점은 무엇일까? 나쁜 점은 무엇일까?
- 귀농을 하는 이유는 무엇일까? 귀농을 장려하기 위한 방법에는 어떤 것이 있을까?
- 로드킬을 당하는 동물들을 보면 어떤 마음이 드는가? 어떻게 하면 로드킬을 줄일 수 있을까?
- 언제 도시와 농촌의 교류가 일어나는가? 왜 일어나는가? 교류의 종류에는 어떤 것들이 있을까?
- 우리 마을은 도시일까, 농촌일까? 어떻게 하면 우리 마을과 다른 마을의 교류를 더욱 활성화시킬 수 있을까?

〈아빠, 인력거를 왜 끌어?〉 : 자연과 전통을 지키는 마을

이 이야기는 자연과 전통을 지키는 마을 일본 유후인에 대한 이야기이다. 유후인은 일본 규슈 지역 오이타 현에 위치한 작고 아름다운 마을이다. 해발 1548미터의 유후산을 비롯하여 1000미터가 넘는 산들이 둘러싸고 있는 마을로 작은 온천이 많은 곳이다. 매년 400만 명이 찾을 만큼 유명한 관광지이기도 하다.

원래 유후인은 잘 알려지지 않은 산골 온천지대로 많은 마을 사람들이 일거리를 찾아 도시로 떠났다. 유후인에도 대형 리조트와 골프장 등의 개발 바람이 불었으나 '유후인의 자연을 지키는 모임'을 만든 마을 사람들은 결사적으로 반대하였고, 주민들 스스로 계획을 세워서 마을을 가꾸었다.

이 이야기에는 유후인에 살고 있는 마에다와 아이오라는 두 소녀가 등장하는데, 마에다는 삼촌이 살고 계신 도쿄를 동경하며 높은 건물 하나 없는 유후인을 부끄러워한다. 반면, 아이오는 유후인을 자랑스러워하며 엄마, 아빠가 운영하시는 민속 공방을 이어받을 거라고 한다.

이 이야기를 읽고, 두 소녀의 대비되는 생각에 대해 '육색사고모토의'를 진행하였다.

육색사고모 토의를 한 후, '우리 마을을 더 살기 좋은 마을로 만들기 위해 우리가 어떻게 ~해볼까?'라는 주제로 HMW 활동을 하

두 소녀의 대비되는 육색사고모 토의

모자 색깔별 관점	흰색 모자	빨간색 모자	검은색 모자	노란색 모자	초록색 모자	파란색 모자
	자료를 통한 사 실 찾기	나의 느낌과 감정/ 왜 그렇게 느껴지는 가?	어려움, 위험, 문제점과 주의점 탐색	좋은 점과 실행 가능성 탐색	새로운 관점에서 창의적인 방안 제시	모든 의견을 듣고 결론 제시
모자를 쓴 사람						
마에다처럼 도쿄에 갈 거야!						
아이오처럼 유후인에 남을거야!						
최종 결론						

였다. HMW는 디자인 씽킹에서 주로 사용하는 생각 기법이다. 이는 'How might we?'의 줄임말로 창의적 해결책을 유도하는 질문이다. How(어떻게)는 어딘가에 해결책이 있음을 암시해서 잠재 니즈를 발견하고 해결하는 데 필요한 창의에 대한 자신감을 얻게 한다. Might(해볼까)는 아이디어를 마구 꺼낼 수 있다는 의미

이다. 물론 좋은 아이디어일 수도, 아닐 수도 있지만, 어느 쪽이든 괜찮으며 그로부터 가치 있는 무언가를 배우게 될 것이다. We(우리가)는 창의적인 해결책을 찾기 위해 서로의 아이디어를 쌓아나가면서 함께 할 것을 시사한다. 이처럼 HMW의 구성요소를 하나하나 살펴보면 인간 중심, 낙관주의, 실험 중시, 협동 등의 속성을 알 수 있다.

HMW활동의 결과 아이들은 우리 마을을 좀 더 살기 좋은 마을로 만들기 위해 '마을 축제를 만들고 공연을 한다.', '마을 사진전을 연다.', '한 학년씩 봉사 학년을 정해 쓰레기를 줍고 마을을 가꾼다.', '벽화를 그린다.', '캠페인을 연다.', '마을 탐방로를 만들고 소개한다.', '바자회를 연다.' 등의 아이디어를 내었으며, 아이들이 생각한 아이디어들은 추후의 활동에 반영되었다.

〈희망의 첫발을 내딛다〉: 가난한 사람들에게 빌려주는 은행

이 이야기는 가난한 자들을 위한 그라민 은행을 만든 방글라데시 조브라 마을의 이야기이다. 조브라 마을 그 자체보다는 조브라 마을을 잘살게 하기 위해 노력한 '무함마드 유누스'라는 인물에 대한 이야기라고 볼 수 있다.

무함마드 유누스는 치타공 대학교 경제학 교수였다. 1984년 방글라데시에 큰 홍수가 난 후 수많은 사람들이 살아갈 곳을 잃고 배고픔에 시달리는 것을 보고 그는 학자가 아니라 한 인간으로서 가난한 사람들에게 실질적인 도움을 주고 싶어 하였다. 그래서 그는 조브라 마을에 큰 은행에서 자신이 보증을 서고 빌린 돈을 가난한 사람들에게 빌려주는 은행을 세웠다. 이것이 현재 방글라데시의 제일가는 은행으로 성장한 그라민 은행의 시초이다.

이 이야기부터는 경제 단원인 '2. 필요한 것의 생산과 교환'이라는 단원과 관련하여 교육 활동을 진행하였다. 이 이야기를 읽고, 학생들은 가난한 사람들을 돕는 방법이라는 주제로 '스캠퍼(SCAMPER)' 활동을 하였다.

어떻게 하면 가난한 사람들을 도울 수 있을까?		
SCAMPER 생각 기법		
S(substitute)	기존의 것을 다른 것으로 대체해 보라	
C(combine)	A와 B를 합쳐 보라	
A(Adapt)	다른 데에 적용해보라	
M(Modify, Minify, Magnify)	변경, 축소, 확대해보라	
P(Put to other uses)	다른 용도로 써 보라	
E(Eliminate)	제거해 보라	
R(Reverse, Rearrange)	거꾸로 또는 재배치해 보라	

그리고 국어 4-2 나, 6단원 '본받고 싶은 인물을 찾아봐요.'와 연계하여, 우리 마을에서 본받고 싶은 인물 찾아 글쓰기 활동을 하였다. 아이들은 엄마, 아빠, 오빠 등의 가족부터 마을에 있는 도예 공방의 장인, 빵집 아주머니와 경비 아저씨, 그리고 학교 안전 지킴이 할아버지 등의 인물을 찾아 감사의 마음을 표현했다.

〈공정한 노동에 공정한 대가를〉: 공정무역 게임

이 이야기는 세계 최초 공정무역 마을인 영국 가스탕에 대한 이야기이다. 가스탕은 산업혁명 때부터 노동운동을 해온 지역이며 매주 목요일이면 시장이 열리는 마을이다.

브루스 크라우더는 가스탕 마을의 수의사로, 가스탕 마을을 공정무역 마을로 만들기 위해 열심히 노력하였다. 가스탕 마을의 이야기는 경제활동을 할 때 현명한 선택에 대한 다양한 생각거리를 제공해준다. 현명한 선택이 무엇인지에 대한 지평을 확장해준다.

교과서에서는 현명한 선택에 대해 물건을 소비할 때 한 가지만 고려하는 것이 아니라 가격, 품질, 디자인, 필요성 등 여러 가지를 고려하여 기회비용이 가장 낮은 것을 선택하는 것이라고 다루고 있다.

하지만 공정무역처럼 '가치'의 문제가 들어가면 현명한 선택은 달라질 수 있다. 빈곤국 노동자의 희생으로 만들어지는 것이 아니라 공정하게 이익을 분배하는 상품이라면 조금 비싸더라도 혹은 조금 못 생겼더라도 이를 선택하는 것이 더 현명한 선택이 될 수 있지 않을까?

공정무역에 대해 알아보기 전, 학생들에게 미리 '어떤 물건을 선택하시겠습니까?'라는 의사결정 학습지를 나누어 주었다. 이 속에는 네 개의 초콜릿에 대한 정보가 담겨 있다. 초콜릿의 맛과 가격, 브랜드 인지도, 원산지, 희귀도 등이 담겨 있고 이에 대해 어떤 초콜릿을 선택할 것인지 의사결정을 해보도록 한다.

그리고 '공정무역 게임'이라는 동영상을 시청하였다. 사람 네 명이 나와서 '바나나'와 관련된 직업을 하나씩 맡고 그 역할을 대변해서 자신이 얼마 정도의 이득을 취해야 적절할지에 대해 예상하여 보는 게임이다.

이에 대해 게임 참여자들은 바나나 농부는 동전 4냥, 수입업자, 대형 마트 주인, 플랜테이션 주인은 7냥, 선적 처리업자는 5냥을 받는 것이 적절할 것이라고 예상하였다.

그러나 그들의 예상과는 다르게 실제 현실에서 이득 분배 구조를 살펴보니, 바나나 농부는 동전 1냥, 수입업자는 7냥, 대형 마트 주인은 13냥, 플랜테이션 주인은 5냥, 선적 처리업자는 4냥 정도의 이득을 얻고 있는 것으로 나타났다.

이를 보고 공정무역의 필요성에 대해 이야기를 나눈 후, 공정무역이 무엇이고 어떤 방식으로 나타나고 있는지에 대해 학습하였다.

그리고 처음 나누어주었던 '어떤 물건을 선택하시겠습니까?'라는 의사결정 학습지를 다시 보며, '네가지 초콜릿이 우리 손에' 오기까지의 과정과 이득 분배 구조가 담긴 이야기를 들려주었다.

어떤 초콜릿은 공정무역 상품이었고, 어떤 초콜릿은 불공정한 이득 분배를 하는 상품이었다. 다시 한 번 의사결정을 해보도록 한 후, 소비에 있어서 현명한 선택을 하기 위해 소비자로서 갖추어야 할 태도는 무엇인지에 대한 토의로 이어졌다.

그리고 우리 지역의 상품들이 어디에서 왔는지 조사해보고, '공정무역'을 알리는 광고를 디자인해 보도록 하였다. 아이들은 매우 호기심 가득한 눈빛으로 이 수업에 참여하였는데, 이 수업을 통해 세계시민으로서의 시민의식을 함양할 수 있는 기회가 되었기를 바란다.

〈아빠의 비밀〉: 협동조합 400개로 가장 부유한 마을

이 이야기는 함께 만들고 함께 누리는 협동조합 마을인 이탈리아 볼로냐에 대한 이야기이다. 이야기에 등장하는 베로니카라는 아이의 아버지는 볼로냐에서 토마토 농장을 운영하고 있다.

그런데 아버지는 과거에 볼로냐 역에서 노숙을 하던 노숙자였다. 그러던 중 노숙자 협동조합의 도움으로 농사 교육을 받아 농사를 짓기 시작하였고, 지금은 최고의 농부가 되었다.

볼로냐는 2차 세계대전 이후 이탈리아에서 가장 가난한 마을 중 하나였지만 지금은 이탈리아에서 가장 잘사는 마을이 되었다고 한다. 모두 협동조합 덕분이었다.

볼로냐에는 400여 개의 협동조합이 있는데 거의 모든 시민들이 하나 이상의 협동조합에 가입했을 정도라고 한다. 또한 협동조합의 협동조합인 '레가코프'가 다른 협동조합들에 도움을 준다. 볼로냐의 협동조합은 세계 경제가 어려워져도 끄떡없다. 레가코프의 도움도 한 몫 하지만 소득을 조합원들끼리 공평하게 나누고, 다른 협동조합들끼리도 서로 돕기 때문이다. 이 이야기를 읽고 PMI 토의를 진행하여, 다양한 관점에서 '협동'의 가치에 대해 생각해보는 기회를 가졌다.

〈아빠의 비밀〉을 읽고 장점, 단점, 재미있는 점을 말해 봅시다.	
P-Plus (장점, 긍정적인 점)	M-Minus(단점, 고칠점, 부정적인 점)
1.	1.
2.	2.
3.	3.
4.	4.
5.	5.
I-Interesting(흥미로운 점, 창의적인 점, 재미있는 점)	
1.	
2.	
3.	
4.	
5.	

〈램프 나와라 오버!〉: 공동육아에서 시작한 평등한 마을

이 이야기는 우리나라 성미산 마을의 이야기이다. 성미산은 서울 마포구에 있는 해발 66미터의 낮은 산으로, 성미산 마을은 행정구역은 아니지만 성미산 아래 살면서 뜻을 같이하는 사람들의 특별한 공동체이다.

이 마을은 아이를 함께 키우는 육아 공동체 마을로 우리 아이만 잘 키우는 게 아니라 모든 아이들이 우리 아이와 더불어 몸도 마음도 건강하게 자라기를 바라는 마음으로 탄생하였다.

천여 명이 살고 있는 성미산 마을에는 4개의 공동육아 어린이집과 12년제 대안학교인 성미산 학교가 있다. 그리고 마을 사람들의 친환경 먹거리를 책임지는 생협, 카페, 문화를 통해 소통하는 공간인 책방, 극장 등이 있다.

이 마을에서는 아이도 어른들에게 친구처럼 반말을 쓰며, 어른이고 아이고 할 것 없이 서로를 별명으로 부른다. 이 이야기 속 '램프'는 우재라는 아이의 엄마의 별명이다. 지태 엄마의 별명은 '비행기'이다. 어느 날 우재가 엄마를 잃어버려 울고 있자 마을 아이들은 "램프 나와라! 오버" 하면서 우재 엄마를 함께 찾아 주기 위해 마을을 돌아다닌다. 그러면서 만나는 마을 사람들은 모두 우재와 친구들에게 마치 자신의 아이를 대하듯이 약을 챙겨 주고 아이스크림을 사준다. 그리고 아이들은 그것이 아주 자연스럽다는 듯이 행동한다.

우리도 이 이야기를 읽고 우리 마을 어른들의 특징을 찾아 별명을 지어보기로 하였다. 이때 도움을 주기 위해 '오연법'이라는 생각 기법을 도입하였는데, 오연법은 시 짓기에서 쓰는 생각 기법으로 연결과 융합의 눈을 뜨게 하는 유사점 찾기의 한 방법이다. Form(형태와 모양), Feel(느낌), Symbol(의미), Act(움직임), Language(글자나 말) 다섯 가지의 유사점을 찾아 연결시켜보면 비유적인 표현이나 시적인 표현을 좀 더 쉽게 생각해낼 수 있다.

이를 통해 학교 앞 작은 카페 사장님은 '부엉이'라는 별명을, 안전 지킴이 할아버지는 '레고', 치킨집 아저씨는 'LTE', 분식집 아주머니는 '안녕'이라는 별명을 얻게 되었다. 어른들의 별명을 지어보는 것에 대해 아이들은 매우 흥미로워했다.

성미산에는 작은 나무 카페나 마을 극장, 개똥이네 책 놀이터 등 마을 주민이 아닌 사람들에게도 열린 공간들이 있다. 그리고 조금 더 성미산 마을을 자세히 들여다보고 싶은 사람들을 위해 성미산 마을의 '마을 탐방' 프로그램을 운영하고 있다. 매주 월요일과 화요일, 매달 둘째 주 토요일을 마을 방문의 날로 정해 놓았는데 마을을 찾는 손님들이 이메일로 방문을 신청하면 성미산학교, 어린이집, 생협 등 마을 이곳저곳을 안내해준다고 한다.

책에는 '성미산 마을, 걷고 싶을 지도'라는 그림지도가 나오는데, 우리도 이것처럼 우리 마을의 그림지도를 만들어 보고 우리

[그림 5] 마을 주민 인터뷰 중인 아이들

[그림 6] 학교 뒷산 탐방 중인 아이들

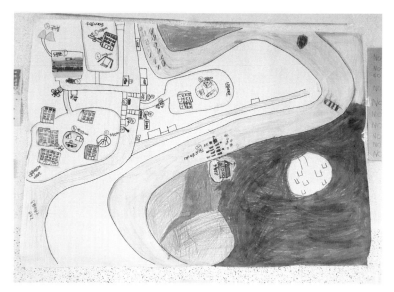

[그림 7] 우리 마을 그림지도

[그림 8] 우리 마을 소개 복도 전시

마을 탐방 프로그램을 만들어 보기로 하였다. 그리고 이를 소개하는 복도 전시를 열었다. 반 아이들이 돌아가면서 박물관의 큐레이터처럼 도슨트 투어도 진행하였다. 우리 마을에 대해 조사하고, 콘텐츠를 만들어 전시하고, 소개해주는 일련의 과정을 통해 학생들은 우리 마을을 되돌아보고 좋은 점을 발견하였으며, 아끼고 사랑하는 태도를 가지게 되었다.

　이 전시의 내용에 대한 아이디어는 모두 아이들이 생각해낸 것인데, 첫 번째 코너는 '우리 마을 사진전'으로 우리 마을에서 찍은 멋진 사진을 전시하는 코너이고, 두 번째 코너는 '우리 마을 핫플레이스 소개'라는 주제로 우리 마을의 볼거리, 먹거리, 즐길거리 등을 소개하는 장소 카드를 만들어 전시하는 코너로 구성하였다. 세 번째 코너는 '섬뜰 그림지도'로 우리 마을의 그림 지도를 전시하는 공간이며, 네 번째 코너는 '도평 100배 즐기기'로 우리 마을을 돌아보고자 할 때, 어떤 곳을 어떤 루트로 돌아보면 좋을지 마을 탐방로를 만들고 마을 마스코트를 만들어 소개하는 코너였다. 이 활동은 학생 주도의 활동이라서 더욱 의미가 있었으며, 직접 마을 이곳저곳을 탐방해보는 체험적 학습으로 아이들의 흥미도 및 집중도가 높았다.

수업이 다르듯 평가도 다르다

맨 앞에서 다룬 온작품 읽기 도서의 선정 기준 세 가지―① 따뜻한 마을 공동체의 모습이 담긴 이야기일 것, ② 학생의 흥미를 유발하면서 사회과의 성취기준에 도달하도록 하는 이야기일 것, ③ 신사(愼思)를 가능하게 하는 이야기일 것―는 곧 이 교육과정의 목표가 되었다고 보아도 무방하다. 이 교육과정을 통해 나는 학생들이 다음과 같은 목표에 도달하기를 바랐다.

첫째, 따뜻한 마을 공동체를 만들기 위한 마음가짐을 함양한다. 둘째, 사회과 1단원과 2단원의 성취기준에 도달한다. 셋째, 다양한 생각 기법을 익혀 창의적인 사고를 할 수 있다.

이에 대해 평가 기준과 방법을 다음과 같이 정하고, 교육과정을 진행하는 가운데 수시로 평가를 하였다. 평가라고 해서 점수를 매기거나 시험을 보는 것이라고 생각하면 오산이다. 정해놓은 목표에 잘 도달하고 있는지 수시로 상호작용하면서 체크하는 과정이 바로 평가라고 보면 된다.

따라서 평가는 각 차시의 끝에 이루어질 수도, 각 이야기의 끝에 이루어질 수도 혹은 각 단원의 끝에 이루어질 수도 있다. 요즈음 교육계에서 평가에 대한 관점이 결과 중심이 아닌 과정 중심으로 많이 변화하고 있다. 또한 그 방법에 있어서도 학교, 학생, 교사에 따라 다양한 평가가 이루어지고 있다. 같은 소재를 가지고도 반마다 수업 모습이 다 다르게 나타나듯이, 평가도 다양하게 이루어져야 한다. 특히 온작품 읽기처럼 재구성을 거친 교육과정의 평가는 기존의 획일적인 방법으로는 결코 할 수 없다. 이때 중요한 것은 교육과정-수업-평가의 일체화이다.

교육과정을 재구성하며 세운 목표를 수업에 녹여내고, 또 이것을 기준으로 평가를 해야 한다는 것이다. 나는 각 차시가 지날 때마다 다음의 평가 기준을 보며, 이번 수업에서 다음 중 어느 점이 부족했고 어느 점이 훌륭하였는지를 스스로 점검하며 다음 차시를 준비하였다. 학생에 대한 평가뿐만 아니라 교사 자신 그리고 수업 상황 전반에 대한 평가를 함께 한 셈이다.

평가 기준	■ 따뜻한 마을 공동체를 만들기 위한 마음가짐을 함양하였는가? ■ 촌락과 도시의 공통점과 차이점을 비교할 수 있는가? ■ 촌락과 도시에서 나타나는 문제점을 알고 해결 방안을 탐색하였는가? ■ 촌락과 도시 사이에 이루어지는 다양한 교류를 알고, 이들 사이의 상호 의존 관계를 탐구하였는가? ■ 다양한 자원의 희소성으로 경제 활동에서 선택의 문제가 발생함을 파악하고, 시장을 중심으로 이루어지는 생산, 소비 등 경제활동을 설명할 수 있는가? ■ 우리 지역과 다른 지역의 물자 교환 및 교류 사례를 조사하였는가? ■ 지역 간의 경제활동이 밀접하게 관련되어 있음을 알게 되었는가? ■ 다양한 생각 기법을 익혀 창의적인 사고를 할 수 있게 되었는가?
평가 방법	관찰평가, 면담, 포트폴리오 평가, 수행평가, 동료평가, 자기평가 등

4학년 신사(愼思, 신중하게 생각하기):
《아름다운 아이 줄리안 이야기》

류가애

1

아름다운 마음을 찾아서

교직에 들어선지 벌써 10여 년이 넘었다. 아이들에게 꿈과 희망을 키워주는 사명을 부여받은 아름다운 일이다. 보람도 있지만 힘든 일도 많았다.

학교생활을 힘들다 느끼는 가장 큰 이유는 바로 아이들 사이의 끊임없는 다툼 때문이다. 말다툼에서 때로는 신체 폭력으로까지 이어지는 상황을 보며 어떻게 하면 성난 마음을 유연하게 만들 수 있을까라는 생각을 하곤 했다.

학교교육에서 정말 중요한 것은 우리 아이들의 마음을 좀 더 따뜻하고 부드럽게 만들어주는 것이 아닐까. 말랑말랑한 젤리처럼 융통성 있고, 부드러운 솜사탕처럼 남을 포용할 줄 아는 마음이 커진다면 더 바른 사람으로, 더 멋진 어른으로 성장할 수 있으리라는 기대와 함께 말이다.

인공지능 시대가 도래하면서 기술 발전에 따른 여러 가지 우려가 있는 것이 사실이다. 기술 발달로 생활이 더욱 편리해졌지만 여러 가지 사회 문제를 유발하는 역기능도 간과할 수 없기 때문이다. 미래 사회를 대비하기 위해 우리 아이들이 갖추어야 할 것은 무엇일까? 기계와는 다른 인간 고유의 본질에 더욱 충실히 해야 하지 않을까?

지난 2014년 인성교육을 의무화하는 인성교육진흥법이 국회를 통과하였다. 이는 인성교육을 의무로 규정한 법으로 '인성교육'이란 자신의 내면을 바르고 건전하게 가꾸고 타인·공동체·자연과 더불어 살아가는 데 필요한 인간다운 성품과 역량을 기르는 것을 목적으로 하는 교육이라 명시되어 있다.

내면을 바르게 가꾸고 공동체 안에서 다른 사람과 더불어 살아가는 역량을 기른다면 학생들끼리의 다툼, 학교폭력, 다양한 학교 부적응 문제들이 자연스레 해소될 것이다. 인간다운 성품과 역량을 형성하기 위해서 무엇보다 마음 교육이 필요하다고 생각했다.

《자존감, 효능감을 만드는 버츄프로젝트 수업》이라는 책에 의하면 버츄란 인성(人性)이라는 마음 광산에 자고 있는 아름다운 원석들이고 그 원석이 깨어나 본래 지니고 태어나는 아름다운 성품이 드러나는 것이 미덕(美德), 즉 버츄(virtue)라고 했다.

그리고 그 아름다운 덕목을 깨우기 위해 꾸준한 교육 활동이 이루어진다면 우리 아이들은 모두 본래 지니고 태어나는 아름다운 성품인 미덕(美德)을 갖춘 사람으로 성장할 수 있다고 이야기

한다.

처음에는 어떻게 그런 일이 가능할까 싶었다. 아이들이 정말 미덕을 지니고 있을까. 교실 상황에 있다 보면 여러 가지 문제들이 발생한다. 분노에 휩싸여 순식간에 엉클어져 싸우는 모습들을 볼 때면 그 내면에 과연 아름다운 성품이 잠재되어 있을까라는 의구심이 들었기 때문이다.

그러나 아이들 내면에 있는 미덕을 믿어주는 버츄 프로젝트를 진행하면서 생각이 바뀌었다. 여러 가지 문제 상황에 필요한 미덕은 무엇일지 질문하고 답하며 해결해 나가는 과정을 겪으면서 아이들이 몰라보게 성장하였음을 느꼈다.

일단 3월 초와는 다르게 2학기 말에 들어서는 표정 자체가 편안하고 밝은 모습으로 변했다. 학급 내에서 소외되었던 아이들, 예를 들어 내성적인 아이가 자기 의사를 적극적으로 표현하는 아이로 바뀌었다. 그리고 알게 모르게 집단에서 소외되었던 아이가 친구들과 친밀하게 지내며 집단에 섞이는 변화가 있었다.

또한 학기 말에 제법 친구의 감정을 읽어 주기도 했다. 학급 내 의견 다툼이 발생할 때면 현명하게 해결하는 경우가 많아지는 것을 보며 아이들의 내면에 있는 미덕을 실제 느끼게 되었다.

함께 버츄 프로젝트를 진행했던 동료 교사들과 각 학급 내 긍정적인 변화들에 관해 이야기 나누면서 미덕의 힘을 더욱 실감하였다. 때로는 미덕이 잠자고 있어 모습을 드러내지 않는 친구들도 있었다. 다투고, 괴롭히고, 놀리는 문제들을 일으키는 경우가 있기도 했다.

그러나 미덕을 깨우는 교육 활동이 계속 이루어진다면 본래 소유한 아름다운 마음으로 인간다운 성품과 역량을 바람직하게 형성할 것이라는 확신과 믿음을 갖게 되었다.

온작품 읽기를 위한 도서를 선정하는 데 그 첫 번째 기준은 '인성교육에 도움이 될 만한 책인가?'였다.

《아름다운 아이 줄리안 이야기》는 장애, 편견 그리고 학교폭력 문제를 다룬다. 갈등 상황에 놓인 등장인물들이 그 문제들을 극복하고 해결하며 성장하는 내용을 기본 줄거리로 한다. 특히 주인공 줄리안의 내면 변화를 잘 나타내고 있는데 이를 통해 진정으로 추구해야 할 중요한 가치는 무엇인가에 대하여 생각할 거리를 제시한다. 게다가 장애와 편견이라는 주제를 다루고 있어 인성교육에서 핵심 가치인 타인을 이해하고 존중하는 덕목을 함양하는 데 도움이 될 만한 책이었다. 갈등 상황에 놓인 등장인물들이 사건을 해결해 나가는 모습을 바라보며 '나라면 어떤 마음이 들었을까? 그 상황에서 나는 어떻게 행동하였을까?'에 관해 학생 스스로 지속적인 물음을 던지고 그 답을 찾도록 유도하는 훌륭한 매개체가 되리라 판단했다.

더불어 온작품 읽기 도서 선정에서 중요하게 고려한 기준은 책에 대한 흥미도였다. 아무리 좋은 책을 선정하여도 학생이 읽기에 재미있지 않다면, 그 교육 효과가 감소한다. 흥미롭게 몰입해서 책을 읽을 때 감동하고 그 안에서 발견되는 교훈이야말로 아이들의 삶에 적용되어 살아 숨 쉴 수 있기 때문이다. 학생들이 온작품 읽기 활동에 몰입하여 스스로 책을 읽도록 독려하는 방법은 무엇인가. 말을 물가로 데려갈 수는 있지만 억지로 물을 먹일 수는 없다. 학생들에게 온작품 읽기를 위한 교육 환경을 조성하는 것은 대단히 어려운 일이며 동시에 매우 중요한 일이기도 하다. 이런 읽기의 자발성은 바로 흥미로운 책을 선정하였을 때라야 비로소 가능하다.

4학년 학생들에게는 《아름다운 아이 줄리안 이야기》에서 비슷한 또래가 주인공으로 등장한다는 것과 익숙한 장소 즉, 학교 내에서 이루어지는 일들을 담았다는 것이 흥미 요소로 작용했다. 사실 이 책은 아마존 베스트셀러 목록에 올라와 있기도 했던 만큼 독자 수가 많은 대중성이 있는 책이기도 하다. 많은 사람들이 찾아서 즐겨 읽는 책은 책 안에 그만한 힘이 있기 마련이다. 우리 반 학생들 역시 이 책을 좋아하였고 교사에게 책을 읽어달라고 요청할 만큼 흥미가 높았다.

게다가 이 책과 연관하여 1999년에 개봉되었던 영화 〈인생은 아름다워〉, 2017년 개봉작인 영화 〈원더〉를 학습 자료로 활용할 수 있다는 점도 흥미를 자극하는 요소가 되었다.

마지막으로 온작품 읽기 도서 선정에 고려되었던 기준은 교육과정 재구성에 용이한 텍스트 및 파생 독서 여부였다. 《아름다운 아이 줄리안 이야기》는 국어, 미술, 도덕, 창의적 체험활동 교과와 연계되는 재구성 관련 단원이 있었기 때문에 보다 쉽게 교육과정을 재구성할 수 있었다. 또한 각 등장인물의 시점에서 쓰인 네 권의 책(《아름다운 아이》, 《줄리안 이야기》, 《샬롯 이야기》, 《크리스 이야기》)이 한 세트로 되어 있어 파생 독서에 도움을 주었다. 실제로 학생들이 이 책들을 쉬는 시간이나 점심시간에 찾아 읽으며 독서에 몰입하는 모습을 관찰할 수 있었다.

창의성을 높이는 독서 방법

《한 권을 읽어도 정약용처럼》이라는 책을 보면, 읽기 방법으로 신사, 창의적으로 생각하기가 소개되어 있다. 이는 쉽게 생각하여 메타인지를 활용한 독서 또는 창의성을 높이는 독서법이라 하겠다. 여러 가지 창의적 사고 기법인 마인드맵, 브레인스토밍, 브레인라이팅, 육색사고모, 스캠퍼기법, 트리즈 등을 독서의 한 방법으로 접목시키는 것이다.

한편, 2015 개정 교육과정에서 지향하는 인재상은 바른 인성을 갖춘 창의융합형 인재이다. 바른 인성을 지닌 창의성이 있는 인재가 우리 교육이 추구하는 인간상인 것이다. 또한 '창의적 사고 역량, 심미적 감성 역량, 의사소통 역량, 공동체 역량'을 핵심 역량으로 제시한다. 이렇듯 온작품 읽기 도서 선정 기준인 인성교육과 더불어 창의성 교육을 중요하게 여기고 있음을 알 수 있다.

창의성이란 교육심리학 용어 사전에 따르면 '새롭고, 독창성을 가지며 유용한 것을 만들어 내는 능력' 또는 '전통 사고방식을 벗어나서 새로운 관계를 창출하거나, 비일상적인 아이디어를 산출하는 능력'을 일컫는다. 온작품 읽기의 방법으로 적용했던 차분히 생각하는 신사(愼思)는 사고 과정에서 새로운 생각을 끄집어내는 독서의 여러 가지 길 중 하나라 하겠다.

앞서 《세계를 바꾸는 착한 마을 이야기》에서 소개된 창의적으로 생각하는 방법에 덧붙여 실제 수업 상황에서 교수학습 방법으로 도입 가능한, 창의성을 신장시키는 사고 기법 몇 가지를 소개하고자 한다.

먼저 창의적인 사고 기법으로 쉽게 떠올릴 수 있는 것은 교육 현장에서 사용하고 있는 마인드맵(Mind-map)이다. 생각에 관한 지도로서 꼬리에 꼬리를 무는 생각 그물을 그림으로 표현하는 것을 말한다.

다음으로 브레인스토밍(Brainstorming)은 광고회사에서 아이디어를 생성하는 데서 유래되었다. 간단히 말하면 새로운 생각을 만들 때 떠오르는 모든 것을 꺼내어 놓는 방법이다. 학습활동 장면에서 적용 시 유의할 점은 꺼낸 생각에 대하여 비판을 해서는 안 된다는 것이다.

마지막으로 트리즈(TRIZ)는 러시아어인 Teoriya Resheniya Izobreatatelskikh Zadatch의 약자로 창의적 문제해결 기법을 말한다. 1940년대 소련의 과학자 겐리흐 알트슐레르 박사는 특허 20

만 건을 분석하였다. 그 결과를 바탕으로 창의적으로 생각하는 패턴을 40개의 원리로 압축하였고 창의성을 높이는 데 이러한 방법을 활용했다.

　온작품 읽기에 주요 학습 방법으로 창의적 사고 기법들을 사용하여 교육과정을 재구성하고자 노력하였다. 먼저, 인성교육 요소인 미덕(美德)을 교육과정 재구성을 위한 주요 흐름으로 잡고 재구성 관련 교과를 선정하였다. 일단 온작품 읽기에서 가장 중심이 되고 쉽게 접근할 수 있는 교과로 생각한 것은 국어 교과였다. 4학년 국어 교과에 따른 성취기준을 살펴보고 재구성 관련 단원과 주제를 추출하였으며 미술, 도덕, 창의적 체험활동 교과를 일부 활용하였다. 《아름다운 아이 줄리안 이야기》 온작품 읽기 활동은 모두 28개 차시로 재구성하였는데, 의미 있는 활동이 되도록 활동별 시간을 충분히 확보하고자 하였다. 다음 표를 참고하면 이해가 쉬울 것이다.

아름다운 아이 줄리안 이야기 교육과정 재구성

주제	단계	차시	활동 예시	관련 교과 내용
《아름다운 아이 줄리안 이야기》 미덕(美德) 세우기	미덕(美德)의 씨 뿌리기	1~6	《아름다운 아이 줄리안 이야기》를 읽고 마인드맵(Mind-map)으로 나타내기	국어. 독서 단원
		7~10	영화 〈원더〉를 보고 인물의 마음을 브레인스토밍(Brainstorming)으로 알아보기	국어. 10. 인물의 마음을 알아봐요.
	미덕(美德)의 싹 틔우기	11~12	《아름다운 아이 줄리안 이야기》의 등장인물에게 필요한 미덕(美德)을 브레인라이팅(Brain Writing)으로 살펴보기	도덕. 3. 아름다운 사람이 되는 길
		13~16	영화 〈인생은 아름다워〉를 보고 등장인물이 갖고 있는 미덕(美德)을 브레인라이팅(Brain Writing)으로 살펴보기	도덕. 3. 아름다운 사람이 되는 길
	미덕(美德)의 꽃 피우기	17~20	《아름다운 아이 줄리안 이야기》 속 문제 상황을 육색사고모(Six thinking hats)로 생각하여 필요 미덕(美德) 알아보고 제안하는 글 쓰기	국어. 8. 이런 제안 어때요.
		21~22	《아름다운 아이 줄리안 이야기》의 문제 상황을 해결하기 위해 필요한 미덕(美德)을 생각하여 월드 카페 토의하기	국어. 6. 회의를 해요.
	미덕(美德)의 열매 맺기	23~24	《아름다운 아이 줄리안 이야기》 문제 상황이 지금 나에게 발생한다면? 실천 미덕(美德) 탐색하여 트리즈(TRIZ) 기법으로 해결하기	창체. 자율. 창의적으로 생각해요.
		25~28	스캠퍼기법(SCAMPER)으로 뒷이야기를 상상하여 나만의 책 만들기	국어. 5. 내가 만드는 이야기 미술. 사람들과 미술을 나눠요.

아름다운 마음을 가꾸는 수업 이야기

2015 개정 교육과정 국어과에서 새롭게 도입되었던 부분은 독서 단원이다. 그동안 국어과 텍스트를 살펴보면 책 한 권을 온전히 담기보다 작품 중 일부분을 학습 자료로 사용하는 것이 일반적이었다. 때문에 작품이 주는 감동을 온전히 느끼기에는 한계가 있다는 사실이 지적되어왔고 이에 책 한 권을 온전히 다룰 수 있는 장치를 마련한 것이 바로 새롭게 도입된 독서 단원이다. 4학년 국어과 교과서에서 첫 부분을 보면 바로 이 독서 단원이 나온다. 우리 반 아이들은 독서 단원을 시작하며 《아름다운 아이 줄리안 이야기》와의 새로운 만남에 있어서 첫 단추를 꿰게 되었다.

《아름다운 아이 줄리안 이야기》 첫 페이지를 열며

먼저 국어과 교과서 독서 단원에 대한 도입으로 《아름다운 아이 줄리안 이야기》의 표지에 관한 생각을 나누었다.

"여러분은 《아름다운 아이 줄리안 이야기》의 표지를 보고 어떤 느낌이나 생각이 드나요?"

"입이 없는 것이 이상해요."

"표지에 그려진 얼굴이 줄리안 같아요."

"아니요. 줄리안은 아닐걸요."

"그런데 왜 눈은 파란색인지 모르겠어요."

"머리카락을 보니 줄리안은 여자일 것 같아요."

"아니에요. 줄리안은 남자일 걸요."

등 다양한 반응을 보였다.

책에 대한 호기심이 생기자 빨리 읽고 싶어 했다. 우리 반 친구들은 다른 사람이 읽어 주는 책을 좋아해서 일단 교사가 읽어 주기로 하였다. 인물에 따라 최대한 목소리를 변화시키고 때로는 작게 또는 크게 읽자 조용히 몰입하는 모습을 보였다. 중간 중간 모르는 낱말을 설명하고 다음에는 어떻게 되었을지 예상해보며 책을 읽어 나갔다.

일부 챕터는 소리 맞추어 함께 읽기도 하였고 개별 읽기를 진행하기도 하였다. 양이 꽤나 많아 읽는 것을 힘들어했지만 반 친구들과 함께, 또는 개별로 읽은 후에는 성취감을 느끼는 듯했다.

줄리안 엄마가 단체 사진에서 안면기형을 가진 어기 얼굴을 포토샵으로 지워 버리는 장면이 나왔다.

"만약 어기가 단체 사진에서 자기 얼굴을 포토샵으로 지운 사실을 알았다면 마음이 어땠을까요?"

그러자 아이들은,

"매우 속상했을 것 같아요."

"화가 났을 것 같아요."

"줄리안 엄마에게 벌을 주어야 해요."라고 말했다.

책의 마지막 부분에 드디어 줄리안이 어기에게 사과하는 장면이 묘사되었다.

어기에게

작년에 너에게 한 행동을 사과하고 싶어. 그동안 생각 많이 했어. 너는 그럴 일을 당할 아이가 아니었어. 돌이킬 수만 있다면 얼마나 좋을까. 그럼 너에게 더 잘해 줄 텐데. 네가 일흔 살이 됐을 때 내가 얼마나 못된 아이였는지 기억하지 않으면 좋겠다. 평생토록 잘 살기를.

줄리안으로부터

이 부분에서 특히 줄리안의 행동에 대해 어떻게 생각하는지 이야기를 나누었다.

"여러분은 줄리안이 어기에게 사과한 행동에 대해 어떻게 생각하나요?"라는 질문에,

"줄리안이 용기의 미덕을 발휘했어요."

"사과 편지 쓰는 것이 쉽지 않았을 텐데 대단해요."

"제가 줄리안이라면 줄리안처럼 사과 편지를 썼을 것 같아요."

"줄리안이 착해진 것 같아요."

등 다양한 생각을 들을 수 있었다.

[그림 9] 《아름다운 아이 줄리안 이야기》 마인드맵

책을 다 읽은 후, 인상 깊었던 내용과 장면, 주요 등장인물, 느낌 등 책을 읽고 생각나는 것들을 마인드맵으로 나타내었다.

독서 단원 후반부에는 마인드맵을 발표하고 피드백을 받는 시간을 가졌다. 실물화상기에 마인드맵을 놓고 책을 읽고 느낀 창의적인 생각 흐름을 저마다 발표하였다.

"저는 어기가 안면기형인 것이 떠올랐어요. 또 줄리안이 어기를 괴롭혀서 학교폭력이 생각났어요. 어기는 속상하고 화가 났을 것 같고요. 줄리안이 존중과 배려의 덕목이 있어야 해서 이렇게 마인드맵을 만들었어요." 친구의 발표를 꽤나 집중해서 열심히 듣는 모습을 볼 수 있었다.

마지막으로 포스트잇을 나누어주고 친구들의 작품에 대한 댓글을 쓰도록 지도하였다. 이때 잘된 점 위주로 칭찬할 것과 장난으로 피드백하지 않을 것을 강조할 필요가 있다. 그렇지 않을 경우 일부 학생들은 친구 작품에 관한 잘못된 점만 찾아서 장난식으로 피드백을 하기 때문이다. 아이들은 자유롭게 돌아다니며 작품을 감상하고 왜 이렇게 그렸는지 묻고 답했다. 그 후 포스트잇에 느낀 점과 칭찬을 써서 마인드맵 작품 하단에 붙여 주었다.

"선생님, 제 마인드맵이 어기 마음을 잘 나타낸 것 같데요."

"저는 다섯 번이나 칭찬을 받았어요!"

"마인드맵에 그림을 그려 넣으니까 더 알아보기가 쉬웠어요."

"선생님, ○○도 줄리안에게 존중의 미덕이 필요하데요. ○○마

인드맵이 제 생각과 비슷하고요. 아, 저도 친구를 존중해야겠어
요."

서로 피드백을 주고받으며 느낌과 생각을 공유하고, 그 과정 안
에서 뿌듯해하는 표정을 읽을 수 있었다.

〈인생은 아름다워〉 브레인라이팅!

주인공 줄리안의 할머니에 대한 스토리에서 독일군이 유대인
들을 잡아가는 장면이 등장한다. 유대인이었던 할머니는 어린 시
절 독일군을 피해 도망친다. 그리고 소아마비로 장애를 지닌 같
은 학교에 다녔던 남자아이, 뚜흐또의 도움으로 그의 집 헛간에
서 2년을 숨어 살게 된다. 독일은 '결함이 있는 사람'이라 하며 뚜
흐또를 잡아가고, 아우슈비츠 수용소에서 생을 마감하는 이야기
가 나온다.

작품에 묘사되었던 아우슈비츠에 관해서 학생들이 과연 얼마나
알고 있는지 궁금했다.

"여러분, 혹시 아우슈비츠를 들어봤나요?"

일부는 들어봤다고 하고 또 다른 아이들은 들어보지 못하였다
고 대답하였다.

아우슈비츠 강제 수용소에 대해 설명하면서 자연스럽게 제2차

세계대전으로 그 설명 범위가 넓혀졌다. 당시 시대 상황을 보다 쉽게 이해하기 위해 영상 자료가 적절할 것이라 판단하였고 영화 〈인생은 아름다워〉를 참고 자료로 활용하였다. 〈인생은 아름다워〉의 시대 배경 역시 제2차 세계대전과 유대인 학살을 다루고 있기 때문이다.

〈인생은 아름다워〉는 '귀도'라는 청년이 여주인공 '도라'를 운명처럼 만나 가정을 이루고 아들 '조수아'를 키우는 이야기로 문을 연다. 그러던 중 군인들에 의해 끌려간 조수아 가족은 갑작스레 수용소 생활을 시작하게 된다. 아들 조수아가 놀라지 않도록 아버지 귀도는 수용소 생활을 1000점을 모으면 진짜 탱크를 선물로 받는 일종의 게임이라 여기게 한다.

영화를 보면서 우는 아이들이 많았다. 특히 귀도가 독일군에 끌려가는 장면이 그랬다. 귀도는 죽음이 가까워 오고 있다는 사실을 알면서도 끝까지 조수아를 안심시키기 위해 노력한다. 아들을 향해 윙크하며 양팔을 힘차게 저으며 걸어가는 아버지 귀도의 마지막 모습에서 조용히 눈물을 훔치거나 흐느껴 우는 아이들을 볼 수 있었다. 나 또한 눈시울을 붉히며 남몰래 눈물을 닦기도 하였다.

영화 〈인생은 아름다워〉를 감상하고 느낀 점을 나누었다.

"〈인생은 아름다워〉를 보니 어떤 생각이 들었나요?"

"아버지 사랑이 느껴지는 따뜻한 영화 같아요."

"수용소에서 죽는 사람들이 너무 안타까웠어요."

"조수아가 엄마 도라를 만나서 다행이었어요."

"영화를 보고 나니 앞으로 부모님께 효도해야겠어요."

등 여러 의견을 나타냈다.

"그렇다면, 아버지 귀도는 어떤 미덕을 가지고 있을까요?"

아이들이 답했다.

"헌신의 미덕이요. 배가 고파도 아들을 위해 빵을 나눠주었어요."

"음 … 끈기와 인내의 미덕이요. 어려움을 이겨내고 집에 돌아갈 수 있다는 희망으로 수용소에서 끈기 있게 지냈어요."

"사랑의 미덕이요. 아들을 자기 목숨처럼 사랑했어요."

그 후, 영화 등장인물들이 가진 미덕에 대해 모둠별로 이야기 나누는 시간을 가졌다. 모둠원들끼리 자유롭게 서로 생각을 말하고 궁금한 것은 질문하고 답하며 배움 공책에 등장인물들이 가진 미덕을 떠오르는 대로 적는 브레인라이팅(brain writing) 활동을 진행하였다.

학생들은 도라에게서, 남편 귀도와 아들 조수아를 따라 수용소로 가는 기차를 탔다는 점에서 용기의 미덕을 찾았다. 또 남편 귀도를 진실하게 사랑해서 결혼했다는 것에서 진실함의 미덕과 아들 조수아를 위하는 사랑의 미덕을 찾았다. 더불어 조수아에게는, 아버지 말을 끝까지 믿었다는 것에서 신뢰의 미덕을, 조수아가 진짜 탱크를 받을 수 있다고 생각했다는 점에서 확신의 미덕을 찾았다. 또한 수용소에서 게임을 하듯이 지냈다는 것에서 기뻐함의 미덕 등이 있었을 것이라는 생각을 표현했다.

함께 나눔, 깊은 생각, 월드 카페 토의

《아름다운 아이 줄리안 이야기》를 읽고 난 후 특정 주제에 관한 심도 있는 이야기 시간이 필요하다고 생각했다. 이야기를 통해서 서로 생각을 나누고 느끼며 성장할 수 있기 때문이다.

"여러분, 어떤 주제에 관해서 이야기를 나누고 싶나요? 어떤 주제로 토의하면 좋을까요?"

"줄리안 엄마가 단체 사진에서 어기 얼굴을 지운 포토샵 사건이요. 그 사건이 가장 인상 깊었어요."

"저는 잭이 줄리안에게 주먹을 날렸던 것이요."

반 친구들과 함께 토의하고 싶은 주제를 포스트잇에 쓰고 그것을 칠판에 붙였다. 주제에 따라 분류하는 것을 어려워해서 교사가 옆에서 도움을 주었다. 우리 반 학생들은 포토샵 사건과 잭이 줄리안을 때린 신체폭력, 7학년 학생들이 아무 이유 없이 어기를 괴롭힌 사건, 어기를 놀리는 언어폭력 등에 대한 토의 주제에 관심을 표현했다.

월드 카페 토의에서 카페지기는 토의를 이끌고, 손님들은 토의

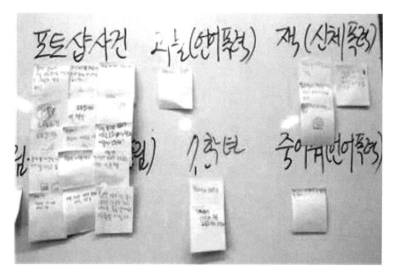
[그림 10] 월드 카페 주제 정하기

하고 싶은 주제가 있는 카페를 방문한다. 손님들은 동일한 주제에 관심을 갖는 다른 손님들과 이야기를 나누는 역할을 한다. 이때 카페지기에게는 몇 가지 주의 사항에 대한 지도가 필요하다. 첫째, 토의 주제의 문제 상황을 안내할 것, 둘째, 이야기 흐름이 끊기지 않게 왜(Why)를 붙여 계속 질문할 것, 셋째, 주제에 벗어나지 않게 토의를 이끌 것, 넷째, 우리 수업에 맞게 등장인물에 대한 마음을 살펴보고 문제 상황에 필요한 미덕에 대해 이야기 나눌 것.

교사가 시작종을 울리자 아이들은 저마다 본인이 나누고 싶은 주제의 카페를 찾아갔다. 잭이 줄리안에게 주먹을 날렸던 신체 폭력 사건을 토의의 주제로 삼았던 한 카페를 관찰하였다.

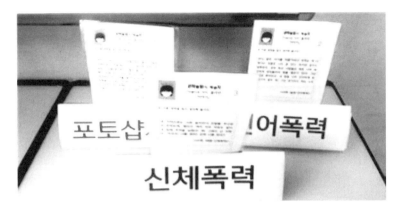

[그림 11] 월드 카페 토의 주제 팻말

"잭이 왜 줄리안을 때렸을 것이라고 생각해?" 카페지기가 물었다.

그러자 손님 중 한 명이 말했다.

"내 생각에는 잭이 어기를 괴물같이 나쁜 말로 놀렸을 거야. 그래서 어기와 친하게 지냈던 잭이 화가 나서 줄리안을 때렸다고 생각해."

"그런데 때려도 되는 걸까?" 또 다른 손님이 말했다.

"때리면 안 되겠지. 폭력은 나쁘지만 줄리안을 때려줘서 속 시원했어."

"줄리안은 어떤 미덕이 필요할까?" 카페지기가 질문했다.

"음 … 차별하지 않는 정의의 미덕!"

"내 생각에는 존중과 배려의 미덕이 있어야 할 것 같아." 등 손님들은 여러 생각을 표현했다.

"잭도 잘못하긴 한 것 같아." 또 다른 손님이 말하자, 그 옆에 손님은 "맞아. 화가 났다고 잭이 줄리안을 때린 것은 옳지 않아."의 반응을 보였다.

"그렇다면 잭은 어떤 미덕이 있어야 할까?"라고 카페지기가 묻자 손님 한 명이 "인내의 미덕이 필요하다고 생각해. 화가 나도 일단 참는 게 맞지."라고 답하는 모습을 볼 수 있었다.

교사는 토의 시간에 계속 교실을 돌아다니며 토의 상황을 모니터링 하였다. 토의 주제에 적합하지 않은 방향으로 이야기가 흘러가거나 질문이 계속되지 않고 중간에서 대화가 끊기는 경우 질문을 통해 토의가 잘 이루어지도록 도움을 주었다. 일부 카페를 제외하고는 대체로 토의 주제에 관해서 깊이 있는 대화를 나누는 것을 관찰할 수 있었다.

뒷이야기 상상하기

《아름다운 아이 줄리안 이야기》의 뒷이야기를 상상하여 꾸며 보기로 했다. 창의적인 아이디어로 상상의 나래를 펼치길 기대하며 말이다.

"여러분, 줄리안은 그 후 어떻게 되었을까요?"

"어기와 둘도 없는 친구가 되었을 것 같아요."

"줄리안이 어른이 돼서 아이를 낳았는데 그 아이가 어기처럼 안면기형이었고 그래서 어른 줄리안이 과거 자기 모습을 후회할 것 같아요."

"어기가 성형 수술을 해서 멋져졌을 것 같아요." 등 기발하면서도 다양한 의견이 나왔다.

다음으로 더욱 폭넓은 상상을 위해 스캠퍼기법(SCAMPER)을 적용한 질문으로 등장인물 또는 상황을 달리하여 뒷이야기를 상상하도록 유도했다.

스캠퍼기법(SCAMPER)을 적용한 질문

단계		질문 예시
S	대체하기(Substitute)	▪ 줄리안이 어기와 모습을 바꾼다면? ▪ 줄리안 엄마와 할머니의 성격이 서로 바뀐다면?
C	합치기(Combine)	▪ 어기, 잭, 줄리안이 처음부터 친구가 되었더라면?
A	적용하기(Adapt)	▪ 어기의 안면기형이 학교 또는 지역사회에 큰 도움을 주는 사건이 발생한다면?
M	수정하기 (Modify, Minify, Magnify)	▪ 줄리안 엄마가 현명한 성격이었더라면? ▪ 잭이 줄리안을 때릴 때 상처가 미미하였더라면? ▪ 줄리안이 2주 정학을 받지 않고 수련회에 참여하였더라면?
P	다른 용도로 생각해 보기 (Put to other uses)	▪ 안면기형으로 인해 학교생활 중 어기에게 유익한 상황이 자주 발생했다면?
E	제거하기(Eliminate)	▪ 줄리안이 어기의 안면기형에 대한 두려움을 느끼지 않았더라면? ▪ 줄리안이 전학을 가지 않았더라면?
R	거꾸로 혹은 재배치하기 (Reverse, Rearrange)	▪ 줄리안이 처음 어기를 놀리자마자 곧바로 어기에게 사과를 하였다면? ▪ 줄리안의 할머니가 뚜흐또를 만나지 않았다면?

스캠퍼(SCAMPER)기법 중 하나 혹은 두 가지 단계를 설정하고 그에 따라 뒷이야기를 자유롭게 꾸미도록 하였다. 이때 주의할 점은 등장인물의 죽음, 잔인한 이야기는 지양하고 장난으로 뒷이야기를 쓰지 않도록 지도해야 한다는 것이다. 그렇지 않을 경우 모든 등장인물이 죽는다는 설정을 하거나 재미를 위해 잔인하게 이야기를 만드는 경우가 왕왕 있기 때문이다.

뒷이야기를 상상한 후에는 미술 교과와 연계하여 나만의 아름다운 아이 줄리안 이야기 책을 만들었다. 모두 집중하여 즐겁게 책 만들기를 하였고 활동 끝자락에는 완성된 이야기책을 서로 둘러보며 피드백을 주고받는 시간을 가졌다.

아름다운 나, 너, 우리를 기대하며

《아름다운 아이 줄리안 이야기》라는 책 한 권을 온전히 읽어 보기
위해 교육과정을 재구성하고 창의성을 높이는 데 도움을 주는 활
동을 진행하였다. 온작품 읽기 과정으로 학생들에게 어떠한 변화
와 성장을 기대해야 할까? 누구나 책을 통해 삶의 교훈을 얻고 이
를 삶에 반영하기를 바랄 것이다. 또한 삶의 방향을 주체적·자율
적으로 올바르게 설정하고, 전인적인 발달을 기반으로 미래 사회
를 이끌어나갈 창의적인 역량을 갖추기를 바랄 것이다. 나 또한
막연히 아이들이 그렇게 변화하기를, 그리고 성장하기를 소망했
던 것 같다.

한편, 교육과정-수업-평가의 일체화란 교육과정, 수업, 평가를 따
로이 인식하는 기존의 분절된 교육 관점을 탈피하는 것을 의미한
다. 이는 학생 중심의 실질적인 배움과 성장의 토대를 구축하는 유
기적이고 통합된 일련의 교육 활동으로 교육의 본질을 추구한다.

《아름다운 아이 줄리안 이야기》온작품 읽기 평가도 이와 동일한 맥락에서 진행되었다. 평가 과제로《아름다운 아이 줄리안 이야기》를 읽고 마인드맵(Mind-map)으로 나타내기, 영화 〈원더〉를 보고 인물의 마음을 브레인스토밍(Brainstorming)으로 알아보기, 《아름다운 아이 줄리안 이야기》의 등장인물에게 필요한 미덕(美德)을 브레인라이팅(Brain Writing)으로 살펴보기, 영화 〈인생은 아름다워〉를 보고 등장인물이 갖고 있는 미덕(美德)을 브레인라이팅(Brain Writing)으로 알아보기, 《아름다운 아이 줄리안 이야기》에 나오는 문제 상황을 육색사고모(Six thinking hats)로 생각하여 필요 미덕(美德) 살펴보고 제안하는 글쓰기, 《아름아운 아이 줄리안 이야기》의 문제 상황을 해결하기 위해 필요한 미덕(美德)을 생각하여 월드 카페 토의하기, 《아름다운 아이 줄리안 이야기》의 문제 상황이 지금 나에게 발생한다면? 실천 미덕(美德) 탐색하여 트리즈(TRIZ) 기법으로 해결하기, 스캠퍼(SCAMPER)기법으로 뒷이야기를 상상하여 나만의 책 만들기를 설정하였다. 그리고 관찰, 구술, 토의·토론, 포트폴리오, 자기평가, 동료평가 방법으로 개괄적 학습 수행 정도를 파악하였다.

평가에 대한 쉬운 이해를 돕기 위해 보다 구체적인 자기평가 사례를 소개하고자 한다. 교육과정을 재구성하면서 국어 독서 단원에서 책에 관하여 마인드맵으로 표현하고 감상했다. 수업목표는 '《아름아운 아이 줄리안 이야기》에 대한 생각이나 느낌을 마인드맵으로 표현하고 나눈다.'였다. 아이들은 피드백을 주고받으며 건설적인 생각과 느낌을 나누고 책의 내용을 보다 깊게 파악하였다. 그러나 부족한 부분을 확인하고 다시 배우기 위하여 어느 정도 수행이 이루어졌는지 짚어보는 과정이 필요했다. 그래서 6차시에 스스로 학습활동을 점검하는 자기평가 시간을 가졌다. 국어 교과 읽기 영역에서 수업목표와 관련된 성취기준을 선택하고 3단계 평가 단계를 설정하였다. 상세한 내용은 다음 표와 같다.

과정 중심 자기평가

[4국02-05] 읽기 경험과 느낌을 다른 사람과 나누는 태도를 지닌다.	열매	나는 《아름다운 아이 줄리안 이야기》를 읽고 얻은 생각이나 느낌을 마인드맵에 잘 표현하고 다른 사람과 적극적으로 나누었다.
	꽃	나는 《아름다운 아이 줄리안 이야기》를 읽고 얻은 생각이나 느낌을 마인드맵으로 표현하고 다른 사람과 나누는 태도를 지녔다.
	새싹	나는 《아름다운 아이 줄리안 이야기》를 읽고 얻은 생각이나 느낌을 마인드맵에 표현하지 못하여 다른 사람과 나누기 어려웠다.

《아름다운 아이 줄리안 이야기》에 관한 온작품 읽기 활동으로 많은 변화들이 있었다. 학생들은 책 안의 상황을 현실과 맞대어 비교할 줄 알게 되었다. 또한 스스로 행동을 되돌아보고 점검하며 문학적 감수성을 키워 나갔다. 진정한 아름다움은 무엇일지에 대한 물음을 던지며 내면을 보다 아름답고 건강하게 가꾸기 위해 갖

추어야 할 미덕(美德)에 대해 생각하였다. 그리고 이러한 미덕을 생활 속에서 실천하는 동시에 실제적 가치를 삶에 적용하였다. 더불어 창의적인 사고 기법으로 공상과 상상 세계를 경험하였고, 신중히 깊게 생각하는 신사(愼思)로 메타인지를 자극하기도 하였다.

《아름다운 아이 줄리안 이야기》는 학생들 내면의 아름다운 마음을 일깨우는 데 도움을 주는 징검다리와도 같은 역할을 했다. 이 책을 읽으며 교사로서의 미덕(美德)에 대해 다시금 생각하고 반성하였다. 교사로서 부족함을 살피고 꾸준한 연찬으로 나 또한 성장하기를 희망하며, 더욱 더 변화하고 성장해 나갈 우리 아이들의 밝은 미래를 기대해 본다.

3부

고학년:

생각을 나누며 삶에
적용하는 읽기

6학년 명변(明辯, 명백하게 분별하기):
《곁에 두고 읽는 탈무드》

황의찬

교훈과 감동을 주는 단편집

'온작품 읽기'란 한 권의 책을 선정하고 이를 다양한 교과와 연계하여, 수업 시간에 책 한 권을 온전히 다 읽는 교육 활동을 말한다. 수업 시간에 배우는 교과서에는 작품의 일부분만 수록되어 있어 학생들은 이야기 전체를 읽지 못한다. 이 때문에 학생들은 작품에 대한 흥미를 잃게 되고 책에 대한 '몰입'을 경험하지 못한다. 그래서 수업 시간에 책 한 권을 온전히 읽을 수 있도록 '온작품 읽기'가 도입되었다.

교육과정의 틀을 세운 후에는 학년 수준에 맞는 책을 선정해야 한다. 책을 선정할 때 가장 중요한 기준은 '학생들이 책에 대한 흥미가 높고 재미를 느끼는가?'이다. '온작품 읽기'의 궁극적인 목적은 학생들이 온전히 한 권의 책을 읽으면서 책에 대한 재미를 느끼고 능동적인 독서로 이어질 수 있도록 하는 것이다. 책에 대한 재미를 느낀 친구들은 스스로 책을 찾아 읽게 되어 자발적인 독서가 가능해진다.

우리 학교에서는 2017년부터 변화의 흐름이 있었고 온작품 읽기 활동이 시작되었으며 2018년에는 본격적으로 '온작품 읽기'를 실행하였다. 하지만 첫해에는 책 선정에 실패해서 학생들이 책에 흥미를 느끼지 못했다. 첫해에 실패했던 이유는 '인문고전에 대한 집착'이었다. 고전을 읽어야 한다는 강박관념에 학생들의 수준에 맞지 않는 책을 선택했다. 이로 인해 학생들로부터 '책이 너무 어렵다.'라는 이야기를 들었다. 그때의 기억이 되풀이되지 않기 위해 책 선정에 심혈을 기울였다.

이러한 기준에 맞게 1학기에 선정된 책이 《빨강 연필》, 2학기에 선정된 책이 《곁에 두고 읽는 탈무드》였다. 여기서 다루게 될 책은 2학기에 선정된 《곁에 두고 읽는 탈무드》이다. 이 책은 탈무드의 교훈을 6학년 학생들의 수준에 맞게 재구성하였다. 오랜 세월 동안 읽힌 '인문 고전' 작품으로 교훈과 감동을 준다는 장점이 있다. 그리고 책 한 권에 여러 이야기가 단편으로 들어있어 분량에서 오는 부담감을 덜 수 있었다. 책 읽기 수준이 낮은 학생부터 높은 학생까지 모두 쉽게 이해하고 공부할 수 있었다. 온작품 읽기 수업이 끝난 후 교사 간 수업 나눔의 시간을 갖고 '책 선정의 적절성'에 대하여 이야기를 나누었다. 학생들이 교훈과 감동을 느껴서 좋았고, 책의 내용이 어렵지 않아서 쉽게 읽을 수 있다는 것이 주된 의견이었다.

덕목의 의미를 찾기 위한 교육과정 재구성

수업은 도덕, 국어, 미술, 창의적 체험활동을 중심으로 23개 차시로 구성되었다. 수업 시간마다 탈무드의 이야기 중에서 일부를 발췌하여 도덕 교과와 연계하여 덕목의 의미를 탐색했다. 그리고 국어 교과와 연계하여 탈무드에서 말하는 주장의 근거가 타당한지 살펴보고 토론 주제를 정하여 토론하고 깊이 생각했다. 이러한 단계는 정약용의 '일권오행'(一券五行) 중 '명변'이다.

순	교과	단원	차시	학습 주제	쪽수	비고
1	도덕	5. 배려하고 봉사하는 우리	1-2	덕목(배려, 사랑)의 의미 알아보기		명변
2	국어	3. 적절한 근거	3-4	주장에 대한 근거가 적절한지 판단하는 방법 알기	52~58	명변
3			5-6	주장에 대한 근거가 적절한지 판단하며 글 읽기		명변
4			7-8	적절한 근거를 마련하여 주장이 드러나는 글쓰기		명변

순	교과	단원	차시	학습 주제	쪽수	비고
5	도덕	5. 배려하고 봉사하는 우리	9-10	토론하기		명변
6	국어	6. 타당한 주장	11-12	연설문의 특징 알아보기	128 ~134	명변
7			13-14	연설을 듣고 주장의 타당성을 판단하는 방법 알아보기	135 ~137	명변
8			15-16	연설문 쓰기		명변
9			17	연설문 듣고 주장의 타당성 판단하기		명변
10	미술		18	초바시 캠페인 영상 만들기 _콘티 제작		독행
11			19-20	초바시 캠페인 영상 만들기 _연설문 넣어 영상 제작 준비		독행
12	창체		21-22	초바시 캠페인 영상 만들기 _연설문 넣어 영상 제작하기		독행
13	도덕	5. 배려하고 봉사하는 우리	23	소감 공유하고, 실천 다짐하기		독행

　이를 바탕으로 국어 교과와 연계하여 '삶에 어떻게 적용할지' 생각해 봤다. '행복한 학교를 위해서'라는 주제로 연설문도 썼다. 그리고 미술 교과와 연계하여 학교 캠페인 활동인 초바시(초등학교를 바꾸는 시간) 활동으로 연설문 영상을 직접 제작하고 이를 학교 학생 전체를 대상으로 발표하였다. 이는 정약용의 '일권오행(一券五行)'중 '독행'에 해당된다.

3

밝게 판단하기 위한 토의·토론 수업

토의·토론 수업을 효과적으로 하려면 사전에 토의·토론에 대한 훈련이 이루어져야 한다. 이를 위해서는 최소한 '한 달' 동안 토의·토론 훈련을 교사와 학생이 함께해 나가야 한다. 그리고 교사가 이 기간을 버텨내기 위해서는 토의·토론을 즐겨야 하며, 교육적인 의미를 발견해야만 한다. 다시 말해, 교사가 토의·토론이 교육적으로 효과가 높고 이것이 아이들의 삶에 의미 있다는 교육철학이 있어야만 실행할 수 있다.

현재 6학년 학급에서는 학생들과 토론 과정을 연습하기 위해서 1개월의 연습 기간을 거쳤다. 특히 작년 5학년에서는 정약용의 '일권오행(一券五行)'중 '명변'(밝게 판단하기)을 중심으로 교육과정을 재구성하였다. 이때 가장 적합한 수업 방법이 토의·토론이라 생각하였다. 이를 1년간 충분히 연습했기 때문에 학생들은 토론에 대하여 거부 반응이 없었다.

창의적인 독서 토론 교육을 위한 준비 사항

교사와 학생이 토의·토론을 원활하게 하려면 토론하기 전 글쓰기를 통해 주장에 대한 생각을 정리해봐야 한다. 이 활동을 위해 토론 게시판을 만들어 운영할 수 있다.

토의·토론 수업에서는 학생들이 토의·토론 주제에 대하여 수업 전에 미리 고민해 보지 않는다면 수업을 원활히 진행할 수 없다. 실제로 사전 토의 경험에 따라 학생들의 토론 참여도와 수준 차이가 나타남을 경험했다. 그리고 사전 토의·토론을 하게 되면 서로의 생각을 자유롭게 공유할 수 있고 자신의 주장에 대한 근거 자료나 반박 자료를 미리 찾아보고 링크를 통해 공유할 수 있는 장점이 있다.

학생들이 토론 논제를 정하고 그 논제에 대하여 자신의 의견을 인터넷 게시판에 자유롭게 게재한다. 이때 댓글을 활용하여 반박하는 연습을 해본다면 '반론하기' 단계를 미리 연습할 수 있다. 그리고 사전 토론 진행할 때 판정단을 선발하여 진행하면 학생들이 네티켓을 지켜가며 사전 토의에 임할 수 있다. 이때 판정단이 적절한 보상을 한다면 사전 토의가 원활하게 이루어질 것이다.

주장하는 글쓰기(6단 논법 활용)

토의·토론 진행 시 학생들의 생각을 먼저 정리하고 수업에 참여한다면 말하기를 잘할 수 있다. 실제로 글쓰기와 말하기는 언어 사고 과정 중 이해한 내용을 적용하는 과정으로 같은 과정에 속한다. 따라서 글쓰기를 통해 자신의 주장을 정리하는 연습을 한 후에 말하기를 연습한다면 학생들은 토의·토론을 잘해낼 수 있다. 이를 위하여 독서 토론 전 생각 정리 방법을 구체적으로 소개하려고 한다.

첫 번째, 논제 파악하기 단계이다. 이 단계에서는 학생들이 주제에 대해 정확하게 파악해야 한다. 찬반 토론인지 의견을 모으는 토의인지를 파악하여 자신의 주장을 어떤 방향으로 전개해 나갈지 준비하는 것이다. 예를 들어 '학급에서 핸드폰을 걷어야 하는가?'에 대한 논제는 찬반의 논제이다. 따라서 학생들은 찬성 또는 반대 주장을 정할 수 있다. 하지만 '현장체험학습을 갈 때 자리를 어떻게 앉을 것인가?'라는 논제는 다양한 의견을 내는 토의 주제이다. 이때는 다양한 주장을 구체적으로 펼칠 수 있다. 교사는 이 단계에서 찬반의 주제인지, 다양한 의견을 낼 수 있는 주제인지 학생들에게 안내할 필요가 있다.

두 번째, 주장하기 단계이다. 논제에 대한 자신의 주장을 한 문장으로 나타내는 것이다. '~라고 생각한다.'로 표현할 수 있도록 한다. 이때 찬반을 묻는 토론 주제에 대해서는 찬성 또는 반대를 명확하게 정하여 작성할 수 있도록 한다. 그리고 다양한 의견을 낼 수 있는 토의 주제는 브레인스토밍 또는 브레인라이팅 기법을 활용하여 창의적인 아이디어가 나올 수 있도록 지도할 수 있다. 또한 이 단계를 위하여 간단한 토론을 진행해도 좋다. 어깨 짝과 함께 1:1 토론을 한 후 2:2, 4:4, 8:8 토론으로 확장하는 피라미드 토론을 활용한다면 학생들은 자신이 몰랐던 의견을 듣고 다양한 주장을 생각할 수 있을 것이다.

세 번째, 주장에 대한 근거를 펼치는 단계이다. '왜냐하면~ '이라고 표현할 수 있도록 지도한다. 핵심 근거를 명확한 문장으로 작성할 수 있도록 한다. 예를 들어 학급에서 핸드폰을 걷는 것에 반대한다고 주장을 펼쳤으면 그 근거로 '왜냐하면 학생들의 인권을 침해하기 때문입니다'라고 말할 수 있을 것이다. 이 단계에서 학생들이 실수할 수 있는 것은 근거의 타당성이 떨어질 수 있는 점이다. 이러한 오류는 교사 또는 사전 토의 과정에서 판정단이 교정할 수 있도록 해야 한다.

네 번째, 주장에 대해 보충 설명을 하는 단계이다. '예를 들어~'라고 표현할 수 있도록 지도한다. 주장과 이유만 제시하면 말하기, 또는 글쓰기에서 설득력이 떨어진다. 따라서 이유에 대한 보충 설명을 덧붙여 근거에 대해 설득력을 높이도록 해야 한다. 이를 위해 전문가 의견이나 신문 기사를 인용하여 활용할 수 있다.

좀 더 전문성을 요구하는 단계이므로 이 단계부터는 초등학교 고학년에서만 사용할 수 있을 것이다.

다섯 번째, 반론하기 단계이다. '하지만 ~'이라고 표현할 수 있도록 지도한다. 이 단계에서는 대립 토론을 할 때 예상 반론을 연습하고 답변을 준비하는 단계이다. 반론하기 단계는 고도의 논리성이 요구된다. 실제로 앞선 단계까지는 학생들이 막힘없이 하지만 반론하기 단계에서는 논리성이 떨어지는 사례를 많이 보았다. 이를 보완하기 위해서는 1:1 어깨 짝 토론, 원탁 토론 등을 활용하여 반론하기 연습을 하는 것이 필요하다. 그리고 쉽게 범할 수 있는 오류의 종류를 정리하여 학습한다면 학생들이 상대방의 오류를 잡아내어 공격하는 법을 터득할 수 있다.

여섯 번째, 정리하기 단계이다. '따라서~'라고 표현할 수 있도록 지도한다. 이 단계에서는 나의 주장과 상대방의 주장을 정리하여 종합하는 단계이다. 최종 주장을 정리하여 제언하는 단계이다. 또한 예외 상황에 대하여 이야기할 수 있다.

이와 같이 논점 파악, 주장, 근거, 설명, 반론, 정리 여섯 단계는 6단 논법으로 자신의 주장을 설득력 있게 말하고 쓸 수 있는 논리적인 방법이다. 말하기뿐만 아니라 글쓰기 지도를 할 때에도 이 방법을 이용할 수 있다.

6단 논법

토론 주제	
논점 파악	- 위 주제가 찬반의 문제인가요? 여러 대안을 생각하는 문제인가요? 그에 따라 논점을 파악해 봅시다. 찬반의 문제 (　　) 여러 가지 대안을 생각하는 문제 (　　)
근거	- 위 주제에 대한 근거를 작성해 봅시다. 왜냐하면,
설명	- 구체적인 예시나 설명 자료를 첨가하여 설득력을 높여 봅시다. 신문 기 사, 책의 내용들을 덧붙이면 됩니다. 예를 들면,
반론	- 예상되는 반론을 적어 봅시다. 그에 대한 답변을 미리 준비해 봅니다. 하지만,
정리	- 나의 최종 결론을 적어 봅니다. 따라서,

창의적인 독서 토론 기법 1. 모서리 토론
서로의 생각을 공유하는 집단지성의 힘!

모서리 토론은 찬반 토론 또는 여러 가지 대안이 나오는 토론에서 활용할 수 있다. 우선 찬반 토론에서는 찬성 측과 반대 측을 교실 양쪽으로 나누어 같은 생각을 하는 친구들끼리 모여 생각을 공유한다. 그리고 여러 가지 대안이 나오는 토의 과정에서는 선택 사항을 4개에서 5개 사이로 만든 후에 같은 의견이 있는 학생끼리 각 모서리로 나누어 토의를 진행할 수 있다. 이 토의를 통해 내 주장과 다른 친구의 의견을 비교해 보고 자신의 논리를 강화할 수 있다. 단계별로 구체적인 과제는 다음과 같다.

첫 번째, 모서리를 제시하는 단계이다. 이 단계는 문제 상황과 선택할 수 있는 모서리를 제시한다. 찬성, 반대 대립 토론일 경우에는 찬성, 반대의 모서리만 제시하면 된다. 그리고 여러 가지 대안이 있는 토의 상황일 경우에는 그 대안 수대로 모서리를 제공하면 된다. 이때 너무 많은 대안을 제시할 경우 학생들의 숫자가 균등하게 배분되지 않을 수 있기에 4개 정도의 모서리를 제시하는 것이 좋다. 예를 들어 '직업 선택의 기준에는 어떠한 것이 있을까?'에 대하여 돈, 적성, 흥미, 명예 등의 기준을 정하여 제시할 수 있을 것이다.

두 번째, 모서리를 선택하는 단계이다. 이 단계는 모서리 중 하나를 선택하여 선택한 장소로 이동하는 것이다. 선택한 후에는 자신의 의견과 그 이유도 간단히 적은 후 이동할 수 있도록 한다.

세 번째, 모서리별로 근거를 강화하는 단계이다. 서로의 의견을 나누며 근거를 강화한다. 이때 모둠 토의·토론이 진행되는 것이기 때문에 규칙과 사회자를 정하여 토의·토론을 진행할 수 있도록 한다. 모두가 자신의 의견을 말할 수 있도록 하고 기록자를 정하여 모서리별로 토론할 경우 발표할 수 있도록 발표자를 정한다.

모서리 토론

토론 주제	
내가 선택한 모서리는?	-위 주제에 대하여 나의 선택을 적어 봅시다. 이유도 함께 적어 봅시다.
모서리별 근거 더하기	-우리 모서리의 좋은 의견을 그 이유와 함께 적어 봅시다
	우리 모서리를 제외한 다른 모서리의 의견 중 가장 합리적인 의견을 찾아 주세요. (　　) 모서리　점수:　　이유 (　　) 모서리　점수:　　이유
자신의 주장 펼치기	-토론 후 내 선택의 변화가 있었나요? 최종 결론과 이유를 써 주세요.

네 번째, 각 모서리 대표가 발표 후 전체 논의를 하는 단계이다. 각 모서리 대표가 자신의 모둠에서 나온 의견을 정리하여 발표한다. 발표 후에는 다른 모서리에서 반론하는 시간을 갖도록 한다. 예를 들어 어떤 하나의 모서리에서 직업 선택의 기준 중 돈이 가장 중요하다고 생각했다면 그 의견에 대한 반론을 다른 모서리에서 진행하는 것이다.

다섯 번째, 전체 토의 후 자신의 의견을 다시 선택하는 단계이다. 이 단계에서는 자신의 최종 의견을 선택한다. 전체 토의 후에 자신이 선택한 모서리의 논리가 빈약하다고 생각할 경우에는 의견을 다시 선택할 수 있는 기회가 있다. 따라서 처음 선택한 모서리의 의견만 고집하지 말고 다른 모서리의 의견에 마음을 열고 전체 토의에 참여하는 것이 중요하다.

이러한 모서리 토론은 서로의 의견을 자유롭게 나누고 자신의 근거를 더해갈 수 있는 집단지성의 힘을 느껴볼 수 있는 토론이다. 실제로 현장에서 적용해 보았을 때 초기 토론 단계나 어려운 주제를 갖고 토론을 진행할 때 토론이 잘 진행되지 않을 경우 사용하면 좋은 방법이다. 또한 학생들이 각자 의견을 내고 같은 주장끼리 모여서 함께 토의하게 되니 집단의 힘이 발휘되어 토론에 더 적극적으로 참여하는 경향이 있다. 좌석 배치 또한 간단하게 모서리로 나누어 진행하면 되고 같은 팀끼리 같은 자리에 앉으니 학생들의 흥미도도 높은 편이다.

창의적인 독서 토론 기법 2. 천사와 악마 토론
중립자를 설득해라!

천사와 악마 토론

토론 주제		판정인	
토론 날짜			
천사 측 토론자			
악마 측 토론자			
평가 영역	평가내용	천사 편	악마 편
		5점	
주장 펼치기	주장이 설득력 있고, 이를 뒷받침하는 근거가 타당하고 믿을 만합니다.		
반론하기	상대편 주장과 근거의 문제점을 찾아 반론을 펼칩니다.		
질문과 답변	상대편의 주장과 근거의 문제점을 잘 찾아서 질문하고, 알맞게 답변합니다.		
주장 다지기 (최종발언)	반론하기의 내용을 반영한 뒤에 주장과 근거를 정리하여 다시 한 번 주장을 분명히 합니다.		
태도	토론의 규칙을 지킵니다.		
총점	토론 결과 합산		
총 평 가	천 사		
	악 마		

천사와 악마 토론은 주제를 정한 뒤에 찬성과 반대로 나누어 토론하는 것이다. 이때 중립 의견을 갖은 사람을 설득하는 것이 최종 목표이다. 최종 판결은 중립자의 선택에 따라 갈린다. 예를 들어 각 모둠에 여섯 명의 모둠 구성원이 자유롭게 찬성 측과 반대 측을 선택한다. 그리고 두 가지 모두 선택하지 못하였으면 중립자를 선택할 수 있다. 모둠 안에서 진행되고 같은 모둠 친구를 설득하는 토론 방식이어서 가볍고 흥미를 느끼는 토론 방식이다.

첫 번째, 논제에 대한 찬성과 반대 의견을 생각하는 단계이다. 이때 두 가지 입장을 모두 선택하여 자신의 주장을 펼칠 수 있도록 준비한다. 이를 통해 양측의 입장을 모두 생각하여 중립자의 마음을 이해할 수 있도록 한다.

두 번째, 찬성 측 팀과 반대 측 팀과 함께 자신들의 의견을 공유하는 단계이다. 이는 중립자를 선택하기 전에 사전 협의와 같은 단계이다. 충분히 토론한 후 논리적인 근거와 설명을 제시할 수 있도록 작전을 짜야 한다. 이 단계에서 앞서 논의된 모서리 토론을 활용하여 지도할 수 있다.

세 번째, 중립자를 설득하는 단계이다. 찬성 측부터 중립자를 설득한 후에 반대 측이 중립자를 설득할 수 있도록 한다. 같은 시간을 재서 공정한 토론이 될 수 있도록 한다. 네 번째, 반론하기 단계이다. 서로의 주장에 대해 빈약한 부분이나 오류를 공략하여 반론을 제시한다. 이때 중립자에게도 질문하고 답변할 수 있도록 한다.

다섯 번째, 최종 변론 단계이다. 이 단계에서는 최종 의견을 정리하여 중립자에게 말하는 단계이다.

여섯 번째, 중립자가 토론에 대한 생각을 발표하고 자신의 의견을 말하는 단계이다.

천사와 악마 토론을 통해 찬성 또는 반대 측의 의견을 자유롭게 공유할 수 있다. 그리고 모서리 토론과 함께 진행하면 작전을 짤수 있는 시간을 덜 수 있으며 최종 판결도 모둠 안에서 낼 수 있는 완성된 토론 방식이다.

창의적인 독서 토론 기법3. 육색 사고모 기법
생각의 역할을 나누다

육색 사고모 기법을 활용하여 토의·토론을 진행할 수 있다. 먼저 모둠 구성원 6명으로 모둠을 나눈다. 하얀색 모자를 쓴 친구는 객관적인 정보만을 제공한다. 창의적인 아이디어 등의 제안을 하지 않는다. 파란색 모자를 쓴 친구는 문제를 정의하는 역할을 한다. 단어의 뜻이나 어려운 용어의 의미를 알려준다. 초록 모자를 쓴 친구는 새로운 아이디어를 제공하는 역할을 한다. 빨강 모자를 쓴 친구는 아이디어의 느낌이나 감정을 이야기한다. 노랑 모자를 쓴 친구는 아이디어의 긍정적인 이야기를 한다. 검은색 모자를 쓴 친구는 아이디어에 대한 부정적인 이야기를 한다. 이렇게 역할을 나눈 후에 실제 수업에 적용해 보면 다양한 이야기가 나올 수 있고 흥미로운 토의·토론을 진행할 수 있다.

창의적인 독서 토론 기법 4. 트리지 기법
소외가 없는 최종 의사결정

트리지는 창의적인 사고를 위한 교육방법이다. 이를 토의·토론 수업에 적용한다면 구체적으로 어떻게 할 수 있을까?

트리지 여러 기법 중 '합치는 기법'을 토의·토론 수업에 적용해 볼 수 있다. 학급 회의 시간에 '수학여행을 갈 때 자리 배치'에 대하여 회의를 한다고 가정해 보자. 학생들은 여러 의견을 낸다. 그리고 그 의견을 결정할 때에 다수결의 원칙을 적용하여 하나의 의견을 정한다.

하지만 이렇게 정했을 때 모두가 만족하는 의견은 나오지 않는다. 아마도 결정한 사안에 대하여 학생들은 속으로 불만이 있을 것이다. 따라서 여러 의견에 대하여 각각 PMI 기법을 적용하여 장단점을 이야기하여 논의를 구체화한 후에 비슷한 의견은 합치고 모아서 최종적으로 한 가지 또는 두 가지 의견으로 모아서 의사결정을 한다.

최종 선택할 때에 쟁점이 되는 두 가지 사안에 대하여 '핵심만 뽑는' 트리지 기법을 적용할 수 있을 것이다. 수학여행의 자리 배치의 핵심 쟁점은 '공평함'과 '소외감 없이'이다. 핵심적인 쟁점 사항에 대하여 서로의 입장 차를 좁혀서 최종 의견을 결정한다면 다수결로 인해 발생하는 소외감을 없애 진정한 '교실 민주주의'를 실현할 수 있을 것이다.

《곁에 두고 읽는 탈무드》 책에 적용하여 토론하기

수업에서는 다양한 토론 기법을 활용해서 토의·토론을 진행할 수 있다. 실제 수업에 적용해본 토론 기법은 피라미드 토론, 천사와 악마 토론, 육색사고모 토론, 모서리 토론이다.

토론 주제를 정할 때 이용한 토론 방법은 피라미드 토론이다. 피라미드 토론을 활용하여 적합한 논제와 근거를 작성하고, 1:1, 2:2, 4:4 토론을 한 후 최종 이야기와 논제를 선정한다. 실제 수업 과정에서 학생들은 토론을 거쳐 최종 논제를 정할 수 있었다. 선정된 탈무드 이야기는 '입은 최고의 무기이다'였다. 여러 이야기 중 토론 주제로 적합한 이야기를 학생 스스로 정하였다. 교사는 학생들에게 토론 주제로 적합한 주제의 예시를 보여주며 선정 기준을 말해준다. 가장 중요한 기준은 '찬반이 적절하게 나누어질 수 있는가?'이다.

피라미드 토론

토론 주제	
생각 열기	- 위 주제에 대하여 나의 선택을 적어 봅시다. 이유도 함께 적어 봅시다.
생각 나누기	-질문에 대한 결과를 정리합니다. 1:1 토론 결과 2:2 토론 결과 4:4 토론 결과 8:8 토론 결과
자신의 주장 선택하기	- 토론 후 내 선택의 변화가 있었나요? 최종 결론과 이유를 써 주세요.

이야기를 정한 후에 적용한 첫 번째 토론은 '천사와 악마' 토론이다. 이때 천사 팀은 '손'이 최대의 무기라고 주장하며 토론을 준비한다. 악마 팀은 '입'이 최대의 무기라고 주장하며 토론을 준비한다. 중립자는 이를 듣고 최종 판정을 내릴 수 있다. '천사와 악마' 토론은 찬반 대립 토론의 축소판이라고 이야기한다. 찬반 대립 토론을 할 때 어려움이 있고 수준이 적절하지 않다고 판단할 경우 '천사와 악마' 토론을 적용한다면 수월하게 토론을 진행할 수 있을 것이다.

두 번째 토론 기법은 '육색 사고 모자 토론'이다. 이는 모둠 내 토론으로 진행할 수 있는데, 모둠 안에서 여섯 가지 관점을 정하여 토론을 한다. 이는 다음 모서리 토론을 준비하는 준비 단계로 활용할 수 있다. 모둠 안에서 다양한 관점으로 토론을 하며 근거와 반론을 적절하게 생각할 수 있다. 실제 수업에서 학생들은 '육색 사고 모자 토론'을 통해 다양한 관점의 생각을 정리할 수 있었고 자신들의 주장을 견고히 할 수 있었다.

세 번째 토론 기법은 '모서리 토론'이다. 앞선 '천사와 악마' 토론에서는 두 가지 측면만 관점으로 정하고 토론할 수 있지만 모서리 토론은 모둠 숫자만큼 관점을 늘려 토론할 수 있다. 이때 '눈', '코', '귀', '입' 등 최대의 무기가 무엇인지 관점을 다양하게 정하여 토론한다면 모둠 간 경쟁을 통해 재미의 요소를 더할 수 있을 것이다.

영화를 활용한 연설문 특징 파악하고 연설문 쓰기

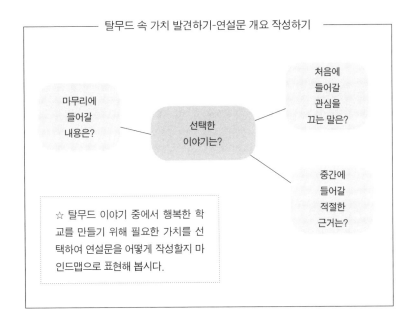

첫 번째 단계는 연설문의 특징을 파악하는 것이다. 이 단계의 궁극적인 목적은 연설문의 요소를 파악하는 것이다. 연설문의 요소를 파악하기 위해서 교사는 영화의 한 장면을 적절히 활용할 수 있다. 예를 들어 본 수업에서는 영화 〈아이 캔 스피크〉(2017)의 한 장면을 보여주고 학생들이 연설문의 특징을 파악하는 활동을 하였다. 실제 수업 과정에서 학생들은 몰입할 수 있었고 감정이입 하여 집중할 수 있었다. 이렇게 영화의 한 장면을 활용하여 수업 하는 것은 학생들의 흥미를 자극하여 집중도를 높일 수 있는 장점

이 있다.

특징을 파악한 후에 연설문의 요소가 적절히 드러나게 연설문을 작성한다. 주제는 '우리 학교를 행복하게 하려면?'이다. 이때 《곁에 두고 읽는 탈무드》를 활용해서 행복의 요건을 생각해 본다. 전 차시에서 충분한 토론이 이루어졌기 때문에 학생 각자 행복의 요건이 정립된 상태이다. 따라서 글쓰기 전 활동으로 마인드맵을 활용하여 개요를 작성한다. 이를 바탕으로 실제 연설문을 작성한다.

작성한 연설문을 돌려 읽는다. 돌려 읽기의 장점은 상호평가가 가능한 것이다. 학생들은 내용적인 요소를 평가할 수 있는데 예컨대 '연설문의 요소가 적절하게 들어갔는지'를 중심으로 평가한다. 이때 교사의 역할은 평가자의 한 사람으로서 함께 평가하는 것이다. 교사는 형식적인 요소인 맞춤법과 문단 나누기 등을 중심으로 평가할 수 있다.

'초바시' 캠페인 영상 제작하고 발표하기

마지막 활동으로 산출물을 작품으로 제작하고 이를 발표하면서 자신의 활동을 돌아볼 수 있다. '온작품 읽기'를 처음 계획할 때 프로젝트 학습의 형태로 계획하였고 프로젝트 마지막을 장식하기 위해서 '초바시' 캠페인 영상을 제작하였다.

연설을 듣고 주장의 타당성을 판단해 보기

☆ 연설문에서 타당성을 판단하는 기준
① 가치성과 중요성 : 가치 있고 중요한 주장인지 판단한다.
② 실천 가능성 : 실천할 수 있는 주장인지 판단한다.
③ 근거의 적절성 : 주장에 대한 근거가 적절한지 판단한다.

☆ 영화 〈아이 캔 스피크〉의 연설 장면을 보고 옥분 할머니께서 내세운 주장의 타당성을 판단하여 봅시다.

옥분 할머니의 주장				
판단 기준	생각할 점	판단 결과		
		매우 적절함	적절함	보통임
가치 있고 중요한 주장인지 판단한다.				
실천할 수 있는 주장인지 판단한다.				
주장에 대한 근거가 적절한지 판단한다.				

'초바시'란 '초등학교를 바꾸는 시간'이란 말의 약자이다. '우리 학교를 행복하게 바꾸기 위해 무엇이 필요할까?' 학생들은 고민하

였다. 콘티를 제작하고 영상을 찍고 편집하되, 모둠 구성원 중 최고의 연설문을 영상 속에 넣는 것이 미션이었다.

실제 수업 과정에서 학생들의 '몰입도'는 대단하였다. 아마도 내가 만든 영상이 전교생 앞에서 방영될 수도 있다는 생각에 최선을 다했고 몰입할 수 있었을 것이다. 학생들에게 꿈이 무엇이냐고 물어보면 '크리에이터', '유튜버' 등 새로운 직업을 이야기하는 친구가 많다. 이는 학생들이 영상 제작에 대단한 관심을 보인다는 것을 반증한다. 이러한 변화를 반영하고자 영상을 제작하고 편집하여 전체 방송으로 방영하고자 하였다.

수업에서 다룬 이야기는 탈무드 이야기 중 '불치병에 걸린 왕을 치료한 성공한 젊은이' 이야기다. 이 이야기에서 왕을 치료한 공이 누가 더 큰지 손, 발, 눈, 입이 서로 다투는 장면이 있다. 앞선 두 가지 활동(토론, 연설문 쓰고 발표하기)을 발전시켜서 영상을 어떻게 만들지 아이디어 회의를 하고 영상 콘티를 제작하였다. 학생들의 영상 중에 최고의 작품으로 뽑힌 영상은 '우리가 쓰는 말의 소중함'에 관한 영상이었다. 말의 힘은 대단하며 '행복한 말을 사용할 경우 우리 모두가 행복해질 수 있다.'라는 주제로 영상을 제작하였다. 〈아이캔 스피크〉 영상을 패러디한 영상이었는데 재미의 요소와 감동의 요소가 모두 있는 영상이었다.

자신들이 제작한 영상 작품이 학교 전체에 방영되었을 때 학생들은 '실제 삶과 연계된 공부를 하고 있구나!' 느낄 수 있었다. 수업이 끝난 후에 전체 프로젝트에 대한 느낌을 공유하였는데 학생들의 대부분이 이러한 느낌을 받아 좋았다고 답변하였다.

실제 삶과 연계된 공부는 정약용의 일권오행(一券五行) 중 '독행'에 해당된다. 실제 삶과 연계된 교육과정을 중시하는 현재의 트렌드를 조선 후기 실학자인 정약용은 200여 년 앞서 이야기한 점에 놀라울 따름이다. 삶에서 실천하는 교육은 실재적이고 실용적이며 학생들의 흥미와 몰입을 유발하기에 충분하다. 이를 적용하기 위해서 프로젝트 학습은 적합한 수업 방법이고, 그 마지막 단계인 산출물 발표는 프로젝트 학습의 꽃이라 이야기할 수 있을 것이다.

탈무드의 교훈을 살려 연설문 쓰기

☆ 개요를 바탕으로 연설문을 직접 작성해 봅시다.
 -연설문을 작성할 때 앞에서 배운 연설문의 특징을 참고하여 작성합니다.

나도 연설가!

연설 주제	관점 1	관점 2	관점 3	관점 4	관점 5	총점

자기평가와 상호평가

과정 중심 평가를 위해 '자기평가'와 '학생 상호평가'를 할 수 있다. 프로젝트를 진행한 주체는 학생 자신이기 때문에 학생 스스로 평가하는 것이 적합하다고 판단하기 때문이다.

구체적으로 토론 활동에서는 판정자가 판단할 수 있다. 판정자는 적절한 판단 기준을 협의하는 과정 후에 선정된 기준에 맞게 평가할 수 있다.

토론할 때 판정자는 토론에 참여하지 않는다. 판정자끼리 판정 기준을 정하는 협의에 참여하게 된다. 이때 교사는 학생들에게 판정 기준의 예시를 보여주며 적절한 판정 기준이 무엇인지 도움을 줄 수 있다.

토론이 끝난 후에 판정을 공정하게 하지 않게 된다면 학생들은 불만을 표현한다. 따라서 판정 기준을 명확하게 하는 것은 토론 수업의 성패를 가름할 수 있는 중요한 요소이다.

실제 수업에서 학생들은 판정자를 하려고 한다. '왜 그럴까?' 생각해 보면 자신의 판정으로 학생들의 토론 승패가 결정되기 때문일 것이다. 그만큼 막중한 임무라는 것을 교사는 판정을 맡은 학생들에게 강조하여 이야기할 필요가 있다.

글쓰기 과정에서는 돌려 읽기를 하며 상호평가를 하고 첨삭하는 과정을 적용할 수 있다. 이를 통해 학생 간 의견을 공유하고 집단지성을 발휘할 수 있다. 이때 교사는 세세한 맞춤법을 수정하는 것도 필요하지만, 더 중요한 것은 '연설문의 특징에 맞게 작성했는가?'에 초점을 두어 첨삭할 수 있도록 학생들에게 기준을 제시하는 것이다.

학생들의 자기평가는 마지막 활동에 느낀 점을 쓰고 공유하는 활동으로 구성한다. 실제 수업에서 학생들은 다양한 반응을 보였는데 가장 인상 깊었던 내용은 "나의 꿈이 연기자인데 영상을 촬영하면서 연기자가 된 듯했다.", "나의 꿈은 영상 제작자인데, 영상 편집 기술이 늘고, 내가 제작하는 개인 방송에 적용해 볼 수 있어 행복했다."는 것이었다.

이러한 수업 후 느낀 점을 공유하는 활동은 수업의 마지막에 활용하면 유용하다. 교사는 학생들의 정성적인 영역을 평가할 수 있고 학습 참여도를 평가할 수 있다. 실제로 수업에서는 적극적으로 참여하지 않았지만, 마지막 느낀 점을 공유할 때 솔직하게 이야기하는 친구가 있었다. 이 또한 학생의 소중한 경험이기 때문에 존중해주며 교사는 정성적인 영역의 평가에 반영할 수 있을 것이다.

내가 생각하는 가장 좋은 수업은 '꿈을 꾸게 하는 수업'이다. 이번 '온작품 읽기' 수업은 책을 즐거워하는 첫 목표로 시작하여서 여러 논점을 깊게 생각해 보고 토론할 수 있었다. 이를 삶에 적용해 보는 활동을 통해 궁극적으로 '새로운 꿈을 향해 달려가는 아이들'을 볼 수 있었다.

6학년 독행(篤行, 성실히 실천하기):

《곁에 두고 읽는 탈무드》

박병주

6학년에 맞는 책 읽기를 도와주는 작품 찾기

새로운 인생을 열어주는 온작품 읽기

　우리 반 아이들이 6년간의 초등학교 교육을 마치고 마침내 졸업했다. 아이들을 보내고 홀로 남아 텅 빈 교실을 바라본다. 삐뚤어진 책상, 나뒹구는 의자, 언제 걸어놓았는지 까먹은 미술 작품들, 아이들이 가득했던 와자지껄했던 공간. 때로는 함께 즐겁게 떠들기도 했고 같이 슬퍼하기도 했던 곳. 벌써 아이들이 보고 싶다. 녀석들 건강하고 행복하게 잘 지내겠지. 그곳에서 지난 1년간을 돌아본다. 책상 위에 놓여 있는 꽃들과 함께 아이들과 부모님들께서 써 준 편지들을 하나씩 펼쳐보았다. 그중에서 눈에 띄는 몇 개의 글들이 있었다.

　우리 아이에게 책을 읽으라고 아무리 다그쳐도 죽어도 읽지 않는

데 선생님을 만나고부터 태어나서 처음으로 유대인에 관한 책을 사 달라고 하더라고요. 얼마나 놀랐는지 모릅니다. 우리 진규가 선생님을 만나고 많이 성장한 것 같습니다. 전에는 투정만 부리던 어린 아이라고 생각 했는데 어느새 철도 들고 책 읽는 습관도 생겼습니다. 감사드립니다.

선생님 저 원래 책 읽는 것 너무 싫어했는데 선생님 만나고 나서 책 읽는 것이 재미있어졌어요. 지난주에도 도서관에 가서 책을 또 빌려왔어요. 혹시 추천해줄 책이 있으면 알려주세요. 그동안 감사했습니다.

책을 싫어하던 아이들이 책을 좋아하게 되었다. 예전에 비해 깊이 있게 생각하면서 성장하는 것을 느낀다. 이런 일은 교사로서 뿌듯한 일이다. 책을 통해서 아이들이 가진 마음이 달라지고 생활도 달라지고 있음을 피부로 느끼고 있다. 온작품 읽기 교육 활동을 하지 않았다면 과연 그런 변화가 일어났을까? 도서관에 들러 아무 책이나 얼른 빌려와서 허겁지겁 패스트푸드를 먹듯 독서량만 늘리기에 급급했던 기존의 독서교육에서 벗어났다. 교사도 학생도 모두 책 한 권에 푹 빠져서 책 읽기가 즐거워졌다. 마치 맛집을 검색해서 먹으러 가는 것처럼 재미있고 유익한 책을 스스로 찾아 읽는 모습을 마주할 때 온작품 읽기의 매력을 느끼게 된다.

이렇게 온작품 읽기는 책 읽는 것에만 그치는 것이 아니라 아이들과 교사의 라이프스타일도 바꿀 수 있다.

온작품 읽기를 알게 된 것은 지금으로부터 2년 전 같은 학년에서 만나게 된 이재풍 선생님을 통해서였다. 우리 학교에 부임했던 첫해 선생님은 정약용의 일권오행 책 읽기 방법을 제안했다.

이재풍 선생님의 제안으로 같은 학년이 함께 실천하기 시작했고, 그 영향력이 커져서 올해부터 모든 학년에 정약용의 오학론인 박학(두루 알다), 심문(물어 보다), 신사(깊게 생각하다), 명변(함께 토론하다), 독행(삶으로 실천하다)에 따라 일권오행을 기반으로 하는 온작품 읽기를 시작했다.

특히 내가 몸담고 있는 6학년은 다섯 단계 중 '독행'에 중점을 두었다. 초등학생 중 가장 성장했고 삶으로 실천하기에 적합하다고 생각했기 때문이다. 6학년 아이들에게 가장 적합한 책은 어떤 책일까?

교육과정, 진로교육, 긍정적 영향력

6학년은 초등학교 최고 학년이고 얼마 뒤 중학교로 진학을 하는 전환기에 놓여있는 학년이다. 대부분 아이들이 사춘기를 경험했거나 경험하고 있다. 자기 자신의 존재에 대한 의문이 들고 진로와 진학에 대한 걱정과 기대도 나타난다. 부모님이나 가족보다 친구에게 의존하는 성향이 많이 나타나기도 한다.

온작품 읽기 프로젝트에서 6학년에 적합한 책을 선정하는 데에 중요한 원칙을 3개로 정했다. 첫 번째는 주제와 내용이 좋아 교육과정을 재구성하기에 적합할 것, 두 번째는 진로교육과 관련이 있을 것, 세 번째는 학생들의 삶에 긍정적인 영향을 줄 수 있을 것을 원칙으로 삼았다.

첫 번째, 주제와 내용이 교육과정을 재구성하기에 적합해야 한다. 학교에서 여러 가지 방식의 수업을 진행하다 보면 자칫 반드시 가르쳐야 할 교육과정의 핵심 요소들을 가볍게 여기는 경우가 있다. 정반대로 너무 국가 교육과정 내용과 방향만 추구하다 보면 교과서에 나오는 내용 위주의 딱딱한 수업이 되는 경우도 있다.

융합 교육이나 주제 중심 교육, 프로젝트 수업과 같이 교육과정의 재구성을 통해서 필수적인 성취요소들을 가미한다면 훨씬 풍성하면서도 즐거운 수업이 될 수 있다. 모든 교육과정의 성취목표만 '완벽하게' 달성하려 하다 보면 책 읽기의 재미나 기쁨을 놓칠수 있다. 차시마다 목표를 달성해야 한다는 조급함에 빠지지 말고 교육과정의 핵심 내용 위주의 커다란 목표를 기반으로 교사와 학생 모두 행복한 수업이 되어야 한다.

따라서 성취기준을 바탕으로 교육내용과 함께 즐거운 수업의 두 마리 토끼를 잡기 위해서는 '중도(中道)의 원칙'을 지키며 적절히 조합하는 것이 필요하다. 특히 '온작품 읽기'와 같이 한 학기에서 1년 동안 진행하는 경우에 순간순간 교육목표 달성에만 관심을 둔다면 자칫 쉽게 지루해지거나 금방 지쳐버려 운영하기가 어렵다. '온작품 읽기' 활동 중심으로 구성하되 국가 수준의 교육과정을 녹여내는 것이 좋다. 즐겁게 '온작품 읽기' 수업을 하면서 동시에 국가 수준의 교육과정 성취 목표를 달성하는 두 마리 토끼를 잡는 원칙을 가져야 한다.

두 번째 원칙은 진로교육에 관련된 책이 좋다는 것이다. 6학년은 초등학교를 마무리하는 동시에 중학교의 시작을 준비해야 한다. 같은 공간에서 같이 공부했던 친구들이 졸업과 동시에 새로운 학교를 찾아서 여기저기 흩어진다. 어떤 친구들은 자신의 꿈과 비전을 일찍 발견해서 특별한 교육을 하는 학교로 진학하기도 한다. 일반적인 수업에서 느끼지 못했던 경험이나 삶의 의미와 방향에 대해 생각할 수 있도록 해주어야 한다. 사람은 적응하는 동물이기 때문에 매일 똑같은 생각과 행동, 장소에 머무르게 되면 변화가 잘 일어나지 않는다. 새로운 생각, 새로운 행동, 새로운 삶의 방향을 설정하려면 새로운 자극이 필요하다. 그러므로 '온작품 읽기' 도서를 선정할 때도 이러한 점을 생각해서 아이들에게 새로운 경험과 생각을 줄 수 있는 책에 대해 고민해야 한다.

세 번째, 학생들의 생각과 삶의 태도를 긍정적으로 변화시키는 힘이 있는 책을 선정하는 것이 좋다. 지금은 이전에 있었던 다른 세대보다 더욱 빨리 사춘기를 맞이한다. 보통의 경우 여학생은 4학년 정도, 남학생은 5학년 정도면 시작된다. 사춘기를 표현할 때 흔히 '질풍노도(疾風怒濤)'의 시기라고 부른다. 그만큼 감정의 기복이 심하고 자신의 존재에 대한 의문과 삶의 두려움을 직면하는 때이기 때문이다. 짧은 글을 읽더라도 그 속에 학생 스스로 생각할 거리를 제공해주고 자신의 생활을 돌아보며 삶의 진로나 방향을 수정할 수 있는 나침반과 같은 책을 선정하는 것이 좋다. 나침반은 가지고 흔들거나 두드리면 자침이 흔들려 제대로 된 방향을 잡지 못하다가도 시간이 지나면 정북(正北)과 정남(正南)을 정확히 가리킨다. 이처럼 잠시 잠깐 잘못된 선택으로 올바르지 않은 길을 선택하더라도 다시 올바른 방향으로 삶을 재설정할 수 있도록 도와주는 책을 선정하는 것이 좋다.

이러한 세 가지 기준을 두고 여러 책을 살펴보다가 《곁에 두고 읽는 탈무드》를 주목하게 되었다. 《곁에 두고 읽는 탈무드》의 구성은 이솝 우화처럼 여러 개의 이야기를 소개하고 이야기마다 저자 나름대로의 서평과 통찰이 담겨 있다. 이야기마다 다루는 주제와 내용이 다양해서 아이들에게 신선한 자극을 줄 수 있다. 여러 분야에 관련되어 있기 때문에 교육과정을 운영할 때 여러 과목이나 성취수준에 맞도록 재구성하기가 쉽다. 탈무드의 이야기 안에서는 인내심, 문제해결력, 실패를 극복하는 힘, 의사소통 능력, 바람직한 경제 관념 등을 배울 수 있는데, 이는 학생들이 가져야 할 필수적인 진로 역량이라고 할 수 있다. 그리고 타인에 대한 배려와 나눔, 긍정적인 마음가짐과 바람직한 자아 형성에 도움을 줄 수 있다고 판단했다. 이러한 이유로 《곁에 두고 읽는 탈무드》가 가장 적합하다는 결론을 내렸다.

작품에서 큰 주제를 잡고 교육과정 재구성하기

앞서 언급한 세 가지 원칙 중 하나가 바로 교육과정과 연계된 독서교육이었다. 온작품 읽기 활동으로 교육과정을 재구성할 때는 학교별 또는 학급별 특성에 맞도록 하면 된다. 먼저 학교별 특성에 맞도록 하려면 학교 교육과정이나 학년 교육과정을 계획할 때 온작품 읽기 활동을 반영해서 재구성하는 것이 좋다. 간단히 말해서 온작품 읽기 수업에 사용할 책을 차근차근 살펴본 후 교과별 성취 목표나 내용과 관련되게 구성하면 된다. 재구성하는 방법은 크게 두 가지로 들 수 있다.

첫 번째는 온작품 읽기 활동과 상관없이 교육과정을 완성한 후 각각의 단원이나 교육내용이 나올 때마다 온작품 읽기 활동을 포함시키는 방법이다. 이 경우는 교육과정을 체계적으로 진행할 수 있는 장점이 있는 반면 온작품 읽기를 집중적으로 하는 것이 힘들다는 단점이 있다.

《곁에 두고 읽는 탈무드》 교육과정 재구성

차시	활동 예시	도서 목차	관련 교과 단원
1~2	부모님과 가족의 희생 알기	P1-C1. 소중한 것을 잃지 않으면 아무것도 얻을 수 없다.	창의적 체험활동
3	미리 대비하는 습관 가지기	P1-C2. 풍요 뒤에 숨어 있는 빈곤을 잊지 마라	창의적 체험활동 1. 쾌적한 주거와 생활 자원 관리
4~6	자신의 현재에 대해 감사한 마음 가지기	P1-C3~6. 감사하고 겸손하며 베풀라	창의적 체험활동
		P1-C7~10. 돈을 다루는 지혜를 얻어라	
7~8	손, 발, 눈, 입 중 가장 소중한 것이 무엇인지 토론하기	P2-C3. 입은 최대의 무기다	국 3. 적절한 근거
9~10	5WHY 활동하기	P2-C4. 당당히 NO라고 말할 수 있는 용기	국 3. 적절한 근거
11~12	협동화 그리기	P2-C5. 혼자 하는 일에는 위험이 따른다	도 8. 모두가 사랑받는 평화로운 세상
13~14	삶을 변화시킬 새로운 습관 만들기 시간배분	P2-C8. 아침에 씨를 뿌려라	도 2. 알맞은 행동으로 실 1. 쾌적한 주거와 생활 자원 관리
15~16	실패를 딛고 꿈을 이룬 롤모델 찾기	P2-C10. 희망은 실패자의 마지막 무기다	도 1. 소중한 나, 참다운 꿈 실 4. 나의 진로
17	삶의 모든 부분에서 감사한 마음 표현하기	P3-C1. 모든 것을 신의 관점에서 생각하라	도 1. 소중한 나, 참다운 꿈 국6-1 2. 다양한 관점
18	눈에 안 보이는 가장 소중한 세 가지	P3-C6. 마음의 눈에만 보이는 소중한 것들	도 7. 크고 아름다운 사랑 사 4. 변화하는 세계속의 우리

두 번째는 온작품 읽기 도서를 살펴보고 큰 주제를 추출한 후에 각 교과의 교육과정을 재구성하여 주제별 프로젝트로 진행하는 방법이 있다. 이 방법은 각 주제에 맞게 집중적으로 온작품 읽기 활동을 할 수 있다는 장점이 있다. 하나의 작품을 집중적으로 읽고 느끼고 활동함으로써 '온작품 읽기'의 목적에 더 부합한다. 대신 교육과정의 흐름을 놓칠 수 있고 위계가 있는 교과에는 적용하기 힘들다는 단점도 있다. 개인적으로는 두 번째 방법을 추천한다. 표를 참고하면 이해가 쉬울 것이다.

이렇게 재구성한 교육과정은 하나의 사례일 뿐 정답이라고 할 수 없다. 학교나 학생들의 특성이 다르기 때문이다. 온작품 읽기 교육과정은 학교나 교사 개인의 교육방법이나 철학에 맞게 재구성하는 것이 좋다. 다시 말하지만 정답은 없다. 기존의 예시를 답습하기보다는 자신만의 교육과정을 만들어가는 것이 좋다.

유대인들의 특별한 성공 비법 〈탈무드〉

《곁에 두고 읽는 탈무드》로 온작품 읽기를 시작할 때 유대인과 관련된 여러 이야기로 동기부여를 했다. 아무리 좋고 재미있는 책이라도 읽고 싶은 마음이 없다면 전혀 효과가 없다. 더구나 지금 학생들은 동영상도 3분만 넘어가도 지겨워하고 싫증을 내기도 한다. 너무나 빠르게 정보가 유통되고 소비되고 있다. 예전보다 책을 읽는 동기를 가지기가 여간 어려운 것이 아니다. 그렇기 때문에 '동기부여'야말로 온작품 읽기를 할 수 있느냐 없느냐를 가르는 중요한 요소인 것이다. 온작품 읽기를 하고 싶은 마음이 들도록 유대인이 이룬 성과를 통해서 아이들의 관심을 끌었다. 또, 유대인들이 왜 그러한 교육방법을 사용해야만 했는지 알고 유대인이 즐겨 읽는 탈무드를 왜 우리가 읽어야 하는지 아이들과 함께 공감하고 싶었다.

"우리가 왜 유대인에게 관심을 가져야 할까?"

"모르겠어요. 유대인이랑 우리가 무슨 관계가 있나요?"

"글쎄다. 선생님이 보기엔 우리들과 관계가 많을 것 같은데?"

"우리와 관계가 많다고요?"

"그럼. 우리가 쓰는 물건이나 장소 중에 유대인이랑 관계 있는 곳이 많단다. 대부분 한 번쯤은 경험했을 거야. 혹시 '베스킨라빈스'라는 아이스크림을 먹어봤던 사람 있니?"

"저요, 저요!"

몇몇 아이들이 손을 들기 시작했다. 처음에는 무슨 유대인 책이냐고 빈정댔던 친구들도 눈빛이 조금씩 변하기 시작했다.

"그 아이스크림 회사는 폴란드와 러시아 출신의 유대인 '어빈 라빈스(Irvine Robbins)'와 동생의 남편인 '버튼 베스킨(Burton Baskin)'이란 사람이 합작해서 만든 회사란다. 그 두 사람의 이름을 따서 '베스킨라빈스'라고 한거야. 회사를 설립할 때 유대인이 참여한 거지. 그럼 유대인이 만들거나 관여된 회사에 대해서 더 이야기해볼까? 너희들이 손에 들고 다니는 '안드로이드(android)' 스마트폰 있지? 그건 세계 최대의 인터넷 기업인 '구글(Google)'에서 만드는데 이 회사를 만든 '래리 페이지(Larry Page)'와 '세르게이 브린(Sergey Brin)' 두 사람 모두 유대인이야. 이밖에도 유대인이 창업했거나 경영하고 있는 회사는 셀 수 없을 정도로 많지."

"우와 정말 대단하네요. 선생님 더 없나요?"

"너무 많은데 간단히 설명하면 전 세계에 있는 유대인의 수는 대한민국 인구의 절반도 안 되지만 전체 노벨상 수상자 중 20%가 넘고 미국 최고 대학에도 20~30%, 미국 억만장자의 40%, 세계 100대 기업 중에서 30% 이상이 유대인과 관련된 회사란다. 어떻게 그런 일이 일어났는지 궁금하지 않니?"

더 많은 아이들의 눈빛이 달라졌다. 정말 궁금하게 생각하고 있는 것 같았다. 구석에서 입을 삐죽거리며 별로 대단한 일이 아니라고 생각한 소영이가 퉁명스럽게 한마디 툭 내뱉었다.

"그거야 당연히 유대인은 머리가 좋아서 그렇겠죠."

"과연 그럴까? 지능검사 중에서 가장 일반적으로 사용하는 IQ 지수를 살펴볼까? 실제로 유대인들이 다수 살고 있는 이스라엘의 평균 IQ 지수는 한국 사람보다 낮아. 우리나라 사람들의 평균 지능지수는 106인데 비해서 유대인의 대표 격인 이스라엘 사람들의 평균 지능은 94에 불과하단다. 물론 IQ가 모든 것을 반영할 수는 없겠지만 적어도 우리나라 사람들보다 '월등히' 뛰어난 능력을 가졌기 때문은 아니지 않을까?"

우리나라 사람들보다 IQ가 낮다는 이야기에 다들 어리둥절하는 눈치였다.

"그럼 어떻게 해서 그렇게 된 거에요?"

"선생님도 단정 지어서 이야기하긴 어렵지만 대부분의 사람들은 유대인의 이런 기적 같은 성과가 난 이유를 특별한 교육방법에 있다고 생각을 한단다."

"특별한 교육방법이요? 그게 뭔데요?"

"바로 유대 경전을 기반으로 한 이야기인 탈무드지."

"탈무드요?"

"그래 탈무드, 탈무드는 원래 30권이 넘는 엄청난 양이지만 선생님이 특별히 너희들을 위해서 재미있으면서도 중요한 내용만 추려서 딱 한 권으로 간추린 책을 가져왔어. 바로 이 책《곁에 두고 읽는 탈무드》라는 책이란다. 이 책 한 권을 이번 학기 동안 같이 읽어보지 않을래?"

"네 저도 읽어보고 싶어요. 유대인이 어떻게 해서 그렇게 되었는지 비밀을 알고 싶어요."

책에 관심이 없고 평소에 책 읽기를 싫어했던 진영이가 대답했다. 사람마다 책을 읽는 이유와 동기가 각양각색이겠지만 그런 마음조차 없는 아이들에게 동기부여 하기란 쉽진 않다. 그렇다고 아무런 동기부여 없이 온작품 읽기를 한다면 시작하기도 전에 지치고 만다.

기본적으로 6학년 아이들은 책과 친숙하지 않기 때문에 책을 읽기 위한 동기가 확실해질 때까지 기다리고 동기를 가지도록 도와주어야 한다. 그리고 교사 본인도 흥미 있고 재미있는 책이면 더 좋다. 교사 스스로 온작품 읽기에 책에 대한 흥미가 있다면 절반 이상 성공했다고 생각한다. 그래야만 끝까지 온작품 읽기를 지속할 수 있기 때문이다.

《곁에 두고 읽는 탈무드》를 시작할 때 아이들에게 교육과정 목표 달성에 대한 부담을 주고 싶지 않았다. 국어 교육 성취기준을 중심으로 교육과정 목표에만 집중한다면 작품이 가진 재미와 흥미는 뒷전으로 밀어 놓고 '온작품 읽기'의 결과물에만 집착하게 되기 때문이다. 독행이라는 단계에서도 가장 중요한 것은 '독서'라는 본질을 놓치면 안 된다고 생각했다. 《곁에 두고 읽는 탈무드》도 바로 삶으로 실천하기 위한 프로젝트를 진행하기에 앞서 책 읽기에 집중했다.

아이들이 책을 읽을 때 속도가 다르고 이해도도 다르기 때문에 기본적으로 선생님이 읽어주는 것이 좋다고 생각해서 머리말부터 천천히 읽어주었다.

《곁에 두고 읽는 탈무드》를 쓴 저자는 '이시즈미 간지'라는 일본인이었다. 책의 서문에는 저자가 유대인에 대해 관심을 갖게 된 이유와 개인적 경험, 유대인의 교육방법, 유대인의 역사에 대해 쓰여 있었다. 유대인들은 AD 70년경 로마로부터 나라가 멸망당하고 무려 1900년 가까이 나라 없이 전 세계에 흩어져서 살다가 1948년에 다시 이스라엘이 건국하게 된 이야기가 실려 있었다.

"이스라엘이라는 나라가 없어졌을 AD70년에 우리나라는 무슨 시대였는지 아니? 고구려, 백제, 신라가 있었던 삼국시대였단다. 그 후에 나라가 없어졌다가 1948년 대한민국 정부가 수립되던 해에 다시 이스라엘이라는 나라가 생겨났어."

탈무드라는 책을 통해서 아이들은 유대인의 역사에 대해서도 자연스럽게 관심을 보였다. 새로 만난 사람을 사귈 때에도 살아온 인생을 알게 되면 더 이해하기 쉽고 친해지기 쉽듯 책을 읽을 때에도 저자의 삶의 여정이나 작품의 시대적 배경을 함께 공부하면 더욱 재미있게 된다. 물론 이러한 과정도 인위적이지 않고 자연스럽게 이어지도록 하는 것이 좋다. 억지로 끼워 넣게 되면 효과는 반감되기 마련이다. 스스로 하고 싶도록 옆구리를 쿡 찔러주는 '넛지(Nudge) 효과'를 유발하는 것이 좋다.

본문 속으로

책의 본문은 3개의 커다란 주제를 가지고 있었는데 첫 번째는 '정직한 돈'에 관한 내용이고, 두 번째는 '왜'라는 물음 속에 길이 있다는 내용, 세 번째는 '진짜 행복이 존재하는 곳'이라는 내용이다.

유대인이 생각하는, 정직한 돈

첫 번째 파트는 '돈'에 관한 내용이라 6학년 학생들이 바로 '독행' 단계의 삶으로 실천하기에 어려움이 많았다. 우선은 대부분 아이들 스스로 돈을 벌어 본 경험이 없고, 부모님으로부터 용돈을 정기적으로 일정한 액수를 받는 친구도 적었다. 더군다나 교육과정에서는 잘 다루지 않는 '돈'에 대한 내용이었다. 그렇지만 간과하고 넘어가기에는 너무나도 중요한 주제였기에 제외할 수가 없었다.

대신 해당 파트는 특별한 활동을 하는 것보다 천천히 읽으면서 학교에서 평소에 가르치기 힘들었던 경제 개념에 대한 지식을 가르치는 것에 중점을 두었다. 학교에서 교육과정 재구성을 한다면 실과의 '생활자원관리' 단원으로 넣을 수 있겠지만 그보다는 '창의적 체험활동' 시간을 활용하는 것이 조금 더 '자유롭고' '자연스러운' 경제교육이 될 것 같았다. 그것이 바로 앞의 교육과정 재구성 표에 넣지 않은 이유다.

여기서 가장 중점적으로 이야기하는 내용은 '정직한 돈'이다.

의좋은 삼형제 이야기를 통해서 소중한 것을 잃지 않으면 아무것도 얻을 수 없다는 이야기로 책이 시작한다. 공주의 병을 치료해주기 위해 삼형제가 노력했지만 결국 마법의 석류의 절반을 떼어 준 막내가 공주와 결혼하게 되었다.

아이들에게 이를 통해 자연스럽게 기회비용에 대한 개념을 가르쳤다. 특히 학교교육에서 중요하게 생각했던 것은 가족과의 관계 문제인데 이 내용을 읽고 난 후 아이들에게 질문을 던졌다.

"우리를 위해 석류의 반쪽을 희생한 사람들이 있단다. 누군지 혹시 알겠니?"

"누구요? 난 석류 안 좋아해서 안 먹어요."

"아니 그런 이야기가 아니라 우리를 위해서 희생한 사람이 있다는 말이지. 바로 부모님이란다. 지금 이 순간에도 너희들을 위해 일을 하시고 계시지 않니?"

아이들과 함께 부모님이 희생한 내용을 함께 적어보도록 했다. 보통 '돈을 벌어주신다.', '밥을 해 주신다.', '공짜로 재워주신다.' 같이 예상할 수 있는 대답도 있었지만 어떤 아이는 엄마가 자기를 임신하고 엄마의 직업을 포기했다든지 학업에 대한 꿈을 접었다든지 하는 이야기처럼 특별한 희생에 대해 이야기한 친구들도 있었다. 요즘 교실에서는 한부모 가정이나 조손가정, 다문화가정 등 여러 모습의 가정이 있기에 되도록 아이들의 가정환경에 적합하도록 질문을 하는 것도 좋을 것이다.

두 번째 이야기인 이집트 파라오의 살찐 7마리 소와 야윈 7마리 소의 꿈 이야기를 통해서 경제적으로 어려움을 겪지 않으려면 경제적으로 풍요로울 때 대비를 해야 한다는 지혜를 배우게 되었다. 건강도 건강할 때 지키라는 말이 있듯 경제적으로 풍요롭고 여유로울 때 어려울 때를 대비해서 저축하는 습관이 필요하다는 것을 함께 알았다.

다음 이야기는 돈을 자랑하지 말고 가진 재물에 감사하고 만족하며 다른 사람을 존중하면서 베풀라는 이야기였다. 아이들은 경제적인 능력이 없더라도 일부 삐뚤어진 부모님들은 자녀들과 자녀의 친구들을 돈의 관점으로 바라보도록 가르친다. 쉬는 시간이나 점심시간에 가끔 아이들이 말하는 대화 속에 이런 이야기가 심심치 않게 들린다.

"너희 집 몇 평이야? 아빠 차는 얼마 정도 해? 외제차야? 한 달에 너희 아빠는 월급을 얼마 받아?"

돈으로 사람을 평가하는 아이들의 대화를 들으면서 씁쓸한 생각이 들었다. 아이들의 잘못이 아니라 아이들을 잘못 가르친 우리 어른들의 잘못이 아닐까? 그냥 다그치면서 나무라는 것보다 탈무드의 이야기를 통해 감사할 줄 알고 겸손하며 베풀 수 있는 마음을 더 효과적으로 전달할 수 있다고 생각한다.

다음 이야기는 정직한 돈과 지혜에 관한 이야기였다. 진정한 참부자가 되고 싶으면 정직해야 하고 무엇보다 지혜를 얻어야 한다는 내용이다. 정직하지 않고 지혜가 없으면 아무리 돈을 많이 벌어도 부를 지킬 수 없기 때문이다. 이러한 이야기들을 아이들과 함께 읽으면서 가치를 공유했다.

온작품 읽기를 할 때 주의할 것이 있다. 한 학기 동안 한 권의 책을 읽어야 한다는 부담감에 이것저것 활동을 많이 넣는 것은 좋지 않다. 책을 제대로 읽는 것. 다시 말하면 깊게 읽고 내면화한다는 기본 가치를 한순간도 놓치지 말아야 한다.

인생의 길을 알려주는 내비게이션

두 번째 파트부터 본격적으로 '독행'과 관련된 활동을 시작했다.

먼저 읽은 이야기는 불치병에 걸린 왕을 치료하기 위해 새끼를 갓 낳은 암사자의 젖을 구하는 데 성공한 젊은이에 대한 내용이었다. 이때 왕을 치료한 공이 누가 더 크냐에 대해 젊은이의 손, 발, 눈, 입이 서로 다투는 장면이 이어진다. 이야기의 결말은 입이 가장 중요하다고 나왔지만 이와는 상관없이 질문을 던졌다.

"우리 몸 중에서 가장 중요한 부위라고 생각하는 곳은 어디라고 생각하니?"

"전 손이라고 생각해요. 손은 무엇이든지 만들 수 있잖아요."

"저는 눈이요. 재미있는 동영상도 보고 게임도 할 수 있고 책도 읽을 수 있어요."

"심장이 제일 중요해요. 우리 몸에 피를 공급해주는 제일 중요한 곳이에요."

대부분 누구나 예상할 수 있다는 대답을 했다. 그런데 현준이가 재미있는 대답을 했다.

"전 머리카락이요. 탈모가 있는 남자들이 제일 지키고 싶어 하는 부위에요."

여기저기서 폭소가 터져 나왔다. 다른 질문을 던졌다.

"그럼 우리 몸에서 제일 필요 없다고 생각하는 부분은 어떤 곳이니?"

"맹장이요. 맹장은 수술하면 떼어내도 괜찮대요."

"저는 겨 땀이요. 흐흐 겨 땀 안 나게 막 뭐 바르고 하던데"

6학년 아이들과 함께하니 재미있는 대답이 많이 나왔다. 질문을 마치고 아이들과 함께 가장 중요하다고 생각하는 신체 부위 딱 두 가지만 정해서 토론하기로 했다. 우리 반에서 선정한 부위는 '손'과 '입'이었는데 아주 열띤 토론의 장이 시작되었다. '손' 팀이 먼저 말했다.

"손이 우리 신체 부위에서 가장 중요하다고 생각합니다. 우리 주변을 보세요. 손이 없이 만들어진 것이 거의 없지 않습니까? 시험을 칠 때도 손으로 치고 악기도 손으로 연주하고 그림도 손으로 그리고 게임도 손으로 합니다. 심지어 '입'에다 음식을 먹여주는 것도 손으로 합니다."

"저희는 입이 우리 신체 부위에서 가장 중요하다고 생각합니다. 아무리 손으로 음식을 입에 가져다주면 뭐합니까? 입이 음식을 먹지 않으면 결국 몸에 음식이 안 들어가고 결국 손도 힘을 쓰지 못합니다. 그리고 강의나 발표를 할 때나 친구와 대화를 할 때도 입이 없으면 안 됩니다. 그리고 손이 없어도 요즘엔 음성인식이 있어서 할 수 있는 일이 많습니다. 그렇기 때문에 입이 제일 중요하다고 생각합니다."

[그림 1] 신체 부위 중 '입'이 가장 중요하다고 생각하는 이유

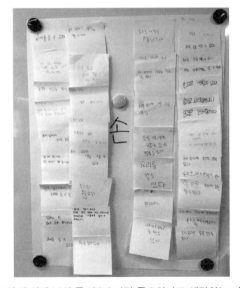

[그림 2] 신체 부위 중 '손'이 가장 중요하다고 생각하는 이유

우리 몸에서 가장 소중하다고 생각하는 것		이유
우리 몸에서 가장 소중하지 않 다고 생각하는 것		이유

읽기 중 활동

1. 왕의 불치병을 고치기 위해 의사가 말한 치료법은?

2. 손과 발, 그리고 눈과 입이 서로 싸운 까닭은?

3. 눈과 발, 그리고 손이 입의 말에 고개를 끄덕인 이유는?

읽기 후 활동

우리 팀에서 정한 소중하다고 생각하는 곳	상대 팀에서 중요하다고 생각하는 곳
근거 정리	상대 팀 근거 정리

판정단

1. 토론 규칙을 잘 지켰는가?

2. 주장과 근거가 부합하는가?

3. 근거가 객관적이거나 믿을 만한가?

토론을 통해서 명확하게 생각을 이야기하고 주장을 뒷받침하는 근거를 찾고 타당한지 검증하는 과정이 동시다발적으로 일어났다. 이때 판정단은 토론의 승패를 판정하는 데에 목적을 두지 말고 토론의 규칙 준수와 주장과 근거의 적절성을 판단하여 종합적으로 평가했다. 토론은 누군가를 이기는 싸움이 아니라 본인 스스로 생각을 드러내고 부족한 논리와 근거를 보완하는 도구로 사용하는 것이 좋다.

다음 이야기는 신이 모세를 이집트로 보내려고 할 때 모세가 자신은 말을 잘하지 못하므로 가지 못하겠다고 대답하는 내용이다. 물론 결국 신은 모세의 입을 만들고 말하는 능력을 줄 테니 안심하라고 설득한다. 이렇게 유대인들은 신이 어떤 일을 하려고 할 때에도 이유를 대면서 거부할 수 있는 용기를 지녔다는 것이다.

이 이야기를 읽을 때에 핵심은 "NO!"라고 거부하는 용기가 아니라 그 뒤에 따라오는 Because에 나오는 이유이다. 아이들과 이야기를 읽으면서 5WHY활동을 했다. 5WHY란 왜라는 물음을 계속하면서 문제의 본질을 찾는 것이다. 학교에서 아이들과 편식하는 친구들이 왜 편식을 하는지에 대해서 5WHY를 진행했다. 특히 당근, 파프리카, 가지와 같은 식재료를 싫어했는데 우리 반 아이들이 다른 친구들을 인터뷰한 내용을 살펴보자.

1WHY-"급식 반찬 중에 가지 볶음을 먹지 않으셨는데 왜 편식을 하셨나요?"

"가지가 싫어서요."

2WHY-"왜 가지를 싫어하나요?"

"맛이 없기도 하지만 물컹물컹한 식감이 싫어요."

3WHY-"그럼 왜 물컹물컹한 식감을 싫어하나요?"

"고무나 지우개를 씹는 느낌이어서요."

4WHY-"왜 고무나 지우개를 씹는 느낌이 싫다고 느끼나요?"

"고무는 보통 타이어나 지우개 같이 먹는 것이 아니라 사용하는 물건에 많이 쓰니까 음식이 아닌 걸 먹는 것 같아요."

"그럼 어떻게 하면 가지를 먹을 수 있을까요?

"가지의 물컹물컹한 식감이 나지 않게 만들면 먹을 수 있어요."

이것은 급식 메뉴를 사례로 활용한 것이다. 비록 4WHY까지만 진행되었지만 가지라는 식재료를 먹지 않는 진짜 이유는 음식이 아닌 것 같은 식감 때문인 것을 알게 되었다. 이와 같이 5WHY까지 진행되지 않더라도 '왜?'라는 물음을 계속하다 보면 문제의 진짜 원인을 파악할 수 있게 된다. 학교에서 수업할 때는 학생들과 관련된 다양한 주제로 5WHY를 진행할 수 있다. 예를 들면 '또한 다른 사람의 제안을 거절할 때에도 적절한 이유를 알게 되면 오해와 갈등의 소지가 줄어들게 됨을 아이들과 함께 체감하게 되는 계기가 되었다.

혼자 하는 일에는 위험이 따른다.

여우와 포도 굴에 관한 이야기가 나온다. 혼자 과욕을 부리게 되면 리스크(risk)가 너무 크기 때문에 성과를 잃을 위험이 크다. 그래서 작은 성과라도 위험을 줄이도록 행동하는 것이 좋을 수도 있다.

이 부분을 읽고 협동화 그리기를 했다. 아이들은 무슨 일을 시작할 때 너무나 거창하고 커다란 계획을 세운다. 방학 계획표나 공부 계획을 세울 때 보면 혼자 감당할 수 없는 치밀한 계획을 세워서 며칠 하다가 조금만 잘못되어도 금방 포기하고 만다. 탈무드를 읽으면서 아이들에게 커다란 그림을 그리겠다고 했다.

"우리는 커다란 그림을 그릴 거야. 너희들이 좋아하는 애니메이션 캐릭터를 그려보자."

[그림 3] 자신이 감당할 수 있는 만큼만 노력한다면
모여서 커다란 작품을 완성할 수 있다.

"커다란 그림을 어떻게 그려요?"

"커다란 그림을 혼자 그리다 보면 다 그리기도 전에 지치겠지. 그러니까 조금씩 나누어서 우리가 함께 그리도록 할 거야."

협동화 자체를 잘 그리는 것이 목적이 아니다. 자신이 감당할 수 있는 만큼만 노력해서 한 조각 한 조각 붙이면 커다란 작품이 완성된다는 것을 아는 것이 중요했다. 처음에 조각 그림을 나누어 받은 아이들이 이야기했다.

"커다란 그림 그린다면서 겨우 이 한 장이에요?"

"그래 이 한 장은 그릴 수 있겠지?"

"에이 이건 금방 그리죠."

모둠별로 모여서 색연필로 그림을 그렸다. 다 그린 다음 이어 붙여서 커다란 그림이 되는 모습을 보면서 자신이 감당할 수 있는 몫을 해낸다면 결국에는 커다란 목표도 이룰 수 있다는 것을 함께 체험하게 되는 계기가 되었다.

넘어졌다면 일어날 일만 남았다

아이들과 생활하다 보면 실패를 했을 때 낙심하고 좌절하는 경우가 많다 탈무드를 읽으면서 실패를 두려워하지 않고 다시 일어서는 힘을 얻을 수 있으면 좋겠다고 생각했다.

《곁에 두고 읽는 탈무드》를 읽으면서 거지의 돈벌이라는 이야기를 통해 유대인 거지들이 구걸할 때에도 사람들의 심리를 활용해서 최소한의 위험으로 최대한의 이익을 거두는 방법을 알게 되었다. 작은 일이거나 간단하다고 생각하는 일을 계획이나 준비 없이 무턱대고 시도했다가 실패한 경험을 이야기해보도록 했다.

"병아리가 너무 예뻐서 문방구 앞에서 샀다가 며칠 안 되어서 죽었던 적이 있어요. 너무 슬펐어요."

"병아리를 키우는 방법 공부했었니?"

"공부는 따로 하지 않고 그냥 박스에 넣고 키웠는데요."

"저는 다이어트 한다고 결심했다가 아빠가 치킨 사 와서 포기했어요."

"계획은 어떻게 짰는데?"

"아이돌처럼 날씬하고 예뻐질때까지 하려고 했어요."

"유대인들은 구걸할 때도 전략과 계획을 세우는데 우리가 그동안 너무 계획 없이 살아왔구나. 유대인들은 씨앗이 자라는 과정을 통해서 자원을 효율적으로 사용하고 위험을 관리하는 법을 배운다고 해. 우리도 씨앗이 자라서 열매 맺는 과정을 살펴보고 다시 계획을 세워보자."

아이들과 함께 씨앗이 심어져서 열매를 맺는 과정을 살펴보기로 했다. 작은 씨앗이라도 열매를 맺을 때까지 많은 위험이 있음을 알게 되었다. 농사를 위해서는 그때마다 식물이 해를 입지 않도록 위

씨앗이 심어져서 열매를 맺기까지 과정을 그림으로 나타내기

1. 유대인 거지 둘이 길가에서 꺼낸 도구는?

2. 십자가 쪽 유대인이 자기 앞에 돈을 다윗의 별을 내놓은 사람에게 건넨 이유는?

3. 그리스도교 신부가 십자가 쪽 유대인에게 돈을 적선한 이유는?

나에게 하루 동안 그냥 흘려보내는 시간 찾기

흘려보내는 시간 중에 할 수 있는 좋은 습관 한 가지 만들기

좋은 습관 일주일 계획표 만들어 실천하기

요일	월	화	수	목	금	토	일
시간							
달성							

일주일의 습관 성찰

험 관리를 해주고 가장 최적의 환경을 만들어야 한다는 것을 알게 되었다. 이와 함께 과학 시간을 통해 씨앗으로 식물을 기르면서 적절한 햇빛과 물, 공기 온도를 유지하는 것이 중요하다는 것을 알게 되었다. 이에 따라 학생들은 자신에게 주어진 시간과 노력을 효율적으로 사용하는 방법을 알게 되었다. 이렇게 생각이 확장되었다.

자신에게 주어진 자원을 관리하고 효과적으로 위험을 관리하는 것을 실천하는 것은 거창한 것부터 시작하는 것이 아니라 자신의 삶을 변화시킬 작은 습관 하나를 만드는 데서 시작한다.

초등학생들은 스스로 자신의 시간을 관리하지 못하고 바람직한 습관을 형성하지 못한 경우가 많다. 그들의 일정은 학교나 학원, 부모님에 의해 계획되거나 통제된 가운데 수동적으로 운영된다. 그래서 시간이 주어져도 자신 스스로 시간을 관리하지 못하고 허비하게 된다. 그런 과정이 반복적으로 일어나게 되면 자신감이 떨어지고 의존적인 성향이 짙어진다.

그러나 반대로 말하면 아이들은 스스로 습관을 형성할 수 있는 무한한 가능성이 있다고 할 수 있다. 학생들이 작은 습관 하나만 스스로 형성할 수 있다면 자신의 삶을 본인 힘으로 통제할 수 있는 자신감이 생기고 나아가 삶을 변화시키는 출발점이 될 수 있다.

희망은 실패자의 마지막 무기다.

어느 랍비에게 닥친 재난에 관한 이야기를 읽고 랍비에게 닥친 재난이 없었다면 결국 도적 떼에게 발각되어 목숨을 잃을 뻔했다는 사실을 알게 된다. 재난이 오히려 랍비에게는 커다란 축복이었다. 아이들과 이 대목을 읽으면서 이야기했다.

"선생님이 한 사람을 소개해 줄게. 이 사람은 어릴 때 자신을 낳은 부모님으로부터 버림을 받았어. 이 사람을 입양한 양부모님은 대학도 나오지 않은 사람들이었고 가난했단다. 가난한 환경에서도 이 사람은 열심히 공부해서 대학에 합격했지. 하지만 이 사람은 양부모님의 가정 형편을 걱정해서 중간에 학교를 그만두었단다. 나중에 이 사람이 회사를 만들어서 경영하다가 회사 안의 다른 사람들의 의견에 따라 자기가 만든 회사에서 쫓겨났어. 심지어 췌장암에 걸려서 죽을 뻔했지만 수술이 잘되어 몇 년 더 생존했지만 결국 지금은 죽고 말았단다. 이 사람은 어떤 사람인 것 같니?"

"엄청 불행한 사람이요."

"완전 불쌍한 사람이에요."

"혹시 이 사람이 누군지 아니? 바로 애플을 만든 창업자 스티브 잡스(Steve Jobs)란다."

"네??"

"스티브 잡스는 자신이 어릴 때 부모님으로부터 버림을 받았기 때문에 헌신적인 양부모님을 만날 수 있었다. 대학 학비가 비쌌기 때문에 중퇴해서 창업을 일찍 할 수 있었다. 자신이 만든 회사에서 쫓겨났기 때문에 토이스토리라는 엄청난 애니메이션 제작사를 만들 수 있었다. 이것은 '아이팟(iPod)'과 '아이폰(iPhone)'을 만드는 밑거름이 되었다. 췌장암에 걸려서 죽음의 문턱까지 가보았기 때문에 가치 없는 삶을 살지 않고 항상 삶을 소중하게 여기고 감사할 수 있게 되었단다. 스티브 잡스에게 닥친 불행은 오히려 축복이 되었단다. 우리도 이처럼 자신의 불행을 극복하고 희망과 축복으로 바꾼 사람들을 찾아보도록 하자"

아이들은 팔다리 없이 태어났음에도 불구하고 삶을 감사하고 다른 사람에게 희망을 전하는 닉 부이치치(Nick Vujicic), 파산해서 트럭에서 숙식을 해결했지만 60세가 넘는 나이에 자신의 요리 비법을 가지고 도전했던 KFC의 커넬 센더스(Colonel Sanders), 수입이 없어 국가에서 보조금을 받던 가난한 작가였지만 세계적인 작가가 된 〈해리포터〉의 조앤 롤링(J. K. Rowling) 등 다양한 사례를 조사해왔다. 시작은 탈무드의 이야기 한 편에서 시작했지만 아이들의 마음속에는 앞으로 자신에게 어떤 시련이나 불행이 닥치더라도 절대 포기하지 말고 희망을 가지라는 탈무드의 가르침대로 극복해내리라고 다짐했을 것이다.

아울러 '모든 것을 신의 관점에서 생각하라'라는 글에서 애덤스와 엘리야 선지자의 대화 이야기를 읽고 우리에게 닥친 현재 상황을 바라보지 말고 신의 관점에서 생각하게 한다. 때로는 눈에 보이는 것보다 눈에 보이지 않는 것이 더욱 중요하다는 것을 알려준다. 물질만능주의, 물신숭배사상 등 현대사회에는 눈에 보이는 것들에 대한 중요성이 팽배해 있다. 그러나 그보다 더욱 중요한 것이 존재한다. 사랑, 감사, 겸손, 배려, 믿음, 희망, 나눔, 기쁨, 행복, 인내, 희생 등 눈에 직접 보이지는 않아도 세상 어떤 것과 비교해도 더욱 소중한 가치들이다. 온작품 읽기 활동을 통해서 이러한 가치를 내면화하는 것이 중요하다.

"선생님이 한 사람을 더 소개해줄게 이 사람은 일본 '마쓰시타전기', '파나소닉', '내쇼날'이라는 회사를 창업한 마쓰시타 고노스케라는 사람이야. 이 사람이 한 이야기를 한번 읽어보자."

너무 약하게 태어났기에 다른 사람에게 부탁하는 법을 배웠고, 학교 공부를 하지 못했기 때문에 늘 다른 사람들에게 가르침을 구했으며 죽을 고비를 여러 번 넘겼기 때문에 엄청난 행운을 타고났다고 믿게 되었다.

마쓰시타 고노스케의 가르침을 통해서 아이들 스스로 처한 현실을 감사하면서 돌아보는 계기가 되었다. 마쓰시타 고노스케는 감사하는 마음을 토대로 배우고 겸손한 결과 세계적인 기업의 창업주가 되고 말았다.

마쓰시타 고노스케 명언 다시 한 번 적어보기

힘들었거나 슬펐던 경험 적어보기

1. 애덤스가 가졌던 한 가지 의문은 무엇인가?

2. 예언자 엘리사가 내건 조건은 무엇인가?

3. 엘리사가 사라지기 전 애덤스에게 말을 해준 이유는?

자신의 힘든 상황이나 어려움	신의 관점에서 바라보는 긍정적인 점

마쓰시타 고노스케처럼 긍정적인 마음으로 감사의 글 적기

학생들도 힘들었거나 슬펐던 경험을 통해 서로를 공감하고 이해하게 된다. 신의 관점에서 자신의 어려움을 돌아보고 감사하는 마음가짐을 가지게 한다. 가정의 불화, 경제적 어려움, 신체적인 불편, 인종이나 문화 차별, 질병, 학교폭력 경험같이 불행을 겪고 있는 아이들이 있다. 이런 환경에서는 긍정적인 마음이나 감사하는 마음을 가지기는 쉽지 않다.

그러나 '신의 관점'에서 바라보면 그러한 현실조차도 불행이 아니라 축복일 수 있다는 것이다. 이화여대 유아교육과 4학년 때 7중 교통사고 화재로 인해 전신의 55%에 3도 화상을 입고 죽을 고비를 여러 번 넘기고 꿋꿋이 이겨내고 UCLA에서 사회복지학 박사학위를 받고 한동대 교수가 된《지선아 사랑해》의 저자 이지선 교수가 그 예이다. 아이들의 삶을 긍정적으로 바라보고 감사할 내용을 찾는다면 얼마든지 찾을 수 있다.

활동지를 작성하면서 친구들과 함께 단점 바꾸기 활동을 하게 했다. 자신의 단점이라고 생각하는 점을 포스트잇에 적은 후 일어나서 5명 이상의 친구들과 만나서 자신의 단점을 하나씩 번갈아가면서 이야기했다.

예를 들면, "나는 너무 성격이 급해"라고 한다면 그 이야기를 들은 친구는 단점을 장점으로 바꾸어준다. "아니야. 자신에게 주어진 일을 능동적이고 적극적으로 처리하려고 하는 장점이 있어."라고 말이다.

물론, 이 상황에서 일부러 장난스럽게 "나는 도둑질을 잘해"라든지 "친구에게 욕설을 잘해"라는 식으로 이야기하는 아이들도 있었다. 이때에는 장난스럽게 받아들이지 않도록 가이드를 주는 정도로 개입을 했다.

처음에는 아이들이 수줍어하다가도 적극적으로 참여했다. 오히려 자신이 가진 단점을 친구가 장점으로 말해주는 것이 새롭고 재미있다고 이야기했다. 이 활동을 통해 자신의 주변의 환경이나 단점 때문에 상심하거나 불평하기보다는 감사하는 마음을 가지는 것이 중요하다는 사실을 깨닫게 된다. 또한, 자신의 단점이 다르게 생각하면 자신에게 둘도 없는 새로운 장점이 될 수 있음을 알게 되어 자긍심과 자존감을 얻을 수 있다.

삶을 변화시키는 독서의 불 씨앗

학생들과 온작품 읽기를 하다 보니 책을 바라보는 관점이 많이 바뀌었다. 예전에는 학생들에게 책을 되도록 많이 읽도록 하는 것이 최고의 길이라 착각했었다.

온작품 읽기 수업은 독서의 양보다는 질을 높여주는 수업이다. 그 결과 학생들에게도 변화가 일어났다. 학교에서 수업 시간에 하나의 책을 찬찬히 읽는 버릇을 가지게 되니 다른 책을 읽을 때도 숨은 의미라든지 작가의 삶이나 작품의 시대적 배경에 관해 관심을 가지는 현상이 생겼다. 아울러 독서에 흥미가 없던 학생도 독서에 조금씩 관심을 표현하기 시작했다.

학부모들과 상담을 통해 몇몇 학생들의 변화를 들을 수 있었다. 평소에 책이라면 전혀 읽지 않고 게임만 하던 녀석이 어느 날 갑자기 유대인의 교육에 관한 책을 더 사달라고 했고, 이재풍 선생님이 쓰신 《한 권을 읽어도 정약용처럼》이란 책도 사달라고 했다고 한다.

온작품 읽기 활동을 진행하면서 다시금 왜 이것을 해야만 하는 가에 대한 근본적인 물음을 다시 하게 되었다. 온작품 읽기를 왜 해야만 하는가? 스스로 다시 묻고 또 되묻게 되었다. 나름의 결론을 내리자면 온작품 읽기는 단순히 한 권을 잘 읽거나 감명을 받기 위해 읽는 것이 아니다. 책을 통해서 삶을 바꾸는 계기가 된다는 생각이 들었다.

'온작품 읽기'의 목표는 책 한 권을 통해서 삶을 변화시키는 데에 그 지향점을 두어야 한다. 책 한 권을 온전히 읽는 것을 통해 먼저 독서의 재미를 느끼게 된다. 그리고 작품 안에 담긴 참된 의미와 가치를 깨닫게 된다. 마침내 읽는 사람 스스로가 그 의미와 가치를 체득하여 삶이 변하게 된다.

온작품 읽기로 한 권을 온전히 읽었다. 지금 당장 극적인 변화가 눈에 보이진 않더라도 분명히 변화가 시작되었다고 믿는다. 커다란 산불도 아주 작은 불씨에서 시작되듯 아이들의 마음속에는 독서의 불씨가 이제 생겨난 것이라고 말이다. 아이들뿐만 아니라 교사, 학부모까지 독서의 불씨가 함께 붙어 서로 힘이 되어주고, 혹시 불에서 한 곳이 꺼지면 다시 서로 옮겨 붙이면서 키워나가는 꿈이 현실이 되길 소망한다.

6학년 독행(篤行, 성실히 실천하기):
《빨강 연필》

엄선경

책으로, 삶으로! – 삶과 통하는 책 읽기를 위하여

온작품 읽기가 아이들의 정서적·지적 능력을 높이는 데 큰 도움이 된다고 한다. 그래서 학교 현장에서 온작품 읽기 열풍이 불고 있다고 해도 과언이 아니다. 그것은 그동안 독서장제 및 독후 활동 등 다독 위주의 독서교육에 대한 반성에서 시작되었다. 2015 개정 교육과정에서는 국어 시간에 책을 읽을 수 있도록 따로 시간을 편성하기도 할 정도로 책 읽는 것 자체에 가치를 두고 있다는 것을 알 수 있다.

나도 아이들이 책을 좋아하게 해주고 싶었다. 책 읽는 것을 좋아하게 도와준다면 아이들은 책을 친구 삼을 것이고, 그 친구와 손잡고 성장할 것이며 위기가 왔을 때 함께 극복해 나갈 것이다. 그리고 평생 독자가 되어 아이들의 삶을 풍성하게 가꿔줄 것이라 믿는다. 그렇다면 어떻게 우리 아이들이 책 읽기를 좋아하게 도와줄 수 있을까? 온작품 읽기 열풍에 힘입어 우리 학교의 역점 교육도 '정약용의 일권오행 인문고전 독서교육을 통한 책임감 있는 리더 양성'이다. 교육과정을 재구성해서 아이들과 온작품 읽기를 하기로 하였다. 교육과정 재구성을 위해 우선 책을 선정하는 것이 매우 중요했다. 6학년 선생님들과 책 선정 회의를 하였고 오랜 대화를 통해 우리가 바라는 책의 기준을 정리하였다.

기준은 첫째, 재미있어야 한다. 둘째, 6학년 수준에 맞아야 한다. 셋째, 국가 수준 교육과정과 연계하기 수월해야 한다. 넷째, 아이들의 삶과 연결되고 감동이 있어야 한다는 것이었다.

이 기준을 적용하여 책을 선정하려고 하였지만 막막했다. 작년에는 《허클베리 핀의 모험》을 온작품 읽기 책으로 선정하였는데 어려웠다는 이야기를 전해 들어서 더 고민이 되었다. 일단 책의 종류가 방대하였고 6학년 선생님 모두가 읽어 본 책이 적었다. 한 선생님이 읽은 책은 다른 선생님이 읽지 않았고 이 선생님이 읽은 책은 다른 선생님이 읽지 않았다든지 이런 식이었다. 모두 읽은 책이 있어도 우리가 세운 기준에 맞지 않기도 하였다. 고민하던 우리는 온작품 읽기를 소개한 책을 검토해 보았다. 이 책들을 함께 읽어보고 적용 사례들을 살펴보았다. 그러면서 우리가 세운 기준에 적합한지 논의하였다.

그렇게 해서 온작품 읽기 책으로 《빨강 연필》을 최종적으로 결정하였다. 읽어 보니 어렵지 않게 읽을 수 있고, 재미도 있으며 생각할 거리도 있어 아이들의 삶과 연결할 수 있겠다 싶었다. 더 욕심을 내자면 아이들의 삶이 변화될 수 있기를 바랐다. 그리고 이 과정에서 교육과정의 성취기준을 지도하고 평가하는 것도 빼놓을 수 없었다.

책 내용을 잠깐 소개하자면 주인공 민호는 딱히 잘하는 것이 없는 평범한 아이다. 특히 일기 쓰기, 글짓기 등을 싫어하는 아이다. 이런 민호가 마법 같은 '빨강 연필'을 만나면서 여러 가지 일들이 생기게 된다. '빨강 연필' 때문에 자신이 쓴 것보다 훌륭한 글을 제출하게 되고, 민호는 여태껏 느끼지 못한 사람들의 주목과 뿌듯함을 경험하게 된다. 엄마는 민호를 자랑스러워했고 선생님은 인정해 주었으며 친구들은 부러워했다. 하지만 민호는 마음이 편하지만은 않다. 《빨강 연필》은 민호의 갈등, 좌절, 희망 및 성장 이야기가 재미와 함께 담겨있는 좋은 책이다.

이 책으로 성취기준이라는 기반 위에서 아이들이 즐겁게 책을 읽으며 자신의 삶과 연결해서 성찰하는 계기가 되기를 바랐다. 그리고 아이들이 협동하여 직접 연극을 만들고 공연함으로써 책 속에서 논의한 것을 삶으로 연결하여 친구들과 하나 됨을 경험하기를 바랐다. 이러한 관점으로 책을 선정한 후 교육과정을 재구성하였다.

연극으로 열어가는 교육과정

국어, 도덕, 미술, 음악, 체육 교과를 통해 주제 중심 재구성을 하였다. 모두 30개 차시로 온작품 읽기 수업을 계획했다. 처음에는 작품을 이해하는 데 중점을 두었다. 중간에는 도덕 교과와 연계하여 작품으로부터 학생들의 이야기를 끌어내고, 자신을 여는 시간을 갖도록 하였다. 마지막으로 학생들이 협동하여 연극을 공연하기로 했다. 자신을 소중히 여기고 서로를 이해하면서 건강한 자아를 만들고, 이를 통해 배려가 넘치는 우리 반이 되었으면 하는 마음으로 교육과정을 재구성하였다.

앞부분에서 작품의 이야기를 이해하는 수준으로 정했다면 중간 부분에서는 하브루타를 통해 작품을 더 깊이, 비판적인 시각으로 이해하도록 해보았다. 온작품 읽기 뒷부분은 연극을 준비할 수 있도록 계획하였다. "지금부터 연극하세요."라고 한다고 해서 바로 연극이 되는 것이 아니기에 풍성하게 작품을 이해하고, 그 이해를

성취기준	수업 계획			평가 계획
	차시	주제	비고	
[6국02-01] [6국02-02] [6국05-01] [6국05-05]	1-2	《빨강 연필》 읽기(1)	교사가 읽어 주기	▪ 수행평가 (관찰평가) ▪ 평가내용 - 즐겁게 책을 읽고 토의하며 이야기를 파악하였는지 평가
	3-4	《빨강 연필》 읽기(2)		
	5	《빨강 연필》 속으로 들어가며 (나의 경험 나누기)		
	6-7	내용 알아보기	하브루타	
	8	《빨강 연필》 인물 관계도 그리기		
	9	민호의 이야기를 따라서	사건 순서대 로 정리하기	
	10-11	이야기 구성 파헤치기	인문, 사건, 배경	
[6도04-01]	12	민호의 인생 곡선 그리기		▪ 수행평가 (관찰평가, 정의적 평가) ▪ 평가내용 - 자신의 인생을 긍정적으로 바라보고자 하는 태도 평가
	13	나의 인생 곡선 그리기		
	14	내가 만나고 싶은 비밀친구는?		
	15	있는 그대로의 나! 그게 나야!	영상-'너는 특별하단다'	
[6국01-03]	16	질문으로 친구의 생각을 깨워라!	토론 주제 정하기	▪ 수행평가 (토론, 관찰평가) ▪ 평가내용 - 절차와 규칙을 지키고 근거를 제시하며 토론하는지 평가
	17-18	토론하기	찬반토론	
[6국05-04] [6국05-06]	19	효주와 '빨강 연필' 이야기 (뒷이야기 상상하기)		▪ 수행평가 (자기평가) ▪ 평가내용 - 책과 삶을 반영하는 희곡을 쓰고 즐겁게 연극 발표하였는지 평가
	20-21	우리의 《빨강 연필》 희곡 쓰기		
	22-26	연극 준비하기	역할 분배, 배경, 음악, 소품, 리허설	
	27-28	연극 발표하기		
	29	연극 소감 나눔 및 피드백		
	30	《빨강 연필》 을 나오며		

바탕으로 연극을 꾸밀 수 있도록 음악과, 미술과, 체육과, 국어과
를 통합하여 연극을 공연할 수 있게 했다.

삶으로 만나는 수업 이야기

책을 좋아하지 않는 아이들!

 학기 초부터 책을 좋아하는 우리 반이 되었으면 하는 바람으로 아침 독서 시간을 확보하여 책을 읽게 하였고, 도서관에 자주 가게 하였으며 책을 왜 읽어야 하는지 장황하게 설명 및 설득을 하였다. 일주일에 읽은 책 중 한 권을 골라서 '행복한 책 읽기'(독서록)를 쓰게 했는데, 써온 책 목록을 보면 한숨부터 났다. 〈콩쥐팥쥐〉, 〈키다리 아저씨〉, 〈인어공주〉 등 숙제를 위한 독서록을 쓰고 있었기 때문이다. 우리 반 학생들은 책 읽기를 좋아하지 않았다. 게다가 독서록을 포함한 여러 독후 활동을 너무 싫어했다.

 나는 '왜 [행복한 책 읽기]를 쓰게 하고, 독서교육을 통해 무엇을 가르치고 싶은가?'에 대한 고민을 시작하였다. 일단 아이들이 책 읽기를 좋아하면 좋겠다는 바람이 생겼다. 다른 것은 다 필요 없고, 그냥 책 읽기를 즐기면 그걸로 만족할 수 있을 것 같았다. 책 속에 푹 빠져서, '와~ 정말 재미있다!'라고 생각하면 얼마나 좋을까? 그렇게 하려면 어떻게 해야 할까? 나는 어떤 도움을 줄 수 있을까? 이런 고민에 대한 답을 찾기 위해 첫발을 내딛었다.

책 읽어주는 선생님

"어휴~ 선생님, 저희가 애들이에요?"

"그냥 책 읽으라고 하세요."

"이상해요!"

4월 어느 날, 교사인 내가 6학년 우리 반 학생들에게 책을 읽어주겠다고 하자 아이들이 보인 반응이었다. 어색해할 것이라고 예상은 했지만 이렇게까지 부정적인 반응을 할 줄은 몰랐기에 당황하였다. 하지만 물러설 수 없었다.

"재미있는 책이에요. 재미없으면 안 들어도 돼요. 일단 선생님이 읽어 줄 테니 들어보고, 여러분이 싫다고 하면 다시 읽어주지 않을 거예요."라고 설득을 하였지만, 아이들은 좀처럼 들으려고 하지 않았다.

"약속해요. 들어보고 싫다고 하면 읽어주지 않을게요!!"

거의 반강제적으로 이야기를 읽기 시작하였다. 이렇게 읽기 시작한 책이 《푸른 사자 와니니》였다. 아이들이 재미있게 읽을 수 있는 책을 찾아보았고, 《푸른 사자 와니니》를 추천받았다. 책을 사서 읽어보니, 나도 뒷부분 내용이 매우 궁금하여 밤늦게까지 앉은 자리에서 책을 모두 읽어 버릴 정도로 재미있었다. 아이들이 재미있어 할 것이라는 확신이 들었다. 우리 반 아이들이 책의 매력에 빠지길 기대하며 나의 목소리로 책을 읽어주기 시작하였다.

"오늘은 여기까지!"

"아~~~~ 안돼요~!!! 더 읽어주세요. 정말 궁금해요!! 네??"

200쪽이 넘는 책이라서 한 번에 다 읽기가 어려웠기에 중간에 끊자 아이들의 반응은 처음에 책을 읽어준다고 했을 때 보였던 거부반응 보다 더욱 격렬했다. 와니니의 아픔과 슬픔에 여기저기서 탄성이 터졌고, 웃음을 주는 장면에서 함께 웃음을 공유하게 되었다. 어느새 아이들은 와니니와 함께 푸른 초원 한가운데 서 있었다. 자신들의 변화를 스스로 느낀 몇몇 학생들은 "선생님, 처음 읽어주겠다고 하셨을 때 반응이랑 완전 다르네요."라고 하였다. 매일 아침에 등교하자마자 "오늘도 와니니 읽어주실 거죠?"라며 묻는 학생들이 늘었다. 심지어 하교 후 정현성 어머님께 전화가 왔다. "선생님, 요즘 읽어주시는 책 제목이 정확히 뭐죠? 저희 애가 선생님이 읽어주시는 책이 재미있다고 뒷부분 내용이 궁금하다고 하네요. 그래서 아이가 책을 빌려달라고 부탁해서 도서관에 왔는데, 제목이 어려워서 찾지 못하고 전화 드렸어요." 하셨다. 나는 어느새 미소를 짓고 있었다. 몇 학생은 내가 다 읽어주기 전에 책을 사거나 빌려서 다 읽어 버렸다. 마침내 책을 끝까지 다 읽자 아이들에게 질문하였다.

"어때요? 재미있었어요?" 누가 먼저라고 할 것도 없이 교실이 떠나갈 것처럼 "네!"라고 대답하는 것이 아닌가!

"선생님은 정말 기뻐요. 여러분이 지금처럼 책을 좋아하고 책에 푹 빠져서 읽으면 좋겠어요. 그걸 위해서 《푸른 사자 와니니》를 읽어 준 거에요. 다양한 독후 활동을 하고 싶지만 책의 재미를 느끼고 간직했으면 하는 마음으로 독후 활동을 하지 않겠어요. 대신 각자 《푸른 사자 와니니》 책에 대해서 좀 더 생각해보면 좋겠어요."라고 진심을 다해 말하였다. 아이들은 다른 책을 더 읽어달라고 요구하였다. 저학년 아이들만 책을 읽어주면 좋아하는 줄 알았는데, 초등학교 최고 학년인 6학년 학생들에게도 이처럼 효과 만점인 것을 보고 내심 놀라기도 하고, 기쁘기도 하였다. 그 뒤로 여러 책들을 읽어주었다. 말 그대로 그냥 읽어주기만 하였고, 아이들은 책의 세계에 빠져들었다.

《빨강 연필》과의 만남

쉽고 재미있는 책을 읽어주니 아이들이 책을 점점 좋아하게 되는 것을 느끼게 되었다. 책에는 도통 관심이 없던 강민지가 무심결에 지나가는 말로 "책이 이렇게 재미있었어?"라고 하였다. 이렇게 《빨강 연필》과의 만남을 준비하였고, 마침내 만나게 되었다.

사실, 새 학년을 준비하면서 《빨강 연필》을 온작품 읽기 교육과정에 적용하고자 하였고, 교육과정을 재구성해 놓은 상태였다. 생각보다 아이들이 책을 좋아하지 않았고, 아무 준비 없이 《빨강 연필》을 만나 아이들의 삶을 바꾸는 온작품 읽기로 끌어갈 자신이 없어서 사전에 다양한 책 읽기를 진행했다. 5월이 되어서야 비로소 어느 정도 준비가 되었고, 드디어 《빨강 연필》을 아이들에게 소개하게 되었다.

이번에는 어떤 책을 읽어줄 것인지 궁금증을 높이며 1교시를 맞이했다. 나는 표지를 보여주며 질문을 하였다.

"책 제목이 뭐죠?"

"《빨강 연필》이요."

《빨강 연필》로 온작품 읽기를 시작하다!

드디어 우리는 《빨강 연필》과 마주했다. 그리고 우리는 손을 잡고 함께 《빨강 연필》 속으로 들어가고 있었다. 표지를 보며 이런저런 질문을 하며 이야기를 나누었다.

"뭐가 보이니?"

"빨강 연필이요.", "종이에서 뭐가 막 빠져나오는 것 같아요."

"제목도 《빨강 연필》이고, 그림에도 빨강 연필이 보이네."

"네~! 주인공이 빨강 연필이 아닐까요?"

나는 미소를 지으며 《빨강 연필》 책장을 넘겼다. 아이들은 기대에 찬 눈빛으로 나를 보고 있었고, 나는 책을 읽기 시작했다. 한 장(章)씩 책을 읽어주었다. 책을 읽다가 중간에 끊고 "민호는 어떻게 되었을까?", "민호는 어떤 느낌이었을까?" 등의 질문을 하였다. 아이들이 자연스럽게 대답을 하기도 하였고, 생각하는 표정을 짓기도 하였다. 《빨강 연필》은 다른 책보다 좀 더 짧은 시간에 집중해서 읽었다. 더 읽고 싶은 아이들은 책을 구매해서 개별적으로 반복해서 읽도록 하였다.

《빨강 연필》 속으로 들어가며

온작품 읽기의 제목을 '진짜 나를 찾아서-진실과 거짓말 사이의 용기'로 정했다. 민호가 빨강 연필을 만나면서 시작된 거짓말, 민호의 고민. '나는 누구인가? 이제 와서 진실을 어떻게 밝힌단 말인가?' 민호의 호흡을 따라가며 우리 아이들은 어느새 민호가 되어 있었다. 진실과 거짓말 사이에서 어떤 용기를 낼 수 있는가? 진짜

'나'는 누구인가? 이러한 고민을 하며 책장을 덮었고, 온작품 읽기의 주제가 되었다.

책을 모두 읽고 '《빨강 연필》 속으로 들어가며' 활동을 시작하였다. 민호가 만난 빨강 연필은 시작부터 거짓말을 했다. 민호의 사건과 아이들의 삶을 연결하며 시작하고자 하였다. "민호는 빨강 연필로 인해 거짓말을 하게 되었죠? 여러분도 민호처럼 거짓말을 했던 경험이 있었나요?"라는 질문을 하며 경험을 떠올려 보자고 이야기를 시작하였다. 거짓말은 우리와 익숙하고 친숙한 소재가 아닐까? 사실 솔직하게 말로 꺼내기 어렵지만 어쩌면 매일 하는 크고 작은 거짓말들 ……. 이 소재를 통해 아이들의 경험을 끌어내고 《빨강 연필》과 아이들의 삶을 연결해 보고자 하였다. '거

[그림 4] 《빨강 연필》 속으로 들어가며 - 경험 나누기

짓말'한 경험을 이야기해 보자고 했더니, 아이들은 쑥스러운 웃음, 망설이는 미소 등을 지으며 주저했다.

그래서 교사인 내가 먼저 "선생님도 거짓말을 해요. 선생님은 ~~한 경험이 있어요."라고 먼저 이야기를 했더니 잠시 후 아이들이 포스트잇에 자신의 거짓말 경험을 적기 시작했다. 조금 지나니 엄청 즐거워하면서 적었고 적은 것을 '나는 이런 거짓말을 해봤다.', '용기 있는 고백의 경험은?'에 나누어서 붙였다. 붙이고 나서함께 살펴보며 공유했다. 포스트잇에 이름은 적지 않도록 하였다. 나만 거짓말을 하는 것이 아니라는 생각과 공감대가 형성되면서분위기가 한결 부드러워졌다. 그렇게 거짓말의 경험을 공유하면서 알 수 없는 유대감을 느꼈고, 자신의 거짓말을 용기 있게 고백한 경험이 있는 친구들을 격려했다.

하브루타로 내용 알아보기

'《빨강 연필》 속으로 들어가며' 활동을 한 후 《빨강 연필》 내용파악을 위한 활동을 하였다. 책을 모두 읽었지만 이후 활동을 함께 하기 위해서 기본적인 내용을 확인할 필요가 있었기 때문이다. 그래서 학기 초부터 시작한 하브루타를 적용하였다.

학기 초에 《랑랑별 때때롱》을 읽어주고, 하브루타의 질문 주고

받기를 하였다. 처음에는 어려워하던 아이들도 반복해서 하다 보니 점차 익숙해지고 잘하게 되었다. 무엇보다 아이들이 이 활동을 매우 좋아했다. 일방적으로 주어지는 문제에 답하는 것이 아니라 직접 질문을 만들고 짝과 함께 답을 하는 과정 자체가 즐거운 모양이었다. 질문의 형태도 처음에는 정답이 있는 내용 질문을 만들었다면 상상 질문, 적용 질문까지 만들었다. 답을 하는 활동도 여러 방법을 적용하였는데, 처음에는 기본적으로 짝 활동을 하였고, 나중에는 모둠 활동, 전체 활동으로 확장할 수 있었다.

《랑랑별 때때롱》으로 내용, 상상 하브루타를 한 후 '친구의 생각을 깨워라!'라는 제목으로 비판적 질문을 만들도록 하였다. 《랑랑별 때때롱》 등장인물들의 모습에서 문제점을 찾고 비판적 질문을 만들어서 묻고 답하는 방식이었다. 그 후 모둠 안에서 가장 좋은 질문을 협의를 통해 뽑도록 하고, 그렇게 나온 7개의 질문(7개 모둠이므로) 중 가장 좋은 질문 하나를 선택하였다. 이 한 가지 질문으로 토론까지 진행하니 아이들이 매우 적극적으로 참여하게 되었다.

《랑랑별 때때롱》에서 나온 비판적 질문으로 '때때롱이 새달이네 씨호박을 말하지 않고 가져간 행동은 올바른 행동인가?', '랑랑별 사람들이 로봇에만 의존하는 것이 꼭 좋은 것인가?', '미래에 맞춤형 인간을 만드는 것이 옳은 것인가?' 등 여러 가지가 나왔다. 이 중에서 우리 반의 가장 좋은 질문으로 '미래에 맞춤형 인간을 만드는 것이 옳은 것인가?'가 선정되었다. 책을 읽고 질문을 만들어서 이것으로 토론을 진행하니 저 질문이 의미하는 것이 무엇인지 설명하지 않아도 되고, 이해된 토론 주제로 토론을 진행하니 준비 및 과정이 더 수월하게 느껴졌다.

하브루타가 익숙한 우리 아이들은 《빨강 연필》로 내용 하브루타를 진행하였다. 내용 질문을 두 개씩 만들고, 서로 답하도록 하였다. 짝 하브루타가 끝나면 질문 4개 중에서 가장 좋은 질문 2개를 뽑도록 한다. 짝 하브루타에서 뽑힌 질문 2개를 모둠 안에서 모으면 질문이 4개가 된다. 이 질문 4개로 모둠 하브루타를 하고, 그중에서 가장 좋은 질문 2개를 뽑는다. 모둠에서 뽑힌 질문 2개를 가지고 전체 하브루타를 진행했다.

선생님이 질문하면 손도 잘 들지 않고 대답도 모기 소리만큼 작던 아이들이지만, 모둠에서 뽑힌 질문을 학생 한 명이 말하고 대답할 사람을 선택하라고 하면 믿기지 않을 만큼 많은 아이들이 대답하겠다고 손을 들었다. 답을 틀리기도 하고 맞히기도 하면서 서로 웃고 질문하면서 책 내용에 몰입하는 순간이다.

내용 하브루타를 할 때 아쉬웠던 점은 아이들이 내용 전반적인 부분이 아니라 지나치게 국지적인 질문을 만들어서 답을 하기 쉽지 않도록 질문을 만든다는 것이었다. 애초에 의도했던 것은 질문을 통한 《빨강 연필》 전반적인 내용 파악이었는데, 너무 세부적인 내용을 질문으로 만들다 보니 이 목적을 달성하기 어려웠다.

따라서 처음부터 어떤 방향으로 질문을 만들면 좋은지 구체적인 가이드를 주었으면 좋았겠다고 생각했다. 교사가 제시한 관점으로 좋은 질문을 만들고 뽑으라고 안내해 주면 모둠 하브루타, 전체 하브루타를 할 때 전체적인 내용의 흐름을 잡을 수 있는 질문들이 나오게 된다.

내용 하브루타 후 상상 하브루타로 넘어갔다. 내용 하브루타가 책 속에 정답이 있는 질문을 한다면 상상 하브루타는 '만약?', '만약 ~가 아니라면?' 등의 질문을 한다. 대답하는 사람은 자신의 상상력을 동원하여 대답하기 때문에 책 속에 정해진 답이 없는 하브루타이다. 이 하브루타의 좋은 점은 아이들의 배경지식 및 경험, 느낌을 자연스럽게 엿볼 수 있다는 것이다. 그리고 아이들의 무한한 상상력으로 책을 더 풍성히 느끼게 되고, 정답이 없기에 틀릴지도 모른다는 불안으로부터 비교적 자유로울 수 있다는 장점이 있겠다. 내용 하브루타와 마찬가지 과정을 거쳐 질문을 선정했다. 짝 하브루타로 시작하여 가장 좋은 질문을 뽑고, 모둠 하브루타 후 모둠에서 가장 좋은 질문을 뽑고, 전체 하브루타를 진행하였다.

대표적으로 나온 상상 질문으로는 '민호가 빨강 연필을 사용한 사실을 솔직히 말했다면 어떻게 되었을까?', '민호가 빨강 연필을 재규에게 주었다면 어떻게 되었을까?' 등이 있었다. 엉뚱한 상상 질문도 있어서 모두 웃고 상상해보는 즐거운 시간이었다. 하브루

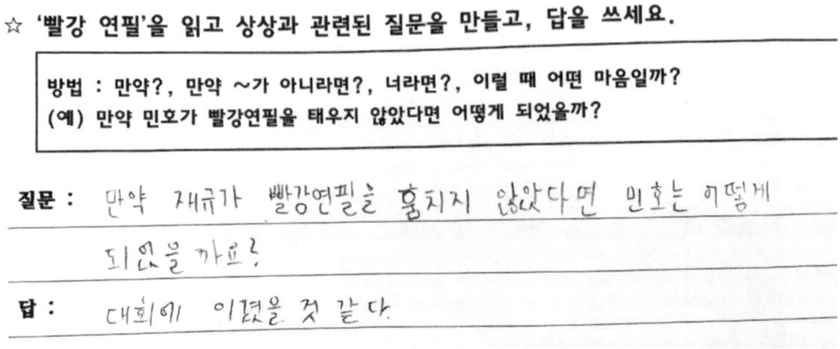

☆ '빨강 연필'을 읽고 상상과 관련된 질문을 만들고, 답을 쓰세요.

> 방법 : 만약?, 만약 ~가 아니라면?, 너라면?, 이럴 때 어떤 마음일까?
> (예) 만약 민호가 빨강연필을 태우지 않았다면 어떻게 되었을까?

질문 : 만약 재규가 빨강연필을 훔치지 않았다면 민호는 어떻게
되었을까요?

답 : 대회에 이겼을 것 같다.

[그림 5]《빨강 연필》읽고 상상 질문 만들기

타로 내용 파악하기의 장점은 딱딱한 문제에 답하는 시간이 아니라 아이들이 주체적으로 활동을 주도해갈 수 있고, 즐겁게 몰입하면서 내용을 자연스럽게 파악할 수 있다는 점이다.

《빨강 연필》 인물관계도

내용 파악을 하고 인물 및 인물 간 관계를 생각해보는 시간을 가졌다. 드라마나 영화 관련 홈페이지를 보면 인물관계도가 나오는데 그 관계도만 보아도 전체적으로 스토리가 그려진다. 결국 이야기의 중심은 인물들이고 이 인물들과 그들의 역동을 이해하는 것이 이야기를 깊이 있게 이해할 수 있는 한 가지 방법이 된다. 또한 아이들의 삶과 연계되는 독서, 삶을 변화시킬 수 있는 활동이 되기 위한 것 중 하나가 인물의 삶을 살펴보고, 자신과 관계를 맺

어보는 것이 될 것이다. 그래서 민호를 중심으로 엄마, 친구들인 재규, 수아, 정란, 송지아 작가님과의 관계, 이들의 성격 등을 적어보고 이야기를 나누었다.

백지 종이를 주고 인물 관계도를 그리라고 하면 막막하고 어려워할 것 같아서 양식을 만들었고, 간단히 내용을 채울 수 있도록 했다. 그래서인지 아이들이 어렵지 않게 인물관계도를 완성하였다. 인물관계도를 완성한 후 각 인물에 대한 자신의 생각, 느낌, 하고 싶은 말 등에 관해서 짝과 이야기를 나누었다. 활동을 하면서 느낀 점은 아이들이 집중하는 인물이 모두 다르다는 것이었다. 어떤 친구는 민호에 대한 느낌과 할 말이 많다면 어떤 친구는 재규에게, 어떤 친구는 엄마에게 더 많은 관심을 보였다. 이 활동으로 여러 사람의 생각과 느낌과 삶이 다양함을 경험할 수 있는 좋은 시간이었다.

이야기 파악하기(민호의 이야기를 따라서, 이야기 구성 파헤치기)

6학년 교육과정에서 성취기준으로 '[6국05-05] 작품에 대한 이해와 감상을 바탕으로 하여~ 소통한다.'가 있고, 이야기의 인물, 사건, 배경을 파악하는 것이 국어 교과서에 수록되어 있다. 교육과정 재구성을 하더라도 성취기준을 놓치지 않는 것이 중요하기 때문에 이야기 구성을 파악하는 활동을 넣었다. 또한 뒷부분에서 연극 대본을 쓸 때 이야기의 인물, 사건, 배경 등 일부분을 바꾸어 생각해보는 활동이 매우 도움이 되기 때문에 이 활동이 필요하다고 판단하였다. 따라서 먼저 민호의 이야기를 따라서 시간 순서대로 정리하도록 하였다. 앞에서 민호를 중심으로 인물관계도를 파악하며 이야기를 그려보았다면, 이 부분에서는 시간 순서대로 사건을 중심으로 이야기를 펼쳐 보았다.

　시간 순서대로 민호에게 있었던 일을 그려보라고 했더니 아이들에 따라서 중요하다고 생각한 사건이 모두 달라서, 어떤 아이는 10개로 정리를 했고, 어떤 아이는 7개로 정리하는 등 차이가 발생했다. 그래도 그 나름대로 정리한 기준과 방식을 존중하였고, 모둠 친구들끼리 자신이 어떻게 사건을 시간 흐름대로 정리하였는지 나누는 시간을 가졌다. 그 과정에서 중요한 사건이었는데 자신이 놓친 것이 있다면 추가해서 적도록 하였고, 크게 중요하지 않거나 불필요한 부분이 들어가 있다면 삭제 및 수정을 하였다.

　사건을 파악해본 후 이야기 구성 파헤치기로 인물, 사건, 배경 찾아보기를 하였다. 《빨강 연필》 이야기가 길기 때문에 전체 이야기를 인물, 사건, 배경으로 구분하는 것이 어려울 것 같아서 주요 사건 및 배경이 비교적 뚜렷이 나타나는 장을 뽑아서 모둠별로 상의하여 선택하도록 했다. 장을 선택하는 과정도 순탄하지 않았다. '우유 모둠'에서 티격태격하는 소리가 들렸다. 왜 그런지 가서 들어보니 서로 의견이 달라서 언성이 약간 높아진 것이다. 이현이와 경수는 평소 모둠 활동을 하면서 의견 충돌이 있었는데 이번에도 서로 하고 싶은 부분이 달랐다. 의견을 조율하는 과정이 쉽지만은 않지만, 아이들에게 꼭 필요한 과정인 것 같다. 의견이 달라서 모둠 내 갈등이 있을 때 언성을 높이기보다는 왜 그러한 주장을 하는지 이유를 들어서 설명하도록 하였다. 그리고 결정을 할 때 두 사람만의 의견을 듣는 것이 아니라 모둠원 모두의 의견을 듣고 조율을 하도록 했고, 결국 해결이 되었다. 다만, 늘 양보만 하는 학생은 없는지 잘 살피는 것이 교사의 역할인 것 같다.

인물은 등장하는 사람을 모두 적도록 하였다. 사건은 시간적 배경과 공간적 배경을 구분하여 적도록 하였다. 전 차시에서 사건을 시간 순서대로 정리를 해보았기 때문에 어렵지 않게 하는 것을 볼 수 있었다. 대신 모둠이 선택한 장에서 나온 사건을 좀 더 자세히

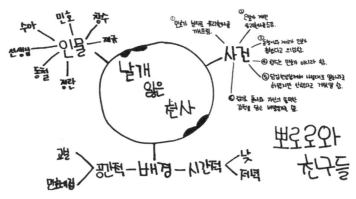

[그림 6]《빨강 연필》이야기 구성 파헤치기

적도록 하였다. 모둠에서 완성을 한 후 반 전체와 나누어 다른 모둠의 활동을 보며 전체 흐름을 살폈다.

민호와 나의 인생 곡선 그리기

《빨강 연필》에서 민호의 삶을 엿볼 수 있었다. 나는 우리 아이들이 단순히 빨강 연필 때문에 일어나는 민호의 해프닝만이 아니라 민호의 삶을 들여다보고, 자신들의 삶과 비교해보면 좋겠다는 바람을 가졌다. 독행의 삶을 위한 기반을 마련할 수 있는 시간이 되면 더할 나위 없이 좋을 것 같았다. 그래서 민호의 인생 곡선을 그리고, 자신의 인생 곡선을 그리는 시간을 가졌다.

민호의 인생 곡선은 시간의 흐름을 따라서 그리도록 하였다. 책에서는 시간의 흐름대로만 이야기가 구성되어있지 않고, 현재 시점을 중심으로 시간의 흐름을 따라 이야기가 서술되다가 과거로 거슬러 올라가는 방법으로 전개된다. 민호의 인생 곡선을 그리기 전에 반 전체적으로 민호의 삶에 대해 이야기 나눠보는 시간을 가졌다. "지금까지 이야기 나온 사건 중에서 민호에게 중요하다고 생각하는 사건은 무엇이 있을까요? 민호에게 있어서 중요하다고 생각하는 사건이 사람마다 다를 수 있겠죠? 나의 기준에서 민호의 중요 사건을 넣어서 민호의 인생 곡선을 그려보세요. 기쁘고 즐거운 경험은 그래프 위쪽으로, 슬프고 괴로운 경험은 그래프 아래쪽으로 표시하세요."라고 안내를 하였다.

아이들이 매우 집중해서 활동에 참여하는 모습을 볼 수 있었다. 활동 후 아이들이 그린 민호의 인생 곡선을 모둠 안에서 나누는 시간을 가졌다. 민호의 인생에서 중요한 사건은 대체로 비슷하게 선정하였다. 크게 부모님의 이혼, 유리 천사를 깬 사건, 빨강 연필과의 만남, 칭찬, 고통의 백일장, 빨강 연필 태움, 날아라 학교 입학과 같은 굵직한 사건을 넣었다.

그런데 여기서 주목할 만한 차이점은 아이들마다 감정의 정도가 다르다는 것이었다. 어떤 아이는 유리 천사를 깬 사건과 고통의 백일장의 고통을 동일 수준의 감정에 넣기도 하였다. 빨강 연필과의 만남을 경진이는 즐거운 일로 표현하였다면, 선희는 약간 슬픔과 괴로움 쪽으로 내려와 있었다. 이렇듯, 같은 일도 사람에 따라서 받아들이는 정서와 강도가 다르다는 것을 이야기하니 모든 아이들이 서로의 감정이 다를 수 있음을 자연스럽게 발견하는 의미 있는 시간이었다.

민호의 인생 곡선을 그려본 후 자신의 인생 곡선을 그리는 시간을 가졌다. "지금부터 자신의 인생 곡선을 그려볼게요. 어떤 사건이 떠오르는지 잠시 생각해보세요. 자신에게 중요하고 의미 있다고 생각되는 일들을 떠올려서 그게 기쁨과 즐거움인지, 슬픔과 괴로움인지 표시해보세요. 그리고 그에 대한 강도를 높낮이로 표현할 수 있습니다."이렇게 안내를 하자, "아주 어렸을 때는 기억이 안 나요.", "나쁜 거 해도 되요?" 등의 여러 질문이 나왔다. 그래서 "기억나는 일들만 하면 되요. 좋은 것과 나쁜 것을 구분하지 않으면 좋겠어요. 여러분의 인생에서 중요하다고 생각되는 사건을 그린다고 생각하세요. 또한 발표는 하고 싶은 사람만 할 거니까 발표나 나눔에 대한 걱정은 하지 말고 그리세요."라고 안내를 하였다.

우리 반 아이들 중 가정의 아픔이나 과거의 친구로 인한 상처가 있는 경우가 여럿 있었기 때문에 발표에 대한 부담 때문에 솔직하게 그림을 그리지 못할 것이 걱정이 되어서 이렇게 안내를 한 것이다. 실제로 모둠에서 나눔은 하지 않았고, 전체 발표하고 싶은 사람만 발표를 하도록 하였다. 다른 친구들과 나눔이 중요하기는 하지만 자신의 이야기를 하고 싶지 않은 경우까지 모두 말하도록 하는 것이 아이들에게 또 다른 상처로 남을까 걱정이 되어서였다. 자신의 인생을 되돌아보고 인생 곡선을 그리는 것을 아이들은 생각보다 즐거워하였고, 몰입하는 것을 볼 수 있었다. 어떻게 보면 들떠있는 것 같기도 했다. 자신의 인생 곡선을 발표할 사람 손을 들라고 하자 거의 절반이 손을 들었다. 자신을 표현하고 알아주기를 바라는 마음이 이렇게 있었다는 것에 내심 놀라기도 하였다.

여러 친구들이 발표를 하고 격려해주는 시간을 가졌는데, 그중에서 기억나는 아이로 우리 반 아현이가 있다. 아현이는 친구들

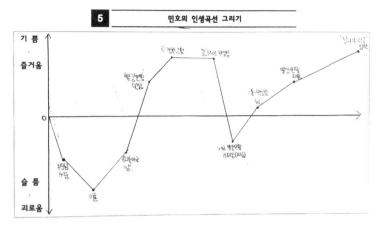

[그림 7] 민호의 인생 곡선 그리기

사이에서 평소 조금 특이한 아이로 인식이 되어있었다. 가끔 폭력적인 이야기를 하기도 하고, 수업 시간에도 엉뚱한 말을 해서 수업 흐름을 깨는 모습을 보였었다. 긴장도도 높아서 시험 전에는 지나치게 걱정하는 모습을 보였고, 선생님과 부모님께 야단맞을 것에 대한 두려움도 여러 번 발견할 수 있었다. 상담을 하거나 가볍게 마음을 물어보아도 별다른 이야기를 하지 않았고, 어머님과의 상담에서도 과거에 선생님들께 많이 혼나서 그런 것 같다는 정도만 파악할 수 있었다.

그런데 이 날 아현이가 자신의 인생 곡선을 발표하면서 과거 유치원과 학교에서 받았던 상처들에 대해서 구체적으로 이야기를 하는 것이었다. 우리 반 친구들은 다들 놀라면서 "너 정말 힘들었겠다."라는 공감 반응을 보여주었고, 아현이는 멋쩍은 웃음을 지으며 자리로 돌아갔다. 그날 오후 아현이의 어머님께 전화를 해서 아현이가 이런 말을 했다고 전해드렸더니, 어머니가 놀라시면서 아현이가 그런 생각까지 하는 줄은 몰랐다고 하셨다. 자연스럽게 아현이의 학교생활에 대해서 상담이 이어질 수 있었다. 어머니가 잘 받아주셔서 구체적으로 어떻게 도움을 줄 수 있을지에 대해서 이야기를 나누었고 함께 노력하는 협력적 관계가 잘 이루어질 수 있었다. 그 후 아현이의 학교에서 불안도가 크게 감소하는 것을 볼 수 있었고 아이를 깊이 이해하는 것과 가정과의 연계가 참 중요하다는 생각을 하게 되었다. 그 계기가 책과 삶이 연결되는 온작품 읽기에서 시작되었다는 것을 떠올리며 다시 한 번 책이 주는 힘을 경험하였다.

내가 만나고 싶은 비밀 친구는?

요술램프와 같은 것이 있어서 어떤 기적 같은 일이 벌어지면 좋겠다고 한 번쯤은 생각을 해보았을 것이다. 그 기적 같은 일이 민호에게 일어났다. 바로 비밀 친구(빨강 연필)를 만나면서 그렇게도 쓰기 싫은 글을 매우 잘 쓰게 된 것이다. 여기서 우리는 즐거운 상상을 해볼 수 있겠다 싶었다.

빨강 연필과 같은 비밀 친구를 만날 수 있다면 나는 어떤 친구를 만나고 싶은지 모둠 친구들과 이야기하는 시간을 가졌다. 무엇이든 좋으니 어떤 비밀 친구를 만나고 싶은지 마음껏 상상해서 이야기를 해 보라고 하였다.

그런데 의외로 아이들은 어떤 것도 괜찮다는 말에 어려움을 느꼈다. "정말 어떤 것도 괜찮아요?"에서부터 시작해서 "별로 안 좋은 건데도 괜찮아요?", "만나고 싶은 비밀 친구가 없어요."라는 반응 등 다양하였다.

교사는 옆에서 "있을 수 없는 일이지만 즐거운 상상을 해봅시다. 다른 사람에게 해를 끼치는 일만 아니면 어떤 비밀 친구라도 괜찮아요."라며 피드백을 주었고, 잠시 후 모둠에서 대화와 웃음소리가 터져 나오는 것을 들을 수 있었다. 때로는 실현 불가능한 일이지만 즐거운 상상을 하는 것만으로도 우리는 행복해질 수 있는 것 같다.

있는 그대로의 나! 그게 나야!

우리는 다른 사람의 기대에 부응하기 위해서 진짜 내가 아니라 꾸며진 나로 살아갈 때가 참 많다. 그런 삶이 지치고 어려울 때도 있지만 있는 그대로의 내가 인정받을 수 없을 것 같은 불안에 어쩔 수 없이 '진짜 내가 아닌 나'로 살아가곤 한다.

우리 아이들도 부모님과 선생님께 칭찬받거나 친구들에게 인정받기 위해서 자신의 소중함을 잊어버리고 타인의 요구에 민감히 반응하며 살아갈 때가 많은 것 같다. 그래서 민호도 '내가 좀 더 멋진 아이였다면 선생님도, 친구들도, 그리고 아빠도 나를 더 좋아했을 것이다. (중략) 나는 점점 내가 마음에 들지 않았고, 그것은 생각보다 무척 괴로운 일이었다.'라는 글을 썼을 것이다.

그래서 부모님, 선생님, 다른 친구들에게 인정받고 칭찬받기 위해서 나를 부풀리고 드러낸 적이 있었는지 떠올려보고 경험을 써보자고 하였다. 어떤 아이들은 쉽게 자신의 경험을 떠올렸지만, 반대로 그러지 못한 아이들도 있었다. 그래서 예를 들어서 잘난 척, 거짓말, 허풍 등이 이에 해당한다고 설명을 해주었고, 실제로 선생님의 경험을 이야기해 주었더니 아이들 자신의 이야기를 하기 시작하였다. 이야기를 마친 후 "우리는 공부를 잘하고, 운동을 잘하고, 얼굴이 잘 생겼기 때문에 소중한 것이 아닙니다. 또한 아무 이유 없이 세상에 태어난 사람이 아니랍니다. 우리는 있는 그대로 소중하고 존귀한 사람들입니다." 이렇게 말을 해주고 '너는 특별하단다.' 영상을 보았다.

인성 연구 결과 저학년 때 높았던 자존감이 고학년으로 올라가며 점점 떨어지는 것을 볼 수 있었다. 그래서 아이들에게 누구의 기대에 부응하지 않아도, 있는 그대로 나를 인정하고 사랑해 주었으면 하는 메시지가 전달되기를 바랐다. 영상을 본 후 있는 그대로의 나를 인정하고 사랑해주는 내게 주는 메시지를 썼고, 자기 자신에게 읽어주었다.

좀 쑥스러워하고 어색해하는 아이들도 있었다. 그렇지만 자신의 소중함을 알고 생각해보는 시간 자체가 의미 있다고 생각하였다. 쑥스러운 표정을 지었지만 곧 아이들의 얼굴에 미소가 번졌고, 흐뭇한 분위기가 교실에 흘렀다. 우리 아이들이 살면서 여러 어려움이 있겠지만 그럴 때라도 자신의 소중함을 잊지 않고, 자신만의 삶을 살아가면 좋겠다. 이런 시간과 경험들이 모여서 그런 아이들이 될 것이라 믿는다.

질문으로 친구의 생각을 깨워라!: 토론하기

《빨강 연필》을 읽고 독서 토론을 하고 싶었다. 5학년 때부터 토론 훈련을 받고 6학년으로 올라왔고, 흥미도 높기 때문에 토론을 통해 더 깊이 있는 사고와 나눔이 일어날 수 있다고 판단했기 때문이다.

하브루타를 통해 토론 주제 정하기를 하면 쉽게 토론에 참여할 수 있다는 것을 알기 때문에 자주 하던 대로 토론 주제를 아이들이 결정하도록 하였다. 앞에서 《랑랑별 때때롱》 책으로 독서 토론을 할 때 썼던 방법과 같은 방법이다. 먼저 인물의 행동 및 인물이 처한 환경에서 문제점을 1~2가지 찾아서 적도록 하였다. 실제로 아이들은 다양한 문제점들을 찾아내었는데, 어른인 선생님의 관점에서 문제라고 생각하지 않은 것들도 문제점으로 찾았다.

아이들이 찾은 문제점에 교사는 개입하지 않고 하브루타를 통해 아이들끼리 이야기를 풀어가도록 하였다. 문제점으로 나온 것들로는 '민호가 수아의 유리천사를 깼지만 거짓말을 하였다.', '민호가 제출용 일기를 쓸 때 거짓말로 꾸며 쓴다.' 등이 있었다. 이렇게 찾은 문제점을 바탕으로 비판적인 질문을 만드는 것이 두 번째 단계에서 할 일이다.

예를 들면 '민호가 수아의 유리천사를 깼지만 거짓말을 한 행동이 이해받을 수 있는 행동인가?', '제출용 일기를 쓸 때 거짓말로 꾸며 쓰는 것이 괜찮은가?' 등이 된다. 자신이 만든 질문에 대한 생각과 그 까닭을 쓰면 하브루타의 준비가 끝난다.

다음으로 자신이 만든 비판적 질문을 짝에게 하면서 짝 하브루타를 한다. 짝끼리 주고받은 질문 중에서 가장 좋은 질문을 한 가지 뽑는다. 그렇게 짝과 뽑은 질문을 가지고 모둠 하브루타를 한 후 모둠에서 최고의 질문 한 가지를 뽑는다. 이때 교사는 가장 좋은 질문을 뽑기 위한 관점을 제시해 주어야 한다. "어떤 질문을 가장 좋은 질문으로 뽑아야 할까요? 토론을 하기 위한 토론 주제를 정하는 것이기 때문에 너무 당위적인 질문이나 답이 1~2가지로 제한된 질문은 좋지 않은 질문이고, 어느 정도 찬성과 반대 의견이 나올 수 있는 질문으로 뽑으세요."라고 안내를 했다.

일곱 모둠에서 서로 다른 최고의 질문이 나왔고, 그중에서 우리 반 최고의 질문은 '부모님이 자녀 앞에서 부부싸움을 해도 되는 것인가?'가 뽑혔다. 사실 교사로서 이 질문이 선정되었을 때 다소 당황스러웠다. 어떻게 보면 민감한 문제일 수 있고, 대부분의 아이들이 자녀 앞에서 부부싸움을 하면 안 된다는 의견에 몰릴 것이라고 판단했기 때문이었다. 하지만 아이들의 선택을 존중해야겠기에 이것을 토론 주제를 선정하였다.

그런데 의외로 '부부 싸움을 해도 된다'가 9명, '하면 안 된다'가 12명으로 어느 정도 비슷하게 의견이 나뉘었다. 주장과 근거, 자료, 예상되는 반론, 논박거리 등을 준비해 오도록 하였고 사회자와 판정단 5명을 세워서 토론을 진행하였다.

토론 순서는 찬성 측 주장→반대 측 반론→반대 측 주장→찬성 측 반론→작전 타임→반대 측 주장→찬성 측 반론→찬성 측 주장→반대 측 반론→최종 주장으로 진행하였다. 아이들은 수준 높은 근거와 논박을 하며 토론을 하였다.

자녀들 앞에서 부부 싸움을 해도 괜찮다고 생각하는 찬성 측은 갈등을 회피하는 것보다 갈등을 해결하는 과정을 자녀들이 보고 배울 수 있어야 한다는 의견이었고, 반대 측은 부모님이 자녀들 앞에서 싸우게 되면 자녀들의 정서에 좋지 않은 영향을 주기 때문에 자녀 앞에서 싸우는 것이 올바르지 못하다는 의견이 주를 이루었다.

자신의 주장을 알맞은 근거를 들어서 토론하는 것도 기특했지만, 작전 타임 때 머리를 맞대고 서로 토의하는 모습이 그렇게 예뻐 보일 수 없었다. 토론의 승패를 떠나서 이러한 과정이 의미 있는 것이 아닐까?

토론이 끝나고 판정단이 토론의 과정을 지켜본 후 미리 나누어 준 판정표에 점수를 주었고, 판정단의 점수를 합산하여 승패를 결정하였다. 이번 토론에서는 찬성 측이 승리를 하였다. 찬성 측은 기뻐하였고, 반대 측은 다소 실망하는 모습을 보였지만 열심히 참여한 모두가 빛났다고 격려해 주었다.

토론을 하다 보면 일부 말이 많지 않거나 여러 사람 앞에 나서는 것을 좋아하지 않는 아이들이 있다. 그런 아이들을 어떻게 지도할까 고민을 하기도 하는데, 학생에게 맞는 다양한 모습으로 활동을 하도록 지도하면 된다.

예를 들면, 주미는 다양한 근거를 생각해 와서 작전 타임 때 같은 편에게 근거를 제공해 주었고, 아윤이는 판정단으로서 예리하게 토론을 지켜보았으며, 태현이는 손을 들고 작게나마 자신의 의견을 주장하는 모습을 보였다. 점점 성장하는 우리 아이들의 모습을 지켜보는 것은 참 즐겁고 보람찬 일이다.

효주와 빨강 연필 이야기: 뒷이야기 상상하기

책은 효주가 빨강 연필을 발견하고 끝이 난다. 자연스럽게 효주는 빨강 연필과 어떤 이야기를 만들어 갈지 상상의 나래를 펼칠 수 있다.

책을 다 읽고 자연스럽게 질문을 하였다.

"효주와 빨강 연필이 만났는데, 어떻게 되었을까요?"

"효주도 민호처럼 빨강 연필을 사용해서 글짓기를 엄청 잘하게 될 거 같아요."

"효주는 빨강 연필을 완벽히 이용할 것 같아요."

"빨강 연필의 정체를 알고 없애 버릴 거 같아요." 등의 대답이 나왔다.

"좋아요. 효주는 빨강 연필을 만나서 어떻게 되었을 것 같은지 뒷이야기를 상상해서 쓰세요."

다양한 '효주와 빨강 연필' 이야기가 나왔다. 이 순간만큼은 모두 작가가 된 것 같았다. 부담이 가지 않을 정도만 글을 쓸 수 있도록 칸의 수를 조절했기 때문에 뒷이야기를 상상해서 적는 것이 그리 오래 걸리지 않았다. 책을 읽고 아이들이 즐겁게 상상해보고, 자신의 이야기를 다른 사람과 나누는 기쁨을 느끼는 것이 목표였기 때문에 짧은 글짓기로 구성하였다.

"지금부터 교실을 돌아다니면서 만나는 친구와 하이파이브를 한 후 자신이 쓴 이야기를 들려주세요."

소란스러운 것 같았지만 아이들의 얼굴은 웃고 있었고, 그야말로 교실에 이야기꽃이 피었다.

부담스럽지 않은 범위 내에서 독후 활동을 해보고 즐겁게 나누면 책을 좀 더 좋아하게 되지 않을까? 그리고 연극을 위한 희곡 쓰기 준비를 한다는 면에서도 매우 의미 있는 활동이었다.

우리의 《빨강 연필》 희곡 쓰기 및 연극 준비하기

《빨강 연필》을 읽고 다양한 활동을 하면서 우리 아이들이 책을 좋아하고, 그 감동이 아이들의 삶과 연결되기를 바랐다. 이 온작품 읽기 활동의 꽃은 연극이라고 생각하였다. 대본을 쓰고, 역할을 정하고, 연습하고 발표하는 것까지 처음부터 끝까지 아이들 주도의 활동이 되기를 바랐다. 이러한 취지를 설명하면서 어떻게 연극을 준비하면 좋을지 아이들과 의논을 하였다.

"여러분, 한 편의 연극을 반 전체가 함께 준비할 수도 있고, 한 편의 대본을 가지고 파트를 나누어 연극 준비를 할 수도 있어요. 아예 모둠별로 대본을 다르게 해서 다양한 연극을 발표할 수도 있습니다. 선생님은 소외되거나 방관하는 친구 없이 모두가 참여하는 우리들만의 연극을 만들면 좋겠어요. 어떤 형태로 연극을 준비하면 좋을까요?"라고 물었다.

아이들이 여러 의견을 내놓았고, 토의 결과 모둠별로 연극 대본
부터 발표까지 하면 좋겠다고 하였다. 모둠은 3개 모둠으로 나누
었고, 한 모둠 당 9명으로 정하였다. 9명이 대본도 쓰고, 음향, 배
경, 소품, 연기 등 모든 것을 준비하였다. 역할을 나누는 것부터
시작하였다.

"모둠이 정해졌으니 지금부터 모둠별로 회의를 하세요. 한 편의
연극을 만들기 위하여 필요한 역할을 생각해보고, 그 역할을 나누
도록 하세요."

아이들의 얼굴이 매우 밝았다. 신나하는 눈치였다. 그 모습에
교사인 나도 흐뭇한 웃음을 짓게 되었다. 교사가 할 일은 아이들
의 의견이 잘 조율이 되고 있는지, 연극을 준비하는 과정을 체크
하면서 놓치고 있는 부분은 없는지, 소외되는 학생은 없는지, 아
니면 어떤 한 명에게 과도하게 역할이 집중되는 것은 아닌지 등을
돌아보고 챙겨주는 것이었다.

역할이 정해지자 다음으로 연극 대본을 써야했다. 이 부분이 중
요하면서도 잘 안 되는 것 중의 하나이다. 그래서 교사의 개입이
필요할 수 있다.

"지금부터 대본을 써야 합니다. 모둠 친구들과 함께 전체적으로
스토리는 함께 정하세요. 빨강 연필이라는 소재를 가지고 어떠한
스토리를 꾸며도 괜찮습니다. 등장인물을 바꾸어도 좋고, 시대적

배경을 바꾸어도 좋습니다. 또는 '빨강 연필'이 아니라 '빨강 구두' 등으로 바꾸어도 좋습니다." 빨강 연필이라는 소재를 가지고 최대한 자유롭고 창의적으로 상상력을 발휘할 수 있도록 허용했다.

나는 아이들이 1차로 작성한 대본을 받아서 피드백을 주었다. 이를 반영하여 2~3차로 수정을 하였다. 피드백은 앞뒤 내용이 잘 연결이 되는지, 전달하고자 하는 대사가 명확한지 등을 검토하는 것이었다. 아이들이 꾸민 내용은 최대한 살렸다.

그렇게 대본이 만들어지자 본격적으로 연극을 꾸미게 되었다. 음향을 맡은 아이들은 장면에 맞는 음향을 찾았고, 배경을 맡은 아이들은 장면에 맞는 배경을 그리거나 컴퓨터 화면으로 준비하였다. 배우들은 앉아서 대본 리딩 연습을 먼저 하였다. 연극을 준비하는 우리 반에 생동감이 넘쳤다. 왁자지껄 떠드는 것 같지만 그 안에 아이들은 몰입해 있었고, 눈빛은 살아있었다.

연극 공연하기

드디어 연극 공연 당일!! 우리 반 연극은 6학년 다른 반 친구들 앞에서 공연되었다. 연극을 발표할 무대(시청각실)에서 최종 리허설을 하였다. 아이들의 목소리, 몸짓에서 다소 긴장된 분위기가 느껴졌다. 우리 반은 아침에 '두 줄 쓰기'를 하는데(아침의 느낌과 생각을 간단하게 1~2줄로 쓰는 것이다.), 이날 아침 '두 줄 쓰기'는 '연극이 기대된다', '떨린다'와 같은 내용이 대부분이었다. 진지한 표정에 '우리 반 아이들 맞나?'라는 생각까지 들었다. "여러분, 그동안 열심히 준비했으니 연습한 대로만 하세요. 실수해도 괜찮습니다. 최선을 다해 준비한 여러분은 이미 최고입니다!"라고 격려를 하고, 시청각실로 향했다.

먼저 다른 반의 연극을 보았다. 반 전체에서 한 편의 연극을 준비했는데, 역시나 정말 멋진 연극을 보여주었다. 아이들은 그 연극을 보더니 "선생님, 다른 반이 너무 잘해서 기죽어요. 못할 것 같아요."라는 반응이었다. "여러분, 비교하지 말고, 우리의 연극을 하면 됩니다. 누가 더 잘했다는 평가를 하는 것도 아니고, 내용도 전혀 다르기 때문에 비교할 필요 없어요. 준비한 대로 합시다."라고 다시 한 번 응원하였다.

드디어 우리 반 차례!! 모두가 집중해서 최선을 다한 무대였다. 실수한 아이들도 있었고, 대본을 까먹은 아이들도 있었다. 하지만 모두가 함께 준비한 무대였기에 빛났고, 배우들의 연극에 관중들이 웃고 박수치기도 하고 함께 안타까워하기도 하는 멋진 무대였다. 연극이 끝난 후 무대 인사를 할 때 아이들 얼굴은 후련함과 자랑스러움과 뿌듯함이 함께 묻어났다. 관객인 우리는 아이들의 노력과 멋진 무대에 큰 박수를 보냈다. 시청각실에 울렸던 박수 소리가 지금도 들리는 듯하다.

연극 소감 나누기 및 피드백

영화를 보면 평점을 주고 리뷰를 쓰곤 한다. 우리도 모둠별 연극 평점을 주고, 열심히 참여한 아이들의 이름을 쓰는 시간을 가졌다. "여러분, 연극을 한 소감을 나누어볼까요?", "다른 반 친구들 앞에서 공연을 하려고 하니 떨렸지만 매우 재미있었어요.", "저희가 직접 대본을 쓰고 준비할 수 있어서 더 재미있었던 것 같아요." 등 다양한 소감을 나누었다.

"여러분이 연극 평점을 주었죠? 잘했다고 생각한 모둠의 평점과 열심히 한 친구들을 칭찬해볼까요?", "저는 연극 '빨강 안경'이 재미있어서 별 5개를 주었습니다. 시어머니, 며느리와의 대화가 정말 재미있었기 때문입니다.", "저는 선과 악의 대결이 매우 인상적이어서 별 5개를 주었습니다. 안미희의 연기도 실감이 났습니다." 등의 반응이 있었다. "모두 열심히 참여해 주어서 정말 멋졌어요. 여러분 모두가 주인공이었고, 최고였어요."라며 또 한 번 응원과 격려를 하였다.

수업을 돌아보며

이 온작품 읽기에서는 교사가 아이들을 평가하는 것이 적절하지 않은 것 같았다. 《빨강 연필》을 재미있게 읽었는지, 온작품 읽기 활동에 몰입했는지는 학생 자신이 제일 잘 알기 때문에 스스로 자신의 학습 과정을 돌아보는 것이 교육적으로 더 효과적일 수도 있다. 그래서 '《빨강 연필》에서 나오며—새로 알게 된 점이나 느낀 점을 적으세요. 나에게 준 영향이나 어떤 의미가 있었는지 구체적으로 적으세요.'라는 활동지를 주고 적도록 하였다.

아이들은 어떤 활동을 했었는지 떠올려 보았고, 자신에게 어떤 의미가 있는지, 받은 영향은 무엇인지 정리하는 시간이 되었다. 아이들의 평가를 읽어보니 연극이 재미있었다는 반응과 더 훌륭하게 하지 못한 것을 아쉬워했다. 《빨강 연필》을 읽었을 때는 재미있다는 생각을 별로 못했는데, 여러 활동을 하면서 더 재미있어졌다거나 누군가에게 잘 보이기 위해서 거짓말을 하는 것보다 내

실력을 키우도록 노력해야겠다는 반응을 보인 아이들도 있었다.

이렇게 《빨강 연필》 온작품 읽기가 끝났다. 작가가 쓴 글을 받아들이는 수동적 독자에서 책과 자신의 삶을 적극적으로 연결하고 새로운 작품을 창조해내는 창조적 독자로 성장했다고 감히 평해본다. 이러한 독서 경험들이 쌓여서 더욱 적극적으로 책을 찾아 읽고 책과 친구가 되어 함께 성장하는 우리 아이들이 될 것을 확신한다.

삶과 교육을 바꾸는
맘에드림 출판사 교육 도서

교사는 수업으로 성장한다

박현숙 지음 / 값 12,000원

그동안 교사는 수업에서 아이들을 만나지 못해왔다. 관계와 만남이 없는 성장의 결손을 낳았다. 이 책에서는 교사, 학생, 학부모, 지역사회가 공동체로서 서로 관계를 맺을 때에만 배움은 즐거운 활동으로서 모두가 성장하는 삶의 일부가 될 수 있음을 보여준다.

교사와 학부모가 함께 읽는 주제 통합 수업

김정안 외 지음 / 값 15,000원

'서울형 혁신학교'로 지정된 일곱 개 혁신학교들이 지난 1~2년 동안 운영한 주제 중심 통합 교육 과정과 수업 사례를 소개한 책이다. 이 학교들의 교육과정은 전국적으로 이루어지는 혁신학교들의 성과를 반영하였고, 자신의 지역사회의 실제 환경과 경험을 살려 실제 수업에 적용한 것이다.

수업 딜레마

이규철 지음 / 값 14,000원

이 책을 관통하는 키워드는 '사람'이다. 저자의 노하우를 전수하는 것이 아니라, 수업 속에서 딜레마에 맞닥뜨려 고통 받고 있는 선생님들의 고민, 신념을 담고, 그것을 이겨내기 위한 한 분 한 분의 마음을 담고 있다. 이 책은 다시 한 번 교사로 잘 살아보고 싶은 도전을 하게 한다.

엄선생의 학급운영 레시피

엄은남 지음 / 값 14,000원

34년 경력의 현직 교사가 쓴 생동감 넘치는 학급운영 지침서. 초등학교에서 아이들은 문자와 숫자를 익히는 것보다 학교와 교실에서 낯설고 모험적인 사건을 겪으면서 더 많은 것을 배운다. 이 책은 초등학교에서 교과서 지식보다 더 중요한 학교생활과 학급문화를 만드는 담임교사의 역할을 다룬다.

수업 디자인

남경운 · 서동석 · 이경은 지음 / 값 15,000원

서울형 혁신학교의 대표적인 수업 혁신을 담은 이야기. 아이들이 서로 협력하면서 배우는 수업을 목표로 삼은 저자들은 공동 수업설계를 대안으로 제시한다. 아이들은 서로 '옥신각신'하며 함께 문제에 도전할 때 수업에 몰입하고 배우게 된다. 이 책은 이러한 수업을 어떻게 만들어가는지 잘 보여준다.

땀샘 최진수의 초등 수업 백과

최진수 지음 / 값 21,000원

초등학교에서 20여 년간 아이들을 가르쳐온 저자가 초등학교 수업에 대해서 기록하고 연구하고 실천하며 쌓아온 경험을 바탕으로 초등학생들과 수업을 함께하는 방법을 담고 있다. 초등학교 교사가 아이들을 가르칠 때 알아야 할 가장 기본적이면서도 가장 중요한 모든 것을 다루고 있다.

교실 속 비주얼씽킹

김해동 지음 / 값 14,500원

이 책은 비주얼씽킹 기본기부터 시작하여 교과별 수업, 생활교육, 학급운영 등에 비주얼씽킹을 응용하는 방법을 설명하고 있다. 특히 교사들이 초등학교 1학년부터 고등학교 3학년까지 국어, 수학, 영어, 과학, 사회 등 모든 교과 수업에 비주얼씽킹을 활용할 수 있도록 수업 지도안을 상세하면서도 간결하게 제시하고 있다.

수업, 놀이로 날개를 달다

박현숙 · 이응희 지음 / 값 13,500원

교육계에서 최근 가장 중요한 과제로 삼고 있는, OECD의 여덟 가지 핵심 역량(DeSeCo)에 따라 여러 놀이들을 분류해서 설명하고 있다. 이 책의 저자들은 수업이 놀이를 만났을 때 어떻게 핵심 학생들의 핵심 역량이 강화되는지 이야기하고 있다.

수업 코칭
이규철 지음 / 값 15,500원

가르치는 일을 함으로써 학생들의 배움을 돕는 교사들에게
수업은 시간적으로도, 공간적으로도 학교에서 자신이 하는 일의
중심을 이룬다. 그래서 수업에 관한 고민은 교과를 가리지 않고
교사들에게 일반적으로 드러난다. 이 책은 그중에서도 '수업
코칭'이라는 하나의 흐름을 다룬다.

교사들이 함께 성장하는 수업
서동석 · 남경운 · 박미경 · 서은지,
이경은 · 전경아 · 조윤성 지음 / 값 15,000원

이 책은 배움 중심 수업을 위해 서로 다른 여러 교과 교사들이
수업을 디자인하고 연구하는 '수업 모임'에 관해 다룬다. 수업 모임
교사들은 함께 교과 수업을 디자인하고, 참관하고, 발견한 내용을
공유하고 평가하는 피드백을 통해 수업을 개선해간다.

땀샘 최진수의 초등 학급 운영
최진수 지음 / 값 19,000원

이 책의 저자는 학급운영의 출발은 아이들을 '가르치는 대상'에서
'존중받는 존재'로 바라보는 것에서 시작해야 한다고 이야기한다.
또한 아이들과 함께하면서 교사는 성장한다. 이러한 성장은 교사
스스로 자신을 되돌아보고 성찰할 때 비로소 이루어지며, 그 결과
올바른 학급운영이 이루어진다고 이 책은 말한다.

얘들아, 하브루타로 수업하자!
이성일 지음 / 값 13,500원

최근에는 교사 위주의 강의 수업에서 학생 위주의 참여 수업으로
많은 변화가 이루어지고 있다. 이는 4차 산업혁명 시대를 살아가야
할 학생들을 위해서는 당연한 것이다. 교실에서 실제로 질문하고,
토론하는 하브루타 참여 수업의 성과를 담은 이 책은 수업을
통하여 점점 성장해가는 아이들의 모습을 보여준다.

핵심 역량을 키우는 수업 놀이

나승빈 지음 / 값 21,000원

이 책은 [월간 나승빈]으로 유명한 나승빈 선생님의 스타일이 융합된 놀이책이다. 이 책은 교실에 갇혀 넘치는 에너지를 발산하지 못하는 아이들과, 단순한 재미를 뛰어넘어 배움이 있는 수업을 고민하는 선생님을 위한 것이다. 본문에서는 수업 속에서 실천이 가능한 다양한 놀이를 제시하고 있다.

교실 속 비주얼 씽킹 (실전편)

김해동 · 김화정 · 김영진 · 최시강,
노해은 · 임진묵 · 공세환 지음 / 값 17,500원

전 편이 교과별 수업, 생활교육, 학급운영 등에 비주얼씽킹을 응용하는 방법을 이론적으로 설명했다면, 《교실 속 비주얼씽킹 실전편》은 실제 초 · 중 · 고 학생을 대상으로 수업을 진행한 교사들의 활동지를 담았다.

수업 고민, 비우고 담다

김명숙 · 송주희 · 이소영 지음 / 값 15,500원

이 책은 수업하기의 열정을 잃지 않고 수업 보기를 드라마 보는 것만큼 재미있어 하는 3명의 교사가 수업 연구에 대한 이론적 체계가 아닌, 현장에서의 진솔한 실천 과정을 순도 높게 녹여낸 책이다. 이 속에는 자신의 교실을 용기 있게 들여다보며 묵묵히 실천적 연구자로 살아가는 선생님들의 고민과 성장이 담겨 있다.

색카드 놀이 수학

정경혜 지음 / 값 16,500원

몸짓과 색카드로 초등학교 1학년부터 6학년까지 배우는 수와 연산을 익힐 수 있도록 가르치는 방법을 다룬다. 즉, 색카드, 수 놀이, 수 맵, 몸짓 춤, 스토리텔링, 놀이가 결합되어 아이들이 다양한 감각을 통해 몸으로 수학의 개념과 원리를 터득하게 하는 것이다. 놀이처럼 수학을 익히면서 개념과 원리를 터득해나갈 수 있다.

처음부터 다시 시작하는 수업
민수연 지음 / 값 13,500원

1년 동안 아이들과 교사가 함께 행복한 교실을 만들어나간 기록들이 담겨 있다. 교육의 본질과 교사의 역할, 교육관과 인간 본성에 관한 철학적 고민부터 구체적 방법론, 아이들의 참여와 기쁨에 이르기까지 교육과 관련된 다양한 요소가 버무려져 마치 한 편의 드라마 같다.

영화 만들기로 창의융합 수업하기
박현숙 · 고들풀 지음 / 값 13,000원

창의융합 수업의 좋은 사례로서 아이들과 영화를 만든 이야기를 담았다. 시나리오, 콘티, 촬영, 편집과 상영까지 교과의 경계를 넘나드는 영화 만들기 수업 속에서 아이들은 다양한 역량을 발휘하며 훌쩍 성장한다. 학생들과 영화 동아리를 운영한 사례들도 담겨 더욱 깊이 있는 노하우를 얻을 수 있다.

톡?톡! 프로젝트 학습으로 배움을 두드리다
최미리나 · 이성준 · 김지원 · 조수지 · 심혜민 지음 / 값 19,500원

이 책은 학생들이 흥미를 느끼는 주제로 탐구 활동을 진행해 배움의 진정한 즐거움을 발견하고, 나아가 한층 더 깊은 탐구로 이어지는 선순환이 가능한 프로젝트 수업을 위한 거의 모든 것을 다룬다. 이 책을 통해 의미 있는 프로젝트 수업을 만들어갈 수 있는 다양한 아이디어를 얻을 수 있을 것이다.

주제와 감수성이 살아나는 공감 수업
김홍탁 · 강영아 지음 / 값 16,000원

교육의 본질은 수업이며, 학생들은 수업에서 삶을 배워야 한다. 저자들은 그 연결 고리를 '공감'으로부터 찾아냈다. 역사와 정치, 민주주의를 관통하는 주제가 살아 있는 수업, 타인과 사회를 공감하는 수업을 통해 아이들은 성숙한 민주시민으로 성장해나갈 것이다.

나쌤의 재미와 의미가 있는 수업

나승빈 지음 / 값 21,000원

이 책의 저자는 '재미'와 '의미'를 길잡이 삼아 수업의 길을 뚜벅뚜벅 걸어가고 있다. 책 속에서 제안하는 다양한 재미있는 활동들을 통해 학생들을 좀 더 적극적으로 배움의 세계로 초대하고, 학생들은 자유롭게 생각을 펼쳐나갈 것이다. 아울러 그러한 생각들은 깊이 있는 토론을 통해 의미 있게 확장해나갈 것이다.

하브루타로 교과 수업을 디자인하다

이성일 지음 / 값 14,500원

다양한 과목별 하브루타 수업 사례를 담은 책. 각 교과 수업에 활용할 수 있도록 한 하브루타 맞춤 수업 안내서다. 책 속에는 실재 교실에서 하브루타를 적용한 수업 사례들이 교과목 별로 실려 있다. 각 사례마다 상세한 절차와 활동지를 담아서 누구나 수업에 바로 적용하고 쉽게 따라할 수 있도록 했다.

하브루타 수업 디자인

김보연 · 교요나 · 신명 지음 / 값 16,000원

저자들은 이 책에서 하브루타를 하나의 유행이 아니라 시대의 흐름으로 보면서, 하브루타가 문화로 자리 잡아야 한다고 주장한다. 이 책은 질문과 대화가 인간의 모든 지적 활동에서 핵심적인 역할을 한다는 저자들의 믿음을 바탕으로 집필되었다. 아울러 학교생활뿐 아니라 가정에서도 하브루타를 실천하기 위한 재미있고 다양한 방법들을 제시한다.

프로젝트 수업으로 배움에 답을 하다

김 일 · 조한상 · 김지연 지음 / 16,500원

이 책은 중학교와 고등학교 교육에서 프로젝트 수업을 적용해서 실천한 내용을 담고 있다. 교육과정을 재구성하고, 성취기준에 따라 다양한 방식으로 평가하고, 마지막으로 학생부에 기록을 남기는 방법까지 실제 사례를 통해 상세히 설명한다.

독자 여러분의 소중한 원고를 기다립니다

맘에드림 출판사는 독자 여러분의 소중한 원고를 기다리고
있습니다. 원고가 있으신 분은 momdreampub@naver.com으로
원고의 간단한 소개와 연락처를 보내주시면 빠른 시간에 검토해
연락을 드리겠습니다.